デイヴィッド・ルイスの哲学

DAVID LEWIS
A PHILOSOPHERS' PARADISE

なぜ世界は複数存在するのか

野上志学
NOGAMI SHIGAKU

青土社

デイヴィッド・ルイスの哲学　目次

デイヴィッド・ルイスの哲学　なぜ世界は複数存在するのか

亡き安堂純平に捧ぐ

凡例

ルイスの著作については、引用時に左の略記を使用する。OPWとCFについては、邦訳『世界の複数性について』と『反事実的条件法』を用いた。ただし、訳は一部変更させていただいている。

OPW: *On the Plurality of Worls*
PPI: *Philosophical Papers, Volume I*
PPII: *Philosophical Papers, Volume II*
CF: *Counterfactuals*
PME: *Papers in Metaphysics and Epistemology*
PES: *Papers in Ethics and Social Philosophy*
PPL: *Papers in Philosophical Logic*
CV: *Conventions*

はじめに

可能な体験や可能な真理は、現実性という価値を剥がれた現実の体験や現実の真理ではなく、少なくともその信者からすると、なにか非常な神性を、焔や飛翔を、現実に臆せずそれを課題や虚構とみなす建築意志と意識的ユートピア主義を、そのうちに秘めているのだ。

――ロベルト・ムージル『特性のない男』

一九二七年二月六日、オーストリアの小説家ロベルト・ムージルは、それまでばらばらに展開されていたモチーフを一つの巨大な構想にまとめ上げる作品が『特性のない男』と題されることをラジオで発表した。全四部となる作品のうち、一九三〇年には第一部と第二部が発表された。だが、ナチスのオーストリア併合後、それまでに出版されていた作品は発禁になり、収入源を失ったムージルはウィーンを去ってスイスに亡命せざるをえなかった。そして、一九四二年四月一五日ムージルはジュネーブの自宅のシャワールームで脳溢血であえなく死んだ。『特性のない男』の第三部は未完のまま残った。

この一連の出来事はむろん、これまでに現実に起きたことのごくささやかな目録にすぎない。言うまでもないことだが、現実にはほかにも無数の出来事が起こっているし、起こってきたし、起こるであろう。二〇一九年の一一月一五日の朝、私はコーヒーを飲みながら原稿を書いている。幸い、私は今朝、自室のシャワールームから生きて出て来られたということになる。そしていまこの本が読まれているとすれば、その後も滞りなく書き進められたのだろう。端的に言えば、現実に、この本は完成したのだ。

それぞれの列なりの出来事はまったく異なる。一方はウィーンやジュネーブで、他方は東京で起こったことである。一方は暗い時代の悲劇であり、他方はとくに明るいというわけではないがそう暗くもない時代の些事だ。しかしながら、毫も似ないこれらはみな同じく現実に起こった。つまり、それぞれは、ある時間に、ある場所で、ある仕方で、ある雰囲気で、実際に起こった出来事であるということだ。ムージルや私に起こったことだけではない。いまあなたに起こっていること、つまり、部屋の照明から放出された光がこのページに反射し、その一部はすぐに瞳孔を通り過ぎて屈折し、網膜にあたる……これももちろん現実のことだ。だが、そもそも現実とは何を意味するのか。

現実の出来事であるというのは、それがたんに起こりえた、起こるかもしれない、あるいはたんに起こることが可能だった出来事ではないことに違いはない。たしかに、現実性はたんなる可能性と対比できよう。悲しむべきことだが、この現実では『特性のない男』を完成せぬまま、ムージルは死んでしまった。だから、『特性のない男』の完成、あるいはシャワールームからの生還は、この現実で起こった、起こっている、あるいは起こることになっていることではない。現実であるとは、こうした、たんに可能でしかないこととは何らかの仕方で異なるということだ。

しかしながら、たんに起こりえただけの可能な出来事と、実際に起こった、起きている、あるいは起こるであろう現実の出来事との違いははたしてどこにあるのか。多くの起こりえた可能な出来事と、多くの現実の出来事とを並べてみてはどうか。ちょうど蝶の標本と蜻蛉《とんぼ》の標本とを見比べていけば、誰であれ蝶と蜻蛉の違いがどこにあるのかがわかるように、可能な出来事の標本と現実の出来事の標本を見比べていけば、それらの違いがわかるかもしれない。およそ蝶と蜻蛉の違いは肢や眼の色にあるのではない。むしろそれは、たとえば口や翅の形の違いにあるのだ。これは多くの標本を見ればわかるだろう。蝶と蜻蛉との間にあるような、そういった重要な差異が、現実性と可能性との間にも見いだせるだろうか。

そのためには現実性と可能性の標本を蒐集しなければならない。それは難しいことではない。たんに空想に身をゆだねるだけでよいのだ。現実に倦んでおらずとも、たんなる可能性の夢想は少なからぬ誘惑を伴う。紀元前三三六年、マケドニア王位を継いだアレクサンドロス三世は東方遠征に取りかかった。ペルシアを破り東方を蹂躙《じゅうりん》した彼は、一度も負けを喫することのないまま、バビロニアのどこかで熱病で死んだ。これは現実に起こったことだ。だがすぐさま、こう考えたくなる。もしアレクサンドロスが西方に遠征していたら、ローマはどうなっていただろうか。ローマが勝利していただろうか。それとも、ローマは劫掠されていただろうか。歴史家としてはいささか不埒なこうした空想にリウィウスは耽る。

しかしこれほどの王と将軍に話が及んだのだから、私がしばしば心の中で密かに思い巡らせていた考えを公表しないわけにはいかない。つまりもしアレクサンドロスと戦うことになったとしたら、ローマ国家にとってどんな結果が待ち受けていたかを問うてみたいという思いだ[1]。

これでアレクサンドロスの東方遠征と西方遠征という、現実性と可能性の一対が手に入った。それぞれの出来事を、これまでに蒐集した現実の出来事と可能な出来事のそれぞれと比べてみよう。するとすぐさま、アレクサンドロスの東方遠征とシャワールームでのムージルの死と、この本の完成という出来事たちの間には、それらが現実であることを除けば、何らの共通点も見いだせないと気づく。あるいは、西方遠征とムージルの生還、この本の中絶の間の共通点も、それらがたんに可能であることのほかには見つけられないかもしれない。結局のところ、東方遠征は、シャワールームでのアクシデントに似ているというよりは、まだ西方遠征に似ているだろうし、ムージルの生還も、今朝シャワールームから出てきたときの私の緩慢な動作にずっと似ているに違いない。

こうして、現実性と可能性の標本を並べてみても、それらの違いを見出すことはできそうにない。すると、たんに可能な出来事たちに共通するものがあるとは思えなくなってくる。一体、たんなる可能性は何を意味するのか。

あるいは可能性を別のところから眺めてみてもいい。いまのあなたについて考えてみてほしい。どのような仕事をしているか。どのような友人がいるか。あるいは何を愛しているか。こうしたことはたいてい何らかの偶然に依存している。あなたが職に就くきっかけとなった出来事は起こらなかったかもしれないし、いまの友人と出会うこともなかったかもしれない。何を愛しているかすら、これまでの偶然の経験に多分に影響されていよう。それゆえ、あなたの現状は明らかに、必然的にそうなるようになっていたことではない。およそ日常で起こることのほとんどは何らかの偶然によるのだ。これは結局のところ、こうしたことは、「蝶は奇数羽いるか偶数羽いるかのどちらかだ」とか、「藍色の生地は朱色ではない」とかといった、何が起ころうと必ず成り立つこととは異なる、ということを意味する。

現実から遊離した空想には何か不穏なところがある。だが、すぐれて現実的な問題に向かうときですらしばしば、たんなる可能性を払いのけるのは難しい。何かを後悔しているとしよう。たとえば、食後テーブルにグラスを放っておいたばかりに、翌朝倒して割ってしまったとしよう。グラスを仕舞っておけば割れなかっただろうに、と思う。はからずもこのとき、可能性について考えていることになる。現実にはグラスを仕舞っていなかったのだから、グラスを仕舞うというのはたんに可能的な出来事にすぎない。あるいは、起こりえたことを重視しない、およそ「現実的」と呼ばれる人々ですら、現実でこれから何をするかを思案する。休日にどこに出かけるか考えているとしよう。公園を歩くか、美術館に行くか、あるいはベッドで本を読んで過ごすか迷っている。このときいずれかしか選べないとすれば、せいぜい一つしか現実にならないのだから、少なくとも二つはたんに可能であるにすぎない出来事になる。こうして、現実で起こったことを悔やむときや、現実に何を行うかを迷うときですら、何らかの可能性を考えざるをえないのである。

だが、たんに可能であることを考えざるをえないということは、可能性とは何かを明晰に理解していることを意味しない。(何かの事情で誰かについて考えずにはいられないとしても、その人を理解していることにならないことと事情は似ている。)可能な出来事たちは互いに似通っているわけではない。可能性という概念は途方もなく不明瞭で、それが何を意味するのかはまったくわからなくなる。

＊

可能性という、恐ろしく不明瞭な概念を明晰にしようとする試みの一つに、G・W・ライプニッツ(Gottfried Wilhelm Leibniz, 一六四六―一七一六)に由来する可能世界論がある。可能世界論は、端的に言えば、「何かが可能であるというのは、それがある可能世界で成り立っているということだ」とする理論である。ムージルが『特性のない男』を書き上げることもありえたというのは、ある可能世界では『特性のない男』が完成しているということだ。その世界ではナチスによる「アンシュルス」も起こっていないだろう。あるいは、アレクサンドロスの西方遠征が起こることも可能だったというのは、西方遠征の起こる可能世界があるということだ。その世界では、ローマははやくも劫掠され、リウィウスの胡乱な記述もなかっただろう。

しかしながら、この可能世界とは何なのか。第1章で詳述することになるが、様相実在論と呼ばれる哲学的立場によると答えはこうだ。たんなる可能世界と現実世界とは、ある意味では何ら異ならない。可能世界は現実世界と同じように存在する。可能な青い鴉は、現実の黒い鴉と同じように存在する。ただ私がどれだけ旅をしようと青い鴉を眺めに行けないというだけだ。西方遠征は東方遠征と同じように大袈裟に起こっているだろう。ただ現実ではアレクサンドロスは東に向かったが、別の可能世界では西に向かったという違いがあるだけだ。完成した『特性のない男』もどこかにはある。私が手に取ることのできないような場所にあるだけだ。何かを想像してみるといい。およそ想像しうるほとんどの出来事に対して、それが起こっている世界というものが存在し、およそ夢想しうるすべての対象はどこかの可能世界に転がっている。こうして莫大な数の可能世界が存在することになる。たんに可能でしかないものも、私たちのいる世界には見いだされないとしても、その無数の可能世界のうちのどこかには存在するのだ。

＊

この途方もない、様相実在論を精緻に組み上げたのが、本書の主人公、デイヴィッド・ルイス

（David Lewis, 一九四一―二〇〇一）である。ルイスは二〇世紀後半で最も重要な哲学者の一人であり、この様相実在論に基づいて、形而上学、言語哲学、認識論、心の哲学といった分析哲学の主要分野において極めて重要な業績を残した。彼の理論は現在に至るまで、分析哲学に重大な影響を与えている。ルイスはかつて、様相実在論で仮定される莫大な数の可能世界を「哲学者の楽園」に譬えた。それは、様相実在論が広大な応用分野をもつことによる。この哲学者の楽園、あるいは分析哲学者の楽園の探求が本書の目的である。

＊

分析哲学とは、ゴットロープ・フレーゲ（Gottlob Frege, 一八四八―一九二五）に端を発し、バートランド・ラッセル（Bertrand Russell, 一八七二―一九七〇）やルドルフ・カルナップ（Rudolf Carnap, 一八九一―一九七〇）以降、英語圏を中心に展開されてきた哲学のスタイルである。分析哲学とは何かを一言で述べるのは難しいし、分析哲学の歴史的経緯を述べることは私の目的ではない。少なくとも現在では、分析哲学は「どのような主題を扱っているか」ということによって他のスタイルから区別することはできない。むしろ、分析哲学はしばしば「問題や議論を明晰にしようとする態度」によって他のスタイルから区別される。くわえて、分析哲学者は過去の哲学者の著作を解読するよりは、可能性や因果や知識といった、哲学の無窮の謎について理論を組み上げ、その理論を精査する。精査の結果、理論は間違っていることがわかるかもしれない。だが、間違いがわかればそれは少なくとも前進だ。

　本書ではこの意味での分析哲学を紹介しよう。ルイスの哲学を取り上げる理由は、それが明晰性を特徴とする分析哲学一般への導入になるからだ。ルイスの理論を紹介することは、分析哲学がどのようなスタイルで展開されるかを理解してもらうために非常に有効だと私は考えている。その卓抜な頭脳のゆえに「幽霊の中の機械」と呼ばれたルイスは、極めて明晰で精緻な仕方で理論を展開する、分析哲学の王道のスタイルだからだ。

　分析哲学一般を紹介する目的で、ルイスの哲学を取り上げる理由はもう一つある。それはルイスの可能世界論が哲学の様々な問題を明晰化する役に立つからだ。ルイスの可能世界論によれば、現実世界だけでなく、無数の可能性、つまり、この世界がありえたようなあり方に対応する、無数の可能世界が存在する。ルイスはかつて可能世界論を次のように擁護していた。

> なぜ世界の複数性テーゼを信じるべきなのか。なぜなら、この仮説は役に立ち、そのことは、それが真だと考える理由になるからである。［…］可能者について語ることにより、形而上学それ自体は言うに及ばず、論理学の哲学、心の哲学、言語哲学、科学哲学の多くのところで、諸々の問いが明晰化されて来たことは明らかだと私は思う。公には嘲笑する人々でさえしばしば、決まりが悪そうにではあるが、この便利な語り方を利用したいという誘惑に抗することは

できないのである。(OPW, p. 4, 強調は引用者による)

実際、可能世界を使わずに分析哲学の議論を展開するのは、もちろん不可能ではないとしても少なくとも面倒であり、可能世界論が様々な哲学の問題や論争の対立点を明晰に定式化する役に立つことは否定できない。可能世界を用いることで哲学の様々な問題をどのように明晰化できるか。これについては本書を読み進めてもらえればわかると思う。だからといって、可能世界論それ自体の是非は論争含みの問題であり、手放しで受け入れられるものではない。だが本書ではその論争を追跡するというよりは、可能世界論に何ができるかを説明することに重点を置く。可能世界論にまつわる論争は、その応用分野の豊かさを無視しては行いえないというのもあるが、可能世界論の色々な応用分野を通じて分析哲学の面白さを伝えたいというのもある。

本書は予備知識としてほぼ何も仮定していない。丁寧に読みさえすれば哲学の予備知識なしで読み進められるように多くの専門用語をその都度説明するように心がけた。例や図を多用したが理解しやすさを狙ってのことである。そして分析哲学でときとして現れる論理式の乱舞は避けて散文でルイスの理論を紹介するように努めてある。(むろん数式がそうであるように、論理式も読めれば散文よりもわかりやすいのだが!) またキーワード解説では本論で紹介しきれなかったルイス哲学に関する話題をいくつか紹介している。

＊

本書の見取り図を提示しておこう。第1章と第2章は、それ以降の基礎となる部分である。第1章ではまず、ルイスの可能世界論、とくに様相実在論について紹介する。ルイスの可能世界論によれば、お互いから隔絶した具体的な世界が無数に存在し、私たちのいる現実世界とはそのような諸々の可能世界のうちの一つにすぎない。何かが可能であるというのは、そのような可能世界のうちの少なくとも一つでそれが成り立っているということである。「どのような可能世界が存在するか」ということを指定する「組み換え原理」、現実性とは何かを説明する「指標理論」、ある世界に存在する対象が別の可能世界でも存在することが何を意味するかを説明する「対応者理論」など、ルイスの可能世界論を理解する上で欠かせない理論について紹介している。第2章では、「もし……としたら、……だろう」という反事実条件文が可能世界論を用いてどのように分析されるかを説明する。反事実条件文がなぜ重要になるのかは一見するとわからないが、反事実条件文は第3章以降での可能世界論の応用で頻繁に使われ、第2章はいわば可能世界論本体と応用分野を繋ぐ理論になっている。

第3章から第5章は可能世界論の応用である。これらの章はどの順番で読んでもかまわない。第3章では、「あることが他のことを引き起こすというのはどういうことか」、つまり、「因果関係とは何か」という問いを扱う。この、哲学の一つの王道ジャンルと言える、因果論でのルイスの理論を紹介する。最もシンプルに言えば、ルイスによれば、ある出来事が別の出来事の原因になっているというのは、前者が起きなかったならば、後者も起きなかっただろう、ということだ。そのアイデアの展開と問題点を確認することは、現代の因果論での論争に立ち入る上での出発点になるだろう。第4章はややマイナーだが興味深いトピック、フィクション内の真理を扱う。小説や詩、オペラや映画など、私たちは日頃から様々なフィクション作品を享受している。「作品世界」という表現が示唆するように、作品の世界では成り立っていることと成り立っていないことがある。だが、それが何を意味するのかを明確にするのは難しい。フィクション内の真理についてのルイスの理論を紹介するのは、可能世界論が幅広い応用分野をもつことを示すにはちょうどいいだろうし、ルイスの分析の切れ味をみるのにも役立つだろう。第5章は懐疑論という古来の哲学的難問にルイスがどう挑んだのかを紹介する。私たちは本当に何かを知っていると言えるのか。私たちがいま夢を見ているのではないという保証はあるのか。そのような保証がないのにどうして私たちが知っていると思っていることを知っていると言えるのか。ルイスの理論をストレートに提示する他の章とは異なり、懐疑論へのルイスの取り組みを紹介するという性質上、ルイス以外の哲学者の懐疑論への取り組みをある程度丁寧に紹介した上で、文脈主義というルイスの理論を紹介するというスタイルをとっている。

第1章 可能世界と様相

アレクサンドロスの西方遠征は現実世界では起こっていない。青い鴉《からす》は現実世界には存在しない。だが、西方遠征は起こりえたし、青い鴉が存在することもありえた。世界に蝶は何羽いるのか。誰も数えようとしないだろう。だが、蝶は奇数羽いるか偶数羽いるかのいずれかしかありえない。つまり、世界がどうあろうと必ずそうだ。別の言葉で言えば、奇数羽か偶数羽の蝶が舞うのは必然的だ。哲学ではこうした可能性や必然性はまとめて、**様相**と呼ばれる。

様相とは何か。**可能世界論**では次のように説明される。何かがありえる、可能であるというのは、それがどこかの可能世界で成り立っているということだ。ある可能世界ではアレクサンドロスはローマを攻めている。さらに別の可能世界では青い鴉が鳴いている。そして、何かが必然的であるというのは、それがすべての可能世界で成り立っているということである。どの可能世界でも蝶の数は奇数か偶数のどちらかだ。こうして、様相は可能世界によって分析される。だが、可能世界とは何か。

デイヴィッド・ルイスの**様相実在論**では、可能世界とは、私たちの住まうこの現実世界と同じように存在するものにほかならない、と説明される。そうありえたかもしれないことはすべて何らかの可能世界で起こっている。青い鴉は黒い鴉と同じように存在する。ただ青い鴉は他の可能世界にいて、黒い鴉は現実世界にいるというだけだ。完成された『特性のない男』も未完のそれと同じように存在する。ただ私が読みに行けるところにはないだけだ。こうしたあらゆる可能性に応じて、複数の、いやむしろ膨大な数の可能世界があり、さらにはそれらはある意味で現実世界と同じように存在する、というのが様相実在論である。

様相実在論は、一見すると突拍子もなく、まったく信じがたく思われる。一体、どうしてそのような過激な主張を擁護できるというのか。ルイス自身の答えはある意味では単純だ。

［…］論理空間は哲学者にとっての楽園である。われわれは可能者からなる広大な領域を信じさえすればよく、そこにおいて、自分たちの企図を推し進めるために何が必要かを見いだす。原始概念として受け入れなければならない多様な概念を還元し、それにより、われわれの専らの関心であるところの理論――真と考えられるものの全部、その完全な理論――の統一性と経済性における改善に必要な手段を見いだすのである。［…］これを受け入れることとの利点はその存在論的なコストを補うだけの価値がある。様相実在論は実り豊かなものであり、そのことにより、このテーゼが真であることを信じるもっともな理由が与えられる。（OPW, p.4, 邦訳 p. 5）

様相実在論を使うためにはたしかに、あまりに多くの可能世界たちの存在を受け入れねばならない。

だが、そういった「存在論的コスト」を受け入れることで、因果や知識などの概念が明晰に分析できるようになる。この意味で、莫大な数の可能世界は哲学者の楽園なのだ。こうした理論上の利点がある限りは、可能世界論を受け入れる理由がある、とルイスは主張しているのである[1]。

楽園の住人はどのような役に立つのか。それは後の章で明らかになる。その前にまずは、この楽園の住人の素性を探らねばならない[2]。

1　形而上学的可能性

あなたは賭けをしている。サイコロで3が出れば勝ちであり、それ以外の目が出れば負けだ。サイコロを振るが、残念ながら4が出てしまう。サイコロで3が出れば勝てたのに、とあなたは悔しがる。過去に実際に起こったことについて悔しがるのは、「サイコロで3が出たかもしれない」と考えているからにほかならない。もしサイコロにそもそも3の目がなかったとしたらこう悔しがることもない。ある意味では3は出るはずもなかったからだ。4が出たのは偶然であり、3が出ることもありえた、可能だったからこそ、あなたは賭けに負けて悔しがっているのである。しかし、「サイコロで3が出たかもしれない」とはどういうことなのだろうか。

「サイコロで3が出たかもしれない」というのは、「サイコロで3が出る確率が0ではないということだ」と考えられるかもしれない。しかし、これは満足のいく答えだろうか。第一に、それがまともな答えになるためには、「あることが0でない確率をもつというのはどういうことなのか」があらかじめわかっていなければならない。第二に、現実にサイコロで3が出る確率は本当に0ではないのだろうか。あなたの手からサイコロが離れて、一定の速度で回転しながらほんのしばらく上昇し、やがて床に向かって落ちはじめ、すぐに床に当たって跳ね上がり、そして最終的に4が出て静止する。「サイコロのたどった過程は何らかの法則に従った物理的な過程であり、手からサイコロが離れたときの状態からすれば、4が出ることはおおよそ決まっていた」と言えるかもしれない。[3] つまり、サイコロを振った時点で3が出ないことは決まっていて、ただたんにあなたがそれを知らなかっただけかもしれない。つまり、サイコロが放たれたときの状態からすると、3が出ることは物理的に可能ではなかった。このように、現実にサイコロを振ったときの状態から始めると、特定の面が出る確率が6分の1である保証はないし、特定の面が出る確率がほとんど0になることもある。さらには、確率がどうあろうと、そもそも世界の状態は、4が出たということで確定しているのである。それでもなお「サイコロで3が出たかもしれない」と言うのであれば、ここではこのような意味での可能性のことが語られているのではないことになる。[4]

　では、次のような答えはどうか。サイコロを振る時点では、あなたは3が出ないことを知らなかった。それが「サイコロで3が出たかもしれない」ということの意味なのだ。別の例を考えよう。あなたは朝起きてすぐ窓の外の空を見上げ、「今日は雨になるかもしれない」と言う。空は分厚い雲で覆われ、見渡す限り雲の切れ間もない。さらに、天気予報によれば今日は雨だとしよう。このとき、もちろんあなたは今日晴れになるとは知らない。だから、今日雨が降ることは、あなたの知っている様々なことと両立する。この意味で、雨が降ることは可能だと言えよう。哲学の専門用語では、このような可能性は**認識的可能性**と呼ばれる。認識的可能性とは、知っていることと矛盾しないことを言う。たしかに、今朝のあなたの知識が今日の雨と矛盾しないように、サイコロを振ったときのあなたの知識は、サイコロで3が出ることと矛盾しない。その意味で、サイコロで3が出ることは認識的に可能であった。しかし、サイコロで4が出たことをあなたが知っている現在でさえ、「サイコロで3が出たかもしれない」と言える。それゆえ、「サイコロで3が出たかもしれない」というのは、認識的可能性でもないことになる。

可能世界論が主に扱う可能性は、以上のような可能性とは区別される、**形而上学的可能性**と呼ばれるものである。「形而上学的」という勿体ぶった用語で呼んでしまうと、可能世界論の扱う可能性は私たちとは無縁のものだという印象を抱かせるかもしれない。しかし、私たちの生活には形而上学的可能性が溢れている。今朝別の朝食をとったかもしれないし、現在の友人と出会っていなかったかもしれない。こう考えるとき、あなたは現実には存在しない様々な出来事について考えているのだ。青い鴉が存在したら、さぞ美しかっただろうに、と私は思う。このとき私は、青い鴉が存在する可能性について考えているのである。だが、こうした諸々の可能性は一体何を意味するのか。

可能世界論によれば、「青い鴉が存在することが可能である」というのは、現実ではない他の可能世界に青い鴉が存在するということである。可能世界とは、何らかの可能性がそこで実現されているような世界のことだ。先に言及した可能性はほんの一部に過ぎない。アレクサンドロスの西方遠征の可能性、タイムマシンが存在する可能性、歴史上一度も戦争が存在しない可能性など、私たちは際限なく多様な可能性を列挙していくことができる。このような可能性のそれぞれが、どこかの可能世界で実現している。「他の世界は非常にたくさんあり多様であるので、ある世界のある部分の可能なあり方のおのおのに対して、何らかの世界の何らかの部分のあり方が必ず対応している」とルイスは言う（OPW, p.2, 邦訳 p.3）。つまり、膨大な可能性をそれぞれ実現するのに十分な量の可能世界、たとえば、タイムマシンのある可能世界、戦争のない可能世界、青い鴉のいる可能世界が存在する。これが可能世界論の基本的な主張である。

この主張は次のように一般化できる。

可能世界による可能性の分析[5]

「Pが可能である（◇P）」が真であるのは、ある可能世界wが存在し、その可能世界wにおいてPが真であるときであり、そのときに限る。（ここでPは任意の命題とする。以下では、ただ「可能世界」や「世界」と言うときは、現実世界を含めた世界一般を指し、「たんなる可能世界」と言うときは、現実世界以外の世界一般のことを指すとする。したがって、現実世界でPが成り立つときにも、Pは可能であることになる。）

さらには、必然性も可能世界によって分析できる。何かが必然的であるというのは、そうでないことがありえない、可能でない、ということだ。たとえば、「必然的に蝶は奇数羽か偶数羽いる」というのは、蝶が奇数羽いることもなく偶数羽いることもないというのはありえない、つまり、蝶の数が奇数でも偶数でもない可能世界はない、ということだ。翻ってこれは、すべての可能世界で蝶は奇数羽か偶数羽いるということと同じだ。一般的に言えば次のようになる。

可能世界による必然性の分析

「必然的にPである（□P）」が真であるのは、すべての可能世界wについて、wにおいてPが真であるときであり、そのときに限る。

こうした、可能世界概念に訴えて様相を説明するという発想は、ルイスの独創ではない。ルイスの様相実在論の独自の点は、「そもそも可能世界とは何か」を説明する部分にある。（可能世界論はバロックの数学者・論理学者・哲学者ゴットフリート・ヴィルヘルム・ライプニッツに由来するとされている。）

「可能世界」とは何なのか。「可能世界」とはそもそも「可能な」世界のことなのだから、結局のところ可能性を「可能」という概念によって説明しているだけではないかという疑問が生じるかもしれない。[6] たしかに、それでは何の説明にもならないだろう。そもそも、可能世界とは私たち（あるいはルイス）の想像の産物なのか。それとも、実在するものなのか。可能世界という怪しげなものを用いて可能性を説明することなどそもそもできるのか。この疑問に答えるには、ルイスが可能世界の概念をどのように定義しているかを見なければならない。逆に言えば、もし可能世界の概念を「可能」という概念を用いずに説明できるのであれば、可能性をうまく説明できていることになるだろう。次節ではルイスの様相実在論が可能世界をどのように特徴付けているかを詳しく見ていく。

2 可能世界とは何か——様相実在論の内実

可能世界とは何かということについて、ルイスは複数の説明を試みている。まず幾度も引用されてきた有名な一節で、ルイスは、可能世界とは「物事がそうでありえた多くの仕方」にほかならないと説明する。

私たちがたまたま住んでいる世界の他に可能な世界が存在すると私は信じている。議論が必要であるなら、それはこうである。物事が現にそうであるのとは違っていたかもしれないということは、紛れもなく真である。物事は無数の仕方で別様にありえたと私は信じているし、読者も信じている。しかし、これはどういうことなのか。日常言語では「物事が現にそうである仕方とは別に、物事がそうでありえた多くの仕方が存在する」という言い換えが許される。一見したところ、この文は存在量化である。それは、特定の記述、即ち「物事がそうでありえた仕方」に関する多くの存在者が存在することを述べている。私が無数の仕方で別様にありえたことを信じており、また私は自身の信じていることに関する許される言い換えを信じている。したがって、その言い換えを額面通りに受け取るなら、「物事がそうでありえた仕方」と呼べるだろう存在者の存在を私は信じていることになる。私はそれらをむしろ「可能世界」と呼びたいのである。（CF, p.84, 邦訳 pp.137–138）

私たちは日常的に「物事がそうでありえた仕方」について語っており、可能世界とはまさにその「物事がそうでありえた仕方」なのだ、とルイスは述べている。しかしながら、「物事がそうでありえた仕方」とは、「物事の可能なあり方」のことにほかならない。それゆえこの説明も循環的な説明になってしまう。

ルイスの様相実在論は、可能世界を「時空的関係にあるものの極大のメレオロジー的和である」と考えることによってこの循環から逃れられる。といっても、このままでは何のことかわからないので、順を追って説明していく。

まず、様相実在論によれば、可能世界とは現実世界と同じようにある意味で具体的な対象である。現実世界は、アンドロメダ銀河や槍ヶ岳や黒い鴉といった具体的なものを部分として含む、具体的な一つの巨大なものである。同様に、それぞれの可能世界は、青い鴉などの様々な具体的なものを含む具体的な一つの巨大なものである。（このような可能なもののことを**可能者**と呼ぶ。）現実世界も可能世界も、具体的なものを含んでいるという点では何ら変わらない。

> 私は［可能世界とは何かと問う］その人に対して、私たちの現実世界がどのようなものであるかを当人は知っていると認めるように請うだけであり、そこから私は、他の世界とはまさにその種のより多くのものであり、種において異なるのではなく、たんにそこで何がどうなっているのかが違うだけだと説明するのである。私たちの現実世界は他の世界の中のたんなる一つの世界にすぎない。私たちがその世界だけを現実と呼ぶのは、それが残りの世界と種において異なるからではなく、それが私たちの住まう世界だからである。（CF, pp.85-86, 邦訳 p.140）

いま三四郎池で見かけたアオスジアゲハと、不忍池を舞う別のアオスジアゲハは同じ種類（*Graphium sarpedon*）の蝶である。したがって、三四郎池のアオスジアゲハがどのようなものか知っているのなら、実際に見ていなくても、不忍池のアオスジアゲハがどのようなものかはおおよそわかるはずだ。同じように、可能世界とは現実世界と異なった種のものではないのだから、この現実世界がどのようなものか知っているのであれば、可能世界もどのようなものかわかるはずだ、というのがルイスの主張のポイントだ。(「現実世界と可能世界が種において異なるわけではない」という点については、後に第4節で詳しく説明する。ここではたんに、現実世界と可能世界は同様に具体的なものなのだと理解しておいていい。)

様相実在論によれば、可能世界とは現実世界と同様に具体的なものであり、様々な可能なもの(可能者)を含んでいる。世界が具体的であるということから、「あるものが世界の内に存在するということはどういうことか」という問いに対して自然な答えが得られる。つまり、「あるものがある世界の内にある」ということは、「その世界に部分として含まれる」ということである。あなたは現実世界の一部分として現実世界に含まれており、ある青い鴉は(残念ながら現実世界には含まれないけれども)別の可能世界の一部分としてその可能世界に含まれている。

あなたと青い鴉とは同じ世界には存在しない。だが、あなたと青い鴉が同じ世界には存在しないとはどういうことか。(ルイスは同じ世界にいるもののことを**世界メイト**と呼ぶ。あなたと青い鴉が世界メイトではないとはどういうことか。)ルイスによれば、それは、あなたと青い鴉が時空的に関係していないということにほかならない。[7] 時間的空間的に離れていたとしても、二つのものは時空的に関係しうる。あなたが隣にいる人と空間的に接していなくとも、「六七センチメートル離れている」という空間的関係のような、時空的関係をもつことはできよう。あなたとアンドロメダ銀河も、

「二五〇万光年離れている」という時空的関係にある。あるいは、あなたとカエサルも、「二〇〇〇年離れている」という時間的関係にあることによって、時空的に関係している。さて、あなたと青い鴉が同じ世界にいない（つまり、世界メイトではない）というのは、こうした時空的関係を互いにもっていないということにほかならない。あなたと青い鴉とは、どのような空間的距離にもないし、どのような時間的距離にもない。あなたと青い鴉とは時空的関係をもたず、それゆえ、世界メイトではないのである。

次に、「時空的関係にあるものの極大のメレオロジー的和」というルイスの可能世界の特徴付けを理解するために、メレオロジー的和とは何なのかを説明しよう。簡単に言えば、AとBの**メレオロジー的和**（A＋B）とは、AとBを部分として含み、AやBの部分ではないものを部分として含まないようなもののことである。[8] つまり、「AとBのメレオロジー的和」とは、「ちょうどAとBを部分として含むような全体」のことである。たとえば、椅子Vは脚Sと座面Tと背もたれUのメレオロジー的和である（V=S+T+U）。

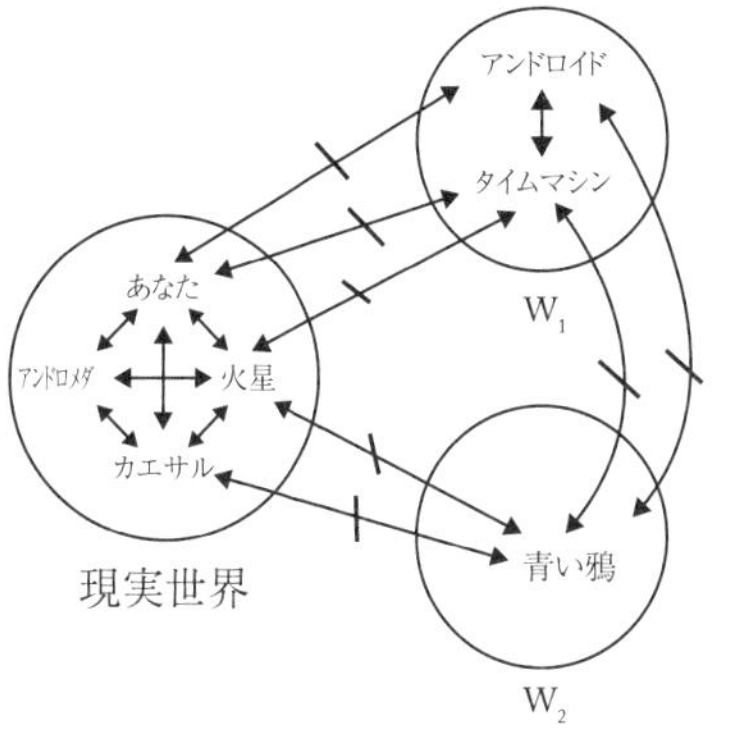

図1　時空的に関係するものの極大のメレオロジー的和としての可能世界。矢印は時空的関係を表す。あなたとアンドロメダと火星とカエサルとは時空的関係にあり、世界メイトである。それらと時空的関係で結ばれたものすべての和が、現実世界である。カエサルや青い鴉やタイムマシンは、それぞれお互いに時空的関係にないから、それぞれは別々の世界に含まれる。

ルイスによれば、世界とは世界メイト同士のメレオロジー的和である。ただし、極大のメレオロジー的和でなければならない。「Xが世界メイト関係に関しての極大のメレオロジー的和である」というのは、「Xのどの二つの部分も世界メイト同士であるし、Xに含まれないものは、Xのどの部分とも世界メイト関係にない」ということである。現実世界に含まれる二つのもの、たとえば、あなたと火星、カエサルとアンドロメダ銀河はいずれも世界メイト関係、つまり、時空的関係にある。また、現実世界は、あなたと時空的関係にあるものすべてを含んでいるし、カエサルと時空的関係にあるものすべてを含んでいる。そして、現実世界はあなたと時空的関係にない青い鴉を含むことはない。したがって、現実世界は、あなたやアンドロメダ銀河などの時空的に関係あるものの極大なメレオロジー的和である。同様に、青い鴉たちのいる可能世界も、その鴉たちと時空的関係にあるものの極大のメレオロジー的和である。

様相実在論によれば、世界とは時空的関係にあるものの極大のメレオロジー的和である。あなたと青い鴉とが同じ世界にはいないというのは、あなたと青い鴉が時空的関係にないということである。あなたと私が同じ世界にいるというのは、あなたと私が時空的関係にあるということである。ここで「時空的関係」や「極大のメレオロジー的和」は、可能性の概念を前提としていないことに注意してほしい。それゆえ様相実在論では、可能世界の概念は、可能性の概念を前提せずに説明される。こうして、「可能性」を「可能世界」によって説明し、「可能世界」を「時空的関係」によって説明したのだから、可能性について循環的でない説明が与えられたことになる。

3　どのような可能世界が存在するのか――組み換え原理

様相実在論は可能性について循環的ではない説明を与える。しかし、これまで「可能世界とはどのようなものか」について明らかになったとしても、「どのような可能世界が存在するのか」についてはまだ説明されていない。これら二つの問いはまったく別物だ。新たに見つかった昆虫は新種の昆虫として登録される。それは、「昆虫とは何か」がわかっていても「どのような昆虫が存在するか」まではわかっていないからだ。同様に、可能世界が「時空的関係にあるものの極大のメレオロジー的和」だと説明されても、「どのような可能世界があるのか」は説明されていないことになる。

ルイスはまず、どのような可能世界が存在するのかの説明として、「世界の可能なあり方のすべてに、何らかのあり方が必ず対応する」という案を検討する（OPW 第1章8節）。ここで「何らかのあり方」と言われているのは、可能世界のことである。これはわかりやすい説明だが問題がある。第2節の最初の引用においてルイスが主張しているように「世界の可能なあり方」と可能世界とを同一視するのであれば、「世界の可能なあり方のすべてに、何らかのあり方が必ず対応する」は、「すべての可能世界は何らかの可能世界に対応する」という内容のないことを述べていることになる。これではどのような可能世界が存在するのかを説明したことにはならない。すべての昆虫は何らかの昆虫に対応していると言われても、どのような昆虫が存在するのかの説明にならないことと同じだ。

そこでルイスが持ち出すのは、**組み換え原理**である。組み換え原理とはおおざっぱに言うと、世界の色々な部分を組み換えてできるような可能者が存在するという主張だ。

この原理によれば、異なる可能世界の部分をつなぎ合わせると別の可能世界が生み出される。おおざっぱに言えば、いかなるもの同士であっても、少なくともそれらが互いに異なる時空的位置を占めているならば、両者は共に存在しうるということである。(OPW, pp.87-88, 邦訳 p. 96)

キマイラは現実世界には存在しない。だが、現実世界には、ライオンの頭や山羊の胴、あるいは蛇の尻尾は存在する。これらを組み換えてつなぎ合わせるとキマイラになる。組み換え原理によれば、ライオンの頭、山羊の胴、蛇の尻尾をつなぎ合わせてできるキマイラを含む世界がある。あるいは、喋るのに必要な身体的器官、たとえば、洗練された喉や言語情報を処理できる脳の部位をロバにつなぎ合わせると喋るロバができる。それゆえ、そのような喋るロバを含む世界があることになる。こうして、キマイラや喋るロバといった、現実には存在しないたんなる可能者を含む可能世界があることが、組み換え原理によって保証されるのだ。

組み換え原理を正確に定式化するにあたって、少し注意しなければならないことがある。それは、様相実在論によると、二つの世界が重なることはない、つまり、二つの世界は同じ部分を共有しないということだ。様相実在論によれば、各世界は時空的関係にあるものの極大のメレオロジー的和なのだから、時空的関係で結ばれている二つの対象は、同じ世界にいることになる。それゆえ二つの世界が同じ部分を共有しているならば、それらは時空的な関係をもつことになり、結局は一つの世界ということになる。そして、二つの世界が重なることがないならば、同じ対象が二つ以上の世界にまたがって存在することはない。

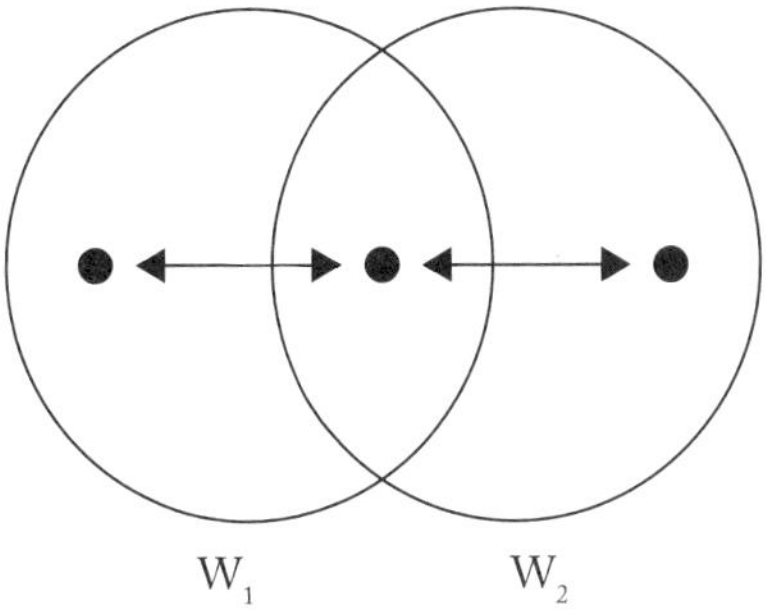

図2　黒丸は世界内の対象を、矢印は時空的関係を表わす。様相実在論によれば、図中のような２つの可能世界 w_1 と w_2 は存在しない。これは時空的に関係するものの極大のメレオロジー的和としての可能世界という考えからの帰結である。

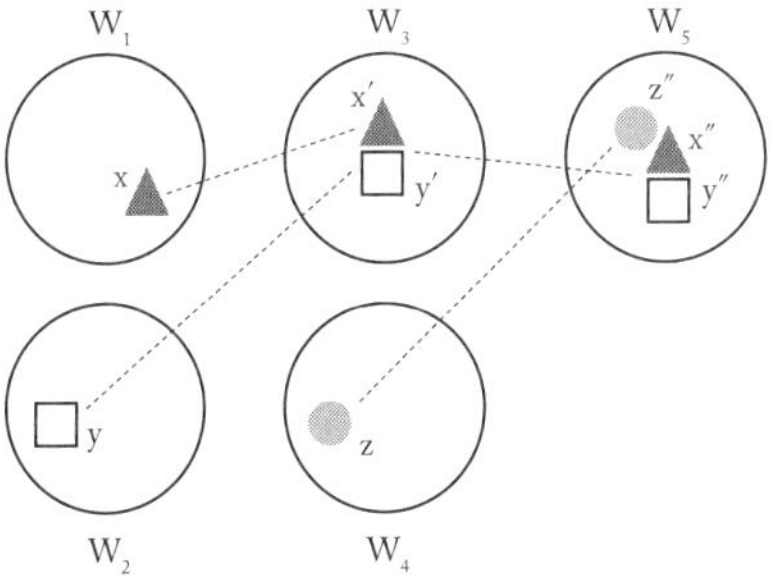

図3　組み換え原理。破線は複製関係を表わす。x は w_1 の部分、y は w_2 の部分。x' と y' は w_3 の部分、z は w_4 の部分、z' と x'' と y'' は w_5 の部分である。x' は x の複製、y' は y の複製、z' は z の複製、x'' は x' の複製、y'' は y' の複製である。組み換え原理によれば、図に示されているような可能世界 w_1 と w_2 が存在するならば、w_3 のような可能世界が存在することになる。同様に、可能世界 w_3 と w_4 が存在するならば、w_5 のような可能世界も存在することになる。

そのため、現実世界にあるライオンの頭と、他の可能世界にあるライオン風で優美なキマイラの頭とは厳密に言えば別の対象である。それらは、優美なたてがみの本数まで同じくしていようともやはりただたんにまったく区別のつかないほど似ているというだけで、あくまで別々の対象なのである。こうした、区別のつかないほど似ている二つのものは、**複製**と呼ばれる。[10] この複製という概念を用いて正確に表すと、組み換え原理は次のように表せる。

組み替え原理

xとyが、それぞれ何らかの世界の部分であるなら、xの複製とyの複製が隣接し、それらを部分として含む世界が存在する。[11]

喋るロバの可能性は次のように説明される。喋るのに必要な身体的器官はどこかの世界に転がっているに違いない。[12] それならば、その身体器官の複製と、現実にいるロバの（喉や脳以外の部分の）複製が隣接している可能世界、つまり、喋るロバがいる可能世界が存在する。

これまでのところをまとめよう。第一に、「何かが可能である」とはどういうことか。可能世界論によれば、それは「それを実現しているような可能世界が存在する」ということである（第1節）。第二に、「可能世界」とは何なのか。様相実在論によれば、それは「時空的関係にあるものの極大のメレオロジー的和」である。第三に、どのような可能世界が存在するのか。組み換え原理によれば、様々な対象を組み換えて作られる対象であれば、そうした可能者を含む可能世界が存在する（第3節）。

4　現実性についての指標理論——時空と様相の類比

現実とは何か。たしかに日常的には、私たちは現実世界を何らかの仕方でたんなる可能世界から区別していると思われよう。このことは、私たちが普通、何が可能であるかよりも、何が現実であるかを重視していることに表れている。戦争が現実に存在するかしないかは、戦争が可能であるかどうかよりもはるかに気がかりだろう。このように、現実性はたんなる可能性とははっきりと区別されている。（もちろん、私たちの多くがたんなる可能性よりも現実性を重視していることからは、可能性よりも現実性の方を重視すべきだ、ということは導かれない。だが、これは別の問題である。）

私たちがふだん現実性を可能性から区別していることを考慮すると、「現実世界と可能世界とは種において異なるのではない」というルイスの主張（第2節参照）はとても奇妙に見えよう。第2節で引用した箇所を再び引いておこう。

私たちの現実世界は他の世界の中のたんなる一つの世界にすぎない。私たちがその世界だけを現実と呼ぶのは、それが残りの世界と種において異なるからではなく、それが私たちの住まう世界だからである。(CF, p.85, 邦訳 p. 140)

ここでの主張は、次の二つに分けられる。第一に、現実世界と他の可能世界は種において異なるのではない。第二に、現実世界が「現実世界」と呼ばれるのは、その世界がわれわれの住まう世界だからである。それぞれについて詳しく見ていこう。それによって、ルイスが現実性をどのように捉えているかが明らかになる。

まず、第一の主張「現実世界と他の可能世界とは、種において異なるのではない」とは何を意味するのか。たとえば、「二羽の蝶が種において異なる」とは、「一方がある種に属していて、もう一方は別の種に属している」ということである。一方がナミアゲハ(*Papilio xuthus*)であり、もう一方はアオスジアゲハ(*Graphium sarpedon*)であるならば、一方は黄色い翅《はね》をもち、もう一方は青い条《すじ》のある翅をもっているというように、一方だけがもつ特徴というものが存在することになろう。このような翅の特徴による区別は、それを眺める人によって変わるような相対的な区別ではない。翅の特徴による区別はこの意味で絶対的だ。それに対し、現実世界と他の可能世界との間には、このような絶対的な区別は存在しない、とルイスは主張しているのである。一見すると、この主張は先に述べたような日常的な考えに著しく反する。私たちは、現実に起きていることとたんなる可能性を区別している。シリアでの戦争と、どこかの可能世界で起こっている戦争は、たとえそれらが同じように凄惨で、似たような愚劣さから引き起こされたのであっても、私たちはなお一方が現実で他方がたんに可能でしかないということは絶対的な区別と考えるきらいがある。そうでなければ、なぜシリアの戦争に涙し、どこかの可能世界の戦争に涙しないのか。[13]

　このような日常的な考えとの衝突を和らげるために、似たような例を考えよう。現在のシリアでの戦争と、一三世紀のモンゴル帝国によるアッバース朝帝都バグダードの包囲戦は、同じように凄惨であるかもしれない。しかし、シリア内戦が現在であり、バグダード包囲戦が過去であるというのは、シリア内戦がある特徴をもっていて、バクダード包囲戦がその特徴をもっていないから、あるいは逆に、バグダード包囲戦がある特徴をもっていて、シリア内戦がその特徴をもっていないからなのか。そうではない。一方では航空機や化学兵器が使われ、もう一方では馬と弓が使われるという違いは、現在と過去の区別とは何も関係がない。シリア内戦もやがて過去のものとなるだろうし、未来から見れば（戦争の方法の違いにかかわらず）シリア内戦はバグダード包囲戦と同様、過去のものである。現在と過去の区別は、どの時点から見るかに相対的であり、絶対的な区別ではない。[14]それは、誰が眺めようと変わらない、蝶の翅の絶対的な区別とは別物だ。

　現在と過去の区別の相対性とは、「現在や過去についての文が真であるための条件が、その文の発話がなされた時点に相対的である」こととして捉えられる。（一般に、ある文が真であるための条件は、その文の**真理条件**と呼ばれる。）たとえば、あなたが時点ｔに「現在シリアで内戦が起こっている」と言ったとすれば、あなたの言ったことが真であるのは、ｔにおいてシリア内戦が起こっているときであり、そのときに限る。そして、あなたが時点ｔに「過去にシリアで内戦が起こっていた」と言ったとすれば、あなたの言ったことが真であるのは、ｔ以前のある時点ｔ′においてシリア内戦が起こっているときであり、そのときに限る。二〇一七年六月にあなたが「現在シリアで内戦が起こっている」と言えば、二〇一七年六月にはまだシリア内戦が続いているので、あなたの言ったことは真である。二〇二〇年六月にシリア内戦がすでに終わっているならば、二〇二〇年六月にあなたの発した「現在シリアで内戦が起こっている」は偽であるが、二〇二〇年六月にあなたの発した「過去にシリアで内戦が起こっていた」は真である。このように解釈された「現在」や「過去」のように、それを含む文の真理条件が、発話された文脈に相対的であるような語を**指標詞**と呼ぶ。そして、時制にかかわる表現を指標詞とみなす理論は、**時制の還元主義**と呼ばれる[15]。時制の還元主義によれば、過去、現在、未来などの時制にかかわる表現を含む文の真理条件は、その文が発話された時点に相対的である。

時制の還元主義

「過去にＰ」がｔにおいて真であるのは、ｔ以前のある時点ｔ′が存在し、ｔ′においてＰが真であるときであり、そのときに限る。

「現在Ｐ」がｔにおいて真であるのは、ｔにおいてＰが真であるときであり、かつそのときに限る。

「未来にP」がtにおいて真であるのは、t以後のある時点t′が存在し、t′においてPが真であるときであり、そのときに限る。[16]

長々と寄り道をしてきたが、そろそろ「現実」の分析に戻ろう。「現在」や「過去」といった指標詞は、それを含む文が真であるための条件が、発話された文脈に相対的になるという特徴をもっている。ルイスにとって、「現実」とは「現在」や「過去に」と同様、指標詞の一つにほかならない。

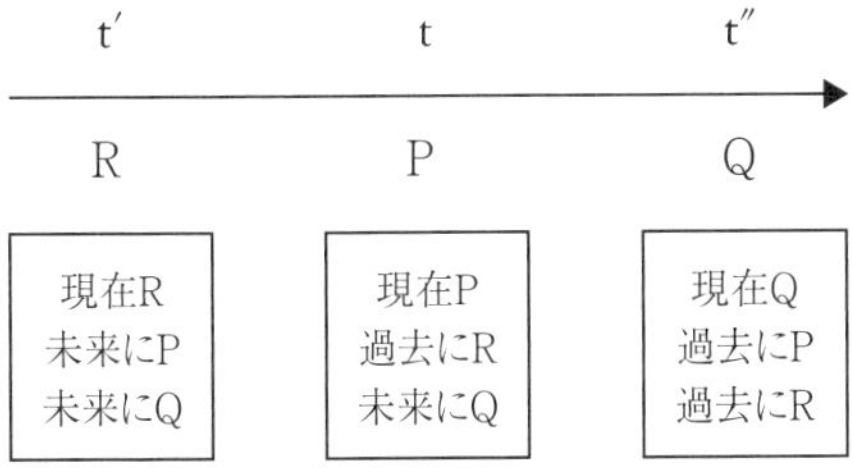

図4　時制の還元主義。時点t′ではR、tではP、t″ではQが真であるとする。（ただし、tはt″に時間的に先行し、t′はtに時間的に先行する。）このとき、時制の還元主義により、四角内の時制付きの文が真になる。

「現実」という語、およびそれに類する語を、指標的名辞として、すなわち、発話の文脈がもつ関連する特徴に応じて指示が変化する名辞として分析することを提案したい。名辞「現実」の場合、ここで言う関連する特徴とは、どの世界で、その発話がなされたのかということである。私の提案する指標的分析によれば、「現実」は（その一次的意義においては）いかなる世界wにおいてもその世界wを指示する。「現実」は、「現在」という、発話の文脈がもつまた別の特徴に応じて指示が変化する指標的名辞と類比的である。すなわち、「現在」

> は、いかなる時点tにおいてもその時点tを指示する。また、「現実」は、「ここ」、「私」、「あなた」、「これ」、「前述」とも類比的である。これらはそれぞれ、場所、話者、意図されている聞き手、話者の指差し行為、前に述べられたことに応じて指示が変化する指標的名辞である。
> (PPI, p. 18, 強調は引用者による)

時制の還元主義によれば、現在と過去の区別は発話がなされる時点に相対的であり、絶対的な特徴によるのではない。同様に、現実世界と可能世界の区別は、発話がなされる世界に相対的であり、絶対的な特徴によるのではない。このような意味で、現実世界と他の可能世界は種において異ならないのである(第一の主張)。また、「現在」がまさに私たちが発話する時点にほかならないのと同様に、「現実」とは私たちがそれを発話するその世界にほかならない。その意味で、現実世界だけを現実と呼ぶのは、「それがわれわれの住まう世界だから」ということになるのである(第二の主張)。このように、「現実」を指標詞とみなす理論を、**現実性についての指標理論**と呼ぶ。現実性についての指標理論によれば、「現実」は指標詞であり、発話される文脈によって指示対象を異にする。(このことは「現実」の意味が発話の文脈によって異なるということを含意しない。「現実」の意味は、それが発話された世界を指示するという意味で一定している。[17] これは、「現在」はそれがいつ発話されるかによって指示対象を異にするが、その意味は一定であるのと同様である。)

さて、現実世界とたんなる可能世界の絶対的な区別を否定して、指標理論を採用することにはどのようなポイントがあるのだろうか。第一に、指標理論は「私は現実にいるのだろうか」という、現実性についての懐疑論がなぜ馬鹿げているのかを説明できる、ということがある。つまり、私たちが現実のものであることをどのようにして知るのかを指標理論は説明できる。指標理論によれば、「私は現在にいる」がいつ発話されても真になるのと同様に、「私は現実にいる」はどの可能世界で発話されても真になる。それゆえ、現実性についての懐疑論は馬鹿げているのである（PPI, p. 19）。

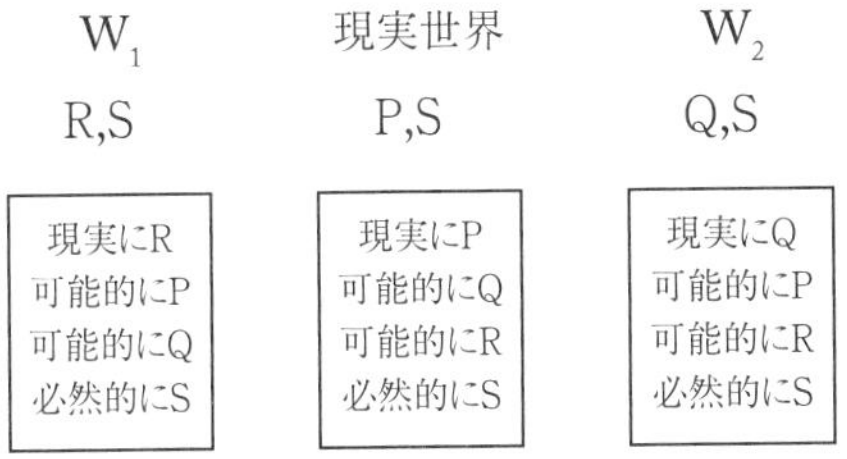

図5　現実についての指標理論。私たちの住まう現実世界ではP、可能世界 w_1 ではR、w_2 ではQが真であり、また全ての世界でSが真であるとする。このとき、現実についての指標理論と可能世界による可能性・必然性の分析により、四角内の文が各世界で真になる。

第二に、指標理論は様相実在論の擁護にとって重要な役割を果たす。可能世界論は、様相の説明のために膨大な量の可能者を導入する理論である。それゆえ、この理論が導入している仮説はまったく倹約的でないと思われるかもしれない。一般に、より少ない仮説しか導入しない理論の方がより多くの仮説を導入する理論よりも好ましい。（倹約性の要求を議論で多用したとされる中世の神学者・哲学者オッカムのウィリアム（William of Ockham, 一二八五―一三四七）にちなんで、この倹約性の要求は**オッカムの剃刀**と呼ばれる。[18]）たとえば、あなたが帰宅すると、部屋が荒らされており、ワインと財布と花瓶がなくなっていたとしよう。この状況の説明として、互いに見ず知らずの三人の泥棒が独立に侵入して、それぞれワイン、財布、花瓶を盗んでいったのだという仮説と、ある一人の泥棒だけが侵入し、それら三つを盗んでいったという仮説を考えよう。後者の仮説の方が優れているのは明らかだ。どちらの仮説も現状を説明するものの、三人の泥棒の存在を仮定する前者の仮説より、一人の泥棒の存在を仮定するだけの後者の仮説の方が倹約的だからである。同様に、より少ない対象によって様相を説明できるのであれば、それに越したことはない。無数の対象を様相の説明のために仮定するのは、倹約的でないから、様相実在論には何かもっともらしくないところがあるのではないかという疑念が浮かぶ。無数の可能世界は、オッカムの剃刀でそり落とされるべきではないか。この倹約性の要求に基づいた議論に対して、ルイスは「現実世界と可能世界は、種において異なるものではない」ということを用いて反論を試みる。

可能世界についての実在論は倹約を理由に怪しいものと考えられるかもしれないが、これはそれに対する決定的な議論ではありえないだろう。そうであっても、質的と量的という二種類の倹約を区別しよう。学説が質的に倹約的であるのは、それが存在者の基本的に異なる種類の数を抑える場合である。これは、集合と還元不能な数よりも集合だけを、または粒子と場よりも粒子だけを、身体と精神の両方よりも身体だけを、あるいは精神だけを措定する場合である。学説が量的に倹約的であるのは、それが措定する種類の実例の数を抑える場合である。これは、10^{37}個の電子よりも10^{29}個の電子を、またはすべての動物に対してよりも、人間だけに対して精神を措定する場合である。私は、質的倹約は哲学的または経験的仮説において良いものとする一般的見解に同意するが、しかし量的倹約には何であれ味方するつもりがないことを認める。私の可能世界についての実在論は、質的にではなくたんに量的に倹約的ではないというだけである。読者はわれわれの現実世界の存在を既に信じている。私は読者に対して、何らかの新しい種類の物事の存在ではなく、まさにこの種のより多くの物事の存在を信じるように請うのである。（CF, p.87, 邦訳 pp.142–143 強調は引用者による）

ここでの様相実在論擁護のポイントは、質的倹約性と量的倹約性とを区別した上で、可能世界論は量的に倹約でなくとも、質的には倹約であると主張するところにある。ルイスは、可能性を可能世界論によって分析し、さらに指標理論によって現実性を分析するため、現実性や可能性を質的な特徴によって区別する必要はない。それゆえ、質的倹約の観点からすれば、様相実在論は倹約であり、可能性や現実性を質的な特徴として認める理論より優れている。

5　事象様相と対応者理論

可能世界論は、世界は現実のあり方とは別のあり方にあったかもしれないという可能性、あるいは、世界はそうなっていなければならないという必然性の分析を与えるものであった。こうした、特定のものについてではなく、世界がどうありうるかという可能性や、世界がどうなっていなければならないかという必然性はまとめて、**言表様相**（modality *de dicto*）と呼ばれる。[19]（さらに、言表様相の可能性を**言表的可能性**、言表様相の必然性を**言表的必然性**と呼んでおこう。）この用語で言えば、第1節の「可能世界による可能性・必然性の分析」は言表様相の分析だった、ということになる。たとえば、「青い鴉がいることは可能である」は言表様相、とくに言表的可能性を表している。この文は、現実にいる個々の鴉たちについて、それが青かったかもしれないと主張しているのではない。「青い鴉がいることは可能である」が真であるのは、ある可能世界が存在し、その可能世界に何らかの青い鴉が存在するときであり、そのときに限る。ここで、現実にいるどの鴉たちも、青い鴉のいる可能世界に存在する必要はない。ただたんにある世界が何らかの青い鴉を含んでいればよいからだ。

言表様相と区別して、特定のものについての可能性や必然性は、**事象様相**（modality *de re*）と呼ばれる。[20]（事象様相の可能性を**事象的可能性**、事象様相の必然性を**事象的必然性**と呼んでおこう。）たとえば、いま私が通りで見かけた、特定の鴉について、「その鴉は青かったかもしれない」と述べるとしよう。このときは、特定のものについての可能性について語っているのだ。さて、「青い鴉がいることは可能である」という言表様相を表す言明が真であるためには、何らかの青い鴉を含んでいる世界が存在しさえすればよい。だが、「その鴉は青かったかもしれない」が真であるためには、青い鴉が含まれる世界が存在するだけでは十分ではない。というのも、その世界はその鴉とは何の関係もないかもしれないからである。

言表様相と事象様相の区別を理解するには時制について同様の区別を考えるとよい。未来についての言明を考えてみよう。たとえば、「九秒台前半で一〇〇メートルを走る選手が存在するようになるだろう」と述べるとき、私たちはウサイン・ボルトや桐生祥秀など特定の陸上選手について、九秒台前半で走るようになるだろうと述べているのではない。そうではなく、未来のある時点が存在し、その時点において、九秒台前半で一〇〇メートルを走る誰かしらの選手が存在するということを述べているのである。その未来の時点において九秒台前半で一〇〇メートルを走る選手は、ボルトや桐生でなくともよい。（そもそも一〇〇メートルの世界記録が九秒台前半になる時点ではボルトも桐生も存在しないかもしれない。）したがって、この言明は言表的（*de dicto*）である。一方、ある特定の選手、たとえばボルトについて、「彼は九秒台前半で一〇〇メートルを走るようになるだろう」と述べるならば、特定の選手についての未来の出来事を述べている。したがって、この言明は事象的（*de re*）である。

ルイスの**対応者理論**は事象様相を扱うための理論だ。ここではまず、なぜ様相実在論では言表様相の分析をそのまま事象様相の分析に拡張できないのかを説明する。その上で対応者理論を導入し、対応者理論による事象様相の扱いと、対応者理論のいくつかの応用を見る。

5－1　対応者理論による事象様相の分析

様相実在論によると、二つの世界は互いに重ならない（第2節）。すなわち、二つ以上の世界の共通部分となっているような、つまり、二つの世界がそこで重なっているような対象は存在せず、（あなたやアンドロメダ銀河のような）通常の対象は、一つの世界のうちに完全に含まれている。

さて、このような理論をとると、事象的可能性を分析する際に問題が生じる。「あなたは詩人だったかもしれない」と私が言う。このとき、あなたについての可能性に関して私は語っているのだ。この可能性は特定の対象、つまり、あなたについての可能性であるから、事象的可能性である。もしこの事象的可能性に言表的可能性の分析（第1節）を素直に適用すると、「あなたが詩人であることが可能であるのは、ある世界wが存在し、wにおいてあなたが詩人であるときであり、そのときに限る」ということになる。問題は「wにおいてあなたが詩人である」という部分だ。現実であなたが詩人でないとすれば、wであなたが詩人であるならば、wは現実世界とは異なる世界ということになる。だが、様相実在論によると、二つの異なる世界は重ならないから、異なる世界に同じ対象の全体が存在することはない。それゆえ、wにあなたは存在しない。だが、wにおいてあなたが詩人であるためには、あなたと同一の対象がwに存在しなければならないのである。（詩を書くにはまずは存在することから始めなければならない。）一般に、「ある可能世界のものと別の可能世界のものの同一性」を、**貫世界同一性**（transworld identity）と呼ぶ。様相実在論によると、可能世界は重ならない。したがって、貫世界同一性はありえないことになる。

このように、「あなたは詩人だったかもしれない」といった事象様相には、可能世界による可能性の分析はそのままのかたちでは適用できない。そこでルイスは、事象様相を分析するために、同一性よりも緩い、**対応者関係**（counterpart relation）を用いる。対応者関係とは、ものの間の同一性関係ではなく、ものの間のある種の類似性関係である。あるものxが世界wに存在するとしよう。xはw以外のいかなる世界w′に含まれるものとも同一ではありえない。しかし、w′における何らかのものと類似しているかもしれない。（一般に、あるものはそれと同一でない別のものと類似しうる。）xの、w′における対応者とは、大まかに言えば、w′において（ある重要な点において）xに類似しているyのことである。このとき、「xはyを対応者としてもつ」と言うことにしよう。（一つ注意しておきたいのは、ある可能世界にはたとえば、あなたの対応者がまったくいないこともある、ということだ。虚空にテーブルと椅子とビールマグが漂っているだけの可能世界には、あなたの対応者はいないかもしれない。）

対応者関係を使えば、事象的可能性を分析できる（Lewis 1968）。あなたが詩人であることが可能であるということは、ある可能世界が存在し、その可能世界でのあなたによく似た対応者が詩人であるということである。（その詩人はあなたと同一ではないが、ある重要な点において類似しているがゆえに、あなたの対応者であるのだ。）一般化すれば次のようになる。

対応者理論による事象的可能性の分析

xが可能的にFである（◇Fx）のは、ある世界wが存在し、wにおけるxの対応者がFであるときであり、そのときに限る。[21]（ここで、wにおけるxの対応者とは、wに含まれるもののうち、ある重要な点でxに類似しているものである。）

さて、対応者を特徴付ける類似性に、「ある重要な面において」という但し書きがつくことに注意してほしい。何が何に似ているかは、もののどのような側面を重視するかによって変わる。あなたは、自分と庭にいる雨蛙とは似ていないと言うかもしれない。しかし、あなたが雨の日に傘も持たずに雨に打たれていれば、あなたとその雨蛙は似ていると言えるかもしれない。傘も持たずに雨に打たれているかどうかを重視すれば、あなたと蛙との、肌の滑らかさや色における差異や、目の円《つぶ》らさや脚の付き方といった差異は捨象されよう。あるいは、肌の滑らかさをひとまず考慮にいれるとしても、雨に打たれている点をより重視するかもしれない。一般に、二つのものが似ているかどうかを考慮するには、どの観点を重視するか、その観点をどれほど重視するかといったことを指定しなければならない。それらが指定されない限り、類似性は不確定である。そして対応者関係は類似性によるのだから、対応者関係も不確定でありうる。

［対応者関係は］次の点に関して大きな不確定性のもとにある。（1）そもそもどの側面の類似性

と差異が重要かに関して。（２）重要な側面の相対的な重み付けに関して。（３）求められる類似性の最低限の基準に関して。そして、（４）十分似ているがより強い資格をもつ競合候補に劣る候補をどの程度消去するかに関して。（PPI,p. 42, cf. OPW,p.254, 邦訳 p. 288）

こうして、対応者関係を定める類似性をどのように評価するかによって、対応者関係は様々に異なりうる。すなわち、単一の類似性関係というものがありえないのと同様に、単一の対応者関係というものはありえず、対応者関係は多様にありうることになる。それゆえ、事象様相を考える際には、様々な対応者関係が用いられうるのだ。

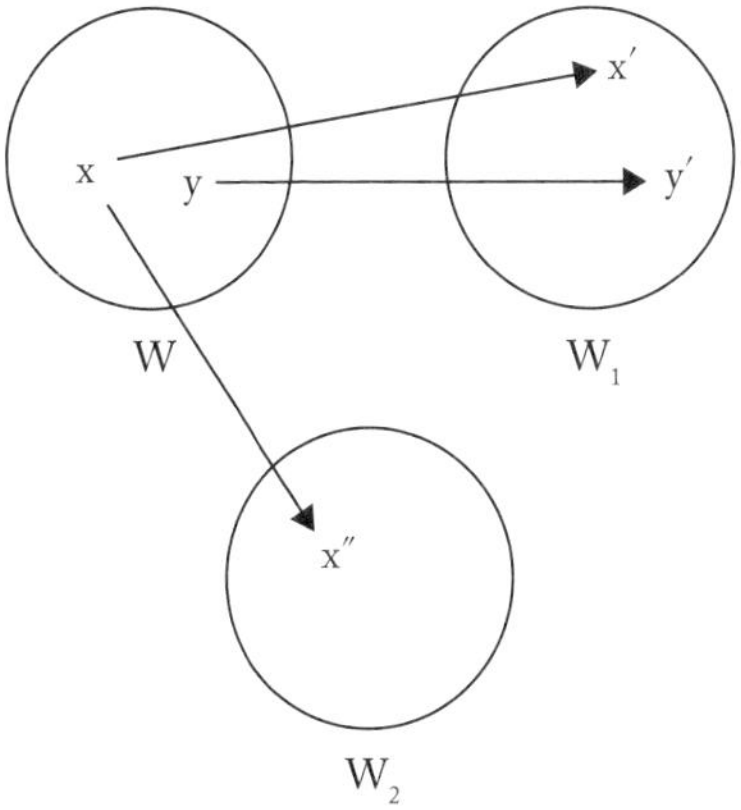

図６　対応者理論。矢印は対応者関係を表す。x は w_1 では対応者 x′ をもち、w_2 では対応者 x″ をもつ。また、y は w_1 において対応者 y′ を持つが、w_2 では対応者をもたない。対応者理論によれば、x′ が F ならば、w において◇ Fx が成り立つ。

　どのような対応者関係が用いられるかはいくつかの要因によって決定される。それは事象様相を表す文がどのような文脈で発話されるかによっても変わるだろうし、そもそもそれがどのような言葉で表現されるかによっても変わりうる。次節では、こうした対応者関係の不確定性が、本質や心身問題といった哲学の伝統的な問題にどうかかわるかを見てみよう。[22]

本質と対応者の可変性

本質という伝統的な哲学的概念について考えてみよう。[23] 私は少なくともしばらくは、つまりは、生きているあいだは、ずっと人間であり続けるだろう。生まれたときも人間だっただろうし、死んでいくときも人間であるに違いない。もし私が人間でなくなってしまうとしたら、たとえば、灰になったとしたらもはや、私が灰になったと言うよりはむしろ、私が存在しなくなったと言うべきであろう。こうして、私が存在するためには、私は人間でなければならない、と思われる。

ここまでは、この現実世界で私が存在するためには、人間でなければならない、という話だ。だが、私が現実世界で存在するためには人間でなければならないとすれば、さらに他の可能世界で私が存在するためにも、私は人間でなければならないと考えられるかもしれない。すなわち、私は存在する限り、必然的に人間である。伝統的な用語で言えば、私は本質的に人間である、ということになる。

彫刻のような人工物を考えてみてもいい。ロダンの『青銅時代』が存在し始めたのはそれが鋳造されたときである。[24] もし上野の国立西洋美術館が燃えて『青銅時代』が原型をとどめないほどに融けてしまえば、それは存在しなくなる。それゆえ、『青銅時代』は本質的に（それが現にそうあるように）若い男の形状をしている。

一般に、対象が必然的にもつ性質はその対象の**本質的性質**と呼ばれる。何らかの性質が対象の本質であるかどうかは、まさにその対象にどのような可能性があるかにかかわる。それゆえ、ある性質が対象の本質的性質であるかどうか、つまり、その対象が必然的にその性質をもつかどうかは、まさにその対象の事象的必然性にかかわる。対応者理論によると、ある対象が必然的にある性質をもつというのは、その対象のすべての対応者がその性質をもつということだった。こうして、ある性質が対象の本質的性質であるというのは、その対象のすべての対応者がその性質をもつことにほかならない。

だが、こうした本質的性質とは、あらゆる文脈から独立して対象がもっているものなのか。たとえば、「私がマグカップだったならあなたは私にコーヒーを注ぐことができようが、その一方で、私がマグカップだったならあなたと喋ることができる、ということはないだろう」と言ったとしよう。これは正しいと思われるが、私が本質的に人間なのだとしたら、なぜこれが正しいのかは明らかでなくなる。こう言うとき、私がマグカップである可能世界について何らかのことを述べているように見える。しかし、私が必然的に人間である限り、そのような可能世界は存在しない。

しかしながら、私が人間であることが必然的に見える一方で、私がマグカップであることが可能であるようにも見えるというのはどういうことなのか。私に関する二つの事象的可能性の一体どちらが正しいのか。ルイスの考えでは、こうした事象様相に関する問いには、文脈から独立した確定的な答えはないことがある（OPW, pp.252-253, 邦訳 pp.284-285）。実際、「私は必然的に人間である」

というのは、私の対応者として人間ばかりを割り振るような対応者関係を指定する文脈では正しいだろう。その文脈では、「私はマグカップでありえた」というのは偽になろう。だが、「私がマグカップだったなら、あなたは私にコーヒを注ぐことができるだろう」と言うときには、あなたの目の前にあるマグカップすら私の対応者となるかもしれない。このように、事象様相は文脈に依存し、事象様相について考える際にどのような対応者関係が用いられるかは一貫していないのである。[25]

人格と身体の同一性テーゼと対応者関係の可変性

対応者関係の可変性は、**心身問題**を考える上でも重要になる。心身問題とは一般に、「心や人格といった心的なものと、脳や身体といった物理的なものがどのような関係にあるのか」という問題だ。ここでは、人格（person）と身体の関係に焦点を絞ろう。[26] ここで言う「人格」とは、おおよそ心とかと呼ばれるものをもっていて、「ドミニク・サンダ」だとか「野上志学」だとかの名詞で指示されているものだと思っておいてかまわない。対応者関係の可変性を利用して**人格と身体の同一性テーゼ**を擁護するルイスの議論を見てみよう（Lewis 1971）。

唯物論[27]を支持するルイスは、この現実世界には非物質的な霊魂といった奇妙なものは存在しない、と考える。私たちの個々の人格というものがあるにせよ、それはそれぞれの身体に神秘的に紐づけされている非物質的な霊魂などではない。人格と身体との関係は、たんなる同一性にほかならない。つまり、人格とは身体というある種の物理的対象にほかならない。どの時点においても個々の人格は身体と同一である。

人格と身体の同一性テーゼ

必然的に、ある時点tにおいてある人格がある身体に宿っているのは、tにおいてその人格がその身体と同一であるときであり、そのときに限る。

ある時点である人格がある身体に宿っているという関係は何ら神秘的なものではなく、この関係はたんなる同一性にほかならない、というのが同一性テーゼのポイントだ。たとえば、いまあなたの人格はあなたの身体に宿っているはずだ。それゆえ、同一性テーゼによれば、いまあなたの人格とあなたの身体は同一である。こうして、現在におけるあなたの人格は霊魂のような正体不明のものではなく、あくまで物理的な対象にすぎない。

人格と身体の同一性テーゼにおいて現れる同一性は、ある時点においての同一性、別の言葉で言えば、**時点に相対的な同一性**である。現実世界ではある人格はどの時点においてもその身体とその時点に相対的に同一である。そのとき、その人格はその身体と（特定の時点だけに相対的に同一であるのではなく）**同一である**。たとえば、私の人格は生まれてから死ぬまで私の身体と同一であろう。それゆえ、私の人格は私の身体と同一である。一般に、人格や身体のように時間を通じて存在する（**持続**する）ものが同一であるのは、それらが「どの時点においても、その時点に相対的に同一である」ということである。

同一性

xとyが同一である(x=y)のは、どの時点tにおいても、xとyがtに相対的に同一であるときであり、かつそのときに限る。

こうして、持続するものの同一性は時点に相対的な同一性から定められる。(持続についてはキーワード解説「**持続、耐続、延続**」を参照。)

さて、ルイスが退けようとしている同一性テーゼへの反論は、「同一性テーゼは矛盾を導くので同一性テーゼは偽である」という議論だ。[28] どういう議論か見てみよう。

まず、人格の入れ替えは形而上学的に可能である。たとえば、緑と直子とは、現実には人格の入れ替えを経験せずに人生を全うした。だが、ある時点tにおいて緑の人格が直子の身体に宿り、直子の人格が緑の身体に宿ること、つまり、緑の人格と直子の人格とが入れ替わることは可能であろう。時点t以前の緑の記憶や意図をt以降の直子の身体が引き継いでおり、t以前の直子の記憶や意図をt以降の緑の身体が引き継いでいる、という世界を考えればよい。

現実世界では、緑の人格はどの時点においても緑の身体に宿っており、直子の人格はどの時点においても直子の身体に宿っている。すると、人格と身体の同一性テーゼによると、緑の人格と緑の身体は同一であり、直子の人格と直子の身体も同一である。

　しかし、時点ｔで緑と直子の人格の入れ替わりが起こることは可能である。だから、緑の人格が直子の身体と時点ｔにおいて同一であり、直子の人格が緑の身体とｔにおいて同一であることは可能である。それゆえ、ｔにおいて緑の人格が緑の身体と同一でなく、直子の人格が直子の身体と同一でないことは可能である。

　この可能性は、緑の人格や身体、直子の人格や身体についての事象的可能性である。それゆえ、「時点ｔにおいて緑の人格が緑の身体と同一でないことが可能である」というのは対応者理論を用いて次のように表せるかもしれない。

> ある可能世界ｗが存在して、ｗにおいて、時点ｔでは、緑の人格の対応者は緑の身体の対応者と同一でない。

　だが、問題は緑の人格と緑の身体が同一であることだ。現実世界ではどの時点においても緑の人格は緑の身体と同一であり、それゆえ、緑の人格と緑の身体とは同一だ。したがって、右の「緑の人格」に「緑の身体」を代入したものが成り立つ。すなわち、

> ある世界ｗが存在し、その世界ｗにおいて、時点ｔでは、緑の身体の対応者は緑の身体の対応

者と同一でない。

だが、緑の身体の対応者が何であれ、その対応者が時点ｔにおいてそれ自身と同一でないのは矛盾である。どの世界のどの時点であれ、ある対象がそれ自身と同一でないというのはありえない！ こうして、同一性テーゼから矛盾が導かれたから、同一性テーゼは偽である。[29] 以上が同一性テーゼに対する反論である。

ルイスによれば、この議論を受け入れる必要はない。右の議論では結局、「時点ｔでは、緑の人格は緑の身体と同一でないことが可能である」が「時点ｔにおいて緑の身体の対応者は緑の身体の対応者と同一でない」と書き換えられていた。ルイスはここに問題を見いだす。

この書き換えが不味いのは、「緑の人格」という語と「緑の身体」という語は、それぞれ別の対応者関係を選択するからである。

> 対応者関係は様々な観点における全体としての類似の問題である。私たちが類似と相違の様々な観点の相対的重要性を変化させるなら、私たちは様々な対応者関係を得るであろう。持続するものの類似と相違の二つの観点としては、第一に、人格性と人格的特徴、第二に、身体性と身体的特徴がある。私たちが前者に重きを置くならば、人格的対応者関係を得るであろう。［…］しかし、後者に重きを置くのであれば、身体的対応者関係を得るであろう（PPI, pp.51-52）。

緑の人格の対応者としては、「人格性と人格的特徴」の類似性に重きを置いて、人格として（現実世界の）緑に類似しているものが対応者として選ばれる。すなわち、人格的対応者関係によって対応者が選ばれる。だが、緑の身体の対応者としては、「身体性と身体的特徴」の類似性に重きを置いて、身体として（現実世界の）緑に類似しているものが対応者として選ばれる。つまり、身体的対応者関係によって対応者が選ばれるのである。

このような、対応者関係の可変性のメカニズムはより一般的に次のように説明される。

ある名辞の意義は、その名辞によって表示されるものの対応者を見いだすのに使われる対応者関係を何らかの仕方で選択する。「私」、「あなた」、「あの人」、「昨晩あなたといるのを見た女性」、「ジョージ」といった名辞は、人格的対応者関係を選択する。「このもの」（私自身を指さしているとして）、「この身体」、「わたしの身体」、「私の死んだ後に私の

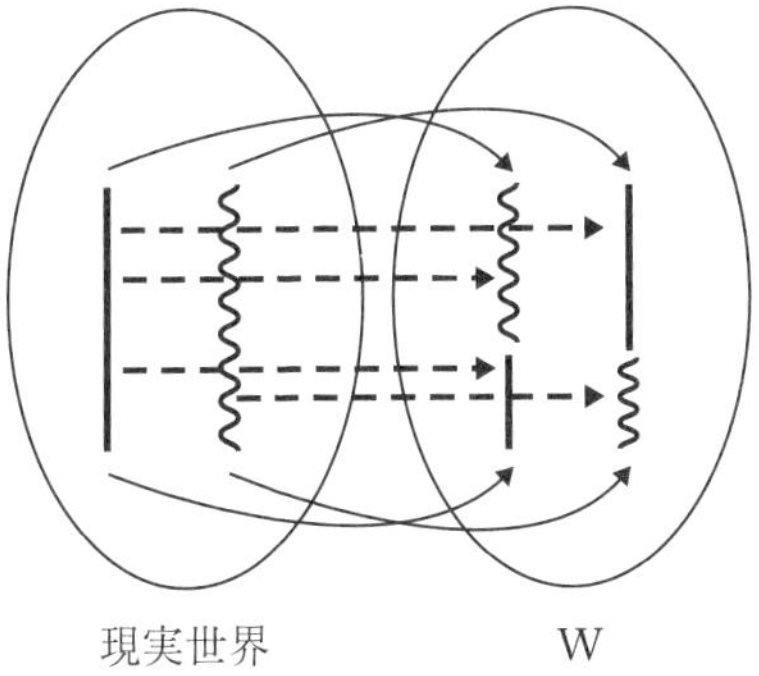

図７　人格的対応者関係と身体的対応者関係とは異なる。それぞれの世界において、垂直の棒は身体を表す。左から１番目と３番目の棒は緑と緑の身体的対応者を、２番目と４番目の棒は直子と直子の身体的対応者を表す。w では時点 t で緑と直子の人格が入れ替わっている。実線と破線の矢印はそれぞれ、身体の対応者関係と人格の対応者関係を表す。

死体となるもの」はすべて身体的対応者関係を選択する。（PPII, p. 53）

したがって、緑と直子の人格が入れ替わっている世界wにおいては、緑の人格的対応者は、入れ替わっていない間は、つまり、時点t以前においては常に緑の身体の対応者と同一であり、入れ替わっている間は、つまり、t以降においては常に直子の身体の対応者と同一であるようなもの、ということになるだろう。というのも、それがwにおいて人格として（現実世界の）緑に類似しているものだからである。また、wにおける緑の身体的対応者は、（現実世界の）緑に身体として類似しているものであるから、wにおける直子の身体的対応者とは同一でない。

ルイスは、対応者関係の文脈依存性をもとにして、人格と身体の同一性テーゼを擁護する。ここでは、人格と身体の同一性テーゼを維持する代わりに、**同一性の必然性**がある意味で否定されていることに注意してほしい。同一性の必然性とは、「あるxとyが同一であるならば、必然的にxとyは同一である」というテーゼである。[31] ルイスの議論によれば、現実世界においてはすべての時点において緑の人格は緑の身体に宿っており、人格と身体の同一性テーゼによって、緑の人格と緑の身体は同一である。しかし、ある世界wが存在し、wにおいてある時点tで緑と直子の人格が入れ替わっているので、時点tでは緑の人格的対応者と緑の身体的対応者は同一ではない。それゆえ、緑のwでの人格的対応者と緑のwでの身体的対応者は同一ではない。それゆえ、緑の人格と緑の身体の同一性は必然的ではない。それゆえ、現実世界ではそれらが同一であるにもかかわらず、必然的にそれらが同一ということはない。こうして、緑の人格と緑の身体は同一性の必然性テーゼの反例となる。[32]

＊

本章ではルイスの様相実在論のあらましを述べた。現実世界だけでなく、無数の可能性に対応する可能世界が存在する。そして、可能世界とは具体的なものである。世界がそうありえたような可能性（言表的可能性）は、そのようにある可能世界の存在によって説明される。対象がそうありえたような可能性（事象的可能性）は、その対象の対応者がそうあることによって説明される。現実世界とは何か。それは、私たちがいる世界にほかならず、現実世界は他の可能世界と種において異なるわけではない。

ルイスは可能世界を哲学者の楽園に譬《たと》えた。それは可能世界論が巨大な応用分野をもつからである。その楽園に何が見いだされるか、探求を始めよう。

第2章 反事実条件文

在原業平に「世の中に絶えて桜のなかりせば春の心はのどけからまし」という歌がある。業平は、この世界に桜が存在しなければ、春を過ごす人の心は穏やかであるだろうに、と言っているのだ。むろん喜ばしいことに、現実に桜は存在し春になると美しく咲く。桜が咲くのを待ちわびて、そしてはかなく散っていく桜に嘆息をもらす私たちの心も穏やかではない。すると業平はたんに現実に起こっていることについてだけ語っているわけではないのだ。それならば、この歌は何を意味しているのだろうか。

歌人でなくとも、似たような疑問はたとえば、後悔というものが一体何を意味しているのかを考えてみたときにも現れよう。日々何をするかを決めながら私たちは生活している。朝食に何を食べるか、パーティで誰に声をかけるかといったどうでもいいことから、どの職業を選ぶか、誰と結婚するかといった少しは重要なことまで、様々なことが選択される。選択は何らかの結果をともない、結果によっては自らの選択を後悔する。誰かが不幸な結婚を後悔しているとしよう。彼あるいは彼女は少なくとも、現実にした相手と結婚しなければこれほど不幸ではなかっただろう、と考えているわけだ。さらには、別のあの人と結婚していたら、幸福だったに違いないとさえ考えるかもしれない。だがいずれにせよ、現実にはいまの相手と結婚したのであり、別の相手と結婚したのではないから、この表現はたんに現実に起こっていることを述べているのではない。では後悔は何を意味しているのか。

業平の歌と後悔の表現はともに、**反事実条件文**と呼ばれる条件文の例である。反事実条件文は通常、現実には起こっていないことを想定し、仮にその想定が成り立っているとしたら、どうなっていただろうかと述べる条件文のことである。本章では、可能世界理論のきわめて重要な応用の一つ、反事実条件文の分析を紹介したい。

なぜこの反事実条件文に着目するのか。もちろん反事実条件文それ自体が興味深い分析対象であるということもある。しかしなによりも、反事実条件文が、因果やフィクションといった概念をはじめとする、哲学的に重要な多くの概念を分析するための強力な道具になるからである。デイヴィッド・ルイスは可能世界論と反事実条件文のテクニックを駆使して、様々な概念に鮮やかな分析を与えてきた。本章ではその基礎となる反事実条件文の分析を見ていく。第3章では反事実条件文を用いた因果概念の分析を、第4章ではフィクション内の真理の分析を見ることになる。

本章の概要を述べておく。第1節では反事実条件文がどのような性質の条件文であるのかを確認し、第2節では可能世界論を用いた反事実条件文の分析を紹介する。第3節ではその分析が孕む問題を検討しつつ分析のさらなる詳細に立ち入る。

1　反事実条件文とその性質

反事実条件文は条件文の一種であり、「今日雪が降っていたなら、登山は中止していただろうに」のような条件文のことである。[1]この条件文は通常、今日雪でないときに使う。現実には雪は降っていない。だが、もし雪が降っていたらどのようなことが成り立つだろうかを、この条件文は述べているのである。一般に、反事実条件文「もしPならばQだろうに」は通常、現実にPでないときに使われ、もしPが成り立っていたとしたら、Qが成り立つだろうと述べる。（以下では反事実条件文「もしPならばQだろうに」を$P > Q$と略記する。[2]）

反事実条件文の性質を理解するには、まずは他の種類の条件文と比較するのがよい。ここでは、反事実条件文$P > Q$を、実質条件文$P \to Q$および厳密条件文$P ⥽ Q$と比較してみよう。（用語法を一つ導入しておく。これらの条件文において、Pを**前件**、Qを**後件**と呼ぶ。）

実質条件文「PならばQ」（$P \to Q$）は、前件Pが真である場合に後件Qが偽であることはない、ということを意味する条件文である。日常的に使われる条件文のうち、実質条件文と言い切れるものは多くないが、少なくとも数学で使われるのは実質条件文だ。[3]たとえば、「nが6で割り切れるならば、nは3で割り切れる」という文を考えてみよう。前件「nが6で割り切れる」が真である場合には、この条件文が真になるためには後件も真でなければならない、ということは明らかである。では、前件が偽である場合はどうだろうか。たとえば、nの値が7であるときには前件も後件も偽になる。このとき、この条件文は真であると言うべきだろう。なぜなら、もしnが7のとき条件文が偽であるならば、「すべての自然数nについて、nが6で割り切れるならば、nは3で割り切れる」と言えなくなってしまうからである。同様の理由で、前件が偽であるが後件が真である場合（たとえばnが3のとき）もこの条件文は真になるのだと言わなければならない。この例からもわかるように、実質条件文は、前件が真である場合は、後件が真である場合にだけ真になり、そして、前件が偽である場合は、後件が真であろうと偽であろうと真になるのである。こうした実質条件文の真理条件は、真理表と呼ばれる表を見るとわかりやすい。（実質条件文以外の論理結合子の真理表については、キーワード解説「**真理表**」を参照。）

実質条件P→Qの真理表

P	Q	P→Q
真	真	真
真	偽	偽
偽	真	真
偽	偽	真

本章の目標は、反事実条件文の分析である。まずは、反事実条件文が実質条件文によって分析できるか考えてみよう。反事実条件文は通常、前件が偽であることがわかっているときに使われる。それゆえ、もし反事実条件文が実質条件文にすぎないのならば、反事実条件文とは前件が偽であるときに使われるだけで、本質的には実質条件文にほかならないことになる。しかし、そう簡単に反事実条件文の分析は終わらない。

なぜ反事実条件文が実質条件文ではありえないかを説明しよう。第一に、実質条件文の真理表の下二行を見ればわかるように、実質条件文P→Qは、前件Pが偽であるときには、後件Qの真偽にかかわらず、自動的に真になる。たとえば、実質条件文「今日は雨が降る→世界は洪水になる」は、現実世界で「今日は雨が降る」が偽であるときは自動的に真になる。一方で、反事実条件文P>Qは、Pが偽であるからといって真になるとは限らない。「雨が降るとすれば世界は大洪水になるだろう」という反事実条件文は、今日晴れだからといって自動的に真になるだろうか。もちろん、そんなことはない。これは実質条件文と反事実条件文の違いの一つである。

第二に、真理表の第一行と第三行を見ればわかるように、P→Qは後件Qが真であるときには自動的に真になる。現実世界で「今日は晴れである」が真であるとしよう。このとき、「5+7=12→今日は晴れである」のような実質条件文も真になる。だが明らかに、5+7=12と今日の天気は何の関係もない。このように、実質条件文P→Qは、前件Pと後件Qが何の関係もないときですら、Pが偽でありさえすれば真になるし、Qが真でありさえすれば真になるのである。しかし、Pが偽であるときに反事実条件文$P \Box\!\!\rightarrow Q$が真になるためには通常、前件Pと後件Qとの間に何らかの結びつきがなければならない。たとえば、「今日雪が降っていたなら、登山は中止していただろうに」という反事実条件文が真であるのは、登山計画は今日の天気に左右されるというように、前件と後件に何らかの結びつきがあるからである。（右で「通常」と言ったのは、Qが必然的に真であるならば、PとQの結びつきがなくとも$P \Box\!\!\rightarrow Q$は真であるからだ。あなたが無表情なのを見て「あなたがいま微笑むならば、明日地球は回っているか回っていないかのどちらかだろう」と言ったとしよう。もちろんこの発言は馬鹿げているが、だからといって偽であるというわけではない。このとき、微笑と自転には何らの結びつきもないにもかかわらず、反事実条件文は真になっている。）

このように、反事実条件文$P \Box\!\!\rightarrow Q$は、前件Pが偽であるからといって自動的に真になるわけでもないし、後件Qが真であるからといって自動的に真になるわけでもない。前件が現実に偽であるとき、反事実条件文が真になるためには、少なくとも前件と後件の間には何らかの結びつきがなければならないことがわかる。

それでは次に、前件と後件の強い結びつきを確保している**厳密条件文**について考えてみよう。厳密条件文P⥽Qは、実質条件文と必然性を使って、「必然的に（$P \rightarrow Q$）である」ことと定義される。（前章で紹介した記号法に従えば、$\Box(P \rightarrow Q)$となる。）厳密条件文P⥽Qが真であるならば、前件Pと後件Qの間には必然的な結びつきがあると言える。何かが必然的に成り立つというのは、すべての可能世界でそれが成り立つことにほかならない。それゆえ、必然的に（$P \rightarrow Q$）であるのは、すべての世界においてP→Qが成り立つときであり、そのときに限る。これは、任意の世界で、Pが偽であるかQが真であるということである。すなわち、Pが真であるどの世界でもQが真であるとき、P⥽Qは真になる。これは、Pが真である世界（これをP世界と呼ぶ）の集合が、Qが真である世界（Q世界）の集合に含まれるということにほかならない（図1を参照）。

さて、反事実条件文は厳密条件文によって分析できるだろうか。少なくとも、厳密条件文は前件と後件の間に必然的な結びつきがあることを述べているのだから、実質条件文による分析よりはまだいいだろう。第一に、厳密条件文P⥽Qは実質条件文P→Qとは違って、前件Pが現実に偽であるからといって自動的に真になるわけではない。「今日は雨が降る⥽世界は大洪水になる」は、今日が晴れだからといって、真になるわけではない。なぜなら、この厳密条件文が真になるためには、雨が降っているすべての世界で大洪水になっていなければならないが、現実世界が今日晴れであるとしても、雨が降っている世界のうちには、大洪水になっていない世界がたしかに存在するだろうからである。第二に、厳密条件文P⥽Qは、実質条件文P→Qとは違って、後件Qが現実に真であるからといって自動的に真になるわけではない。「5+7=12⥽今日は晴れである」は現実に今日晴れているからといって真になるわけではない。なぜなら、5+7=12が成り立っている世界のうちには、今日晴れていないような世界があるだろうから。このように、厳密条件文は少なくとも、実質条件文が反事実条件文の分析としては不適切だった要因を回避している。

しかし、残念ながら、反事実条件文は厳密条件文でも分析できない。第一に、反事実条件文は、前件と後件の結びつきが必然的であるとまでは述べていない。たとえば、業平の歌は、「桜が存在しないならば必然的に春の人の心が穏やかである」と述べているのではない。これが真になるためには、桜が存在しないすべての可能世界において、春の人の心が穏やかであるのでなければならない。しかし、桜のない可能世界のなかには、花のことなど気にもかけず一年中怒り狂っている無粋な人しかいない世界もあるだろう。そのような世界では、桜が存在しないにもかかわらず、人々の心はまったく穏やかではない。このように、反事実条件文を厳密条件文として分析してしまうと、一見すると正しい反事実条件文までもが偽になってしまう。これは、厳密条件文が述べる前件と後件の結びつきは、反事実条件文が述べる結びつきよりも強いからである。このことから、反事実条件文における前件と後件の結びつきは、何らかの偶然的な結びつきでもよいのではないかと予想される。（何かが偶然的であるというのは、それが成り立ってはいるものの、それが成り立つことが必然的であるというわけではない、ということである。）

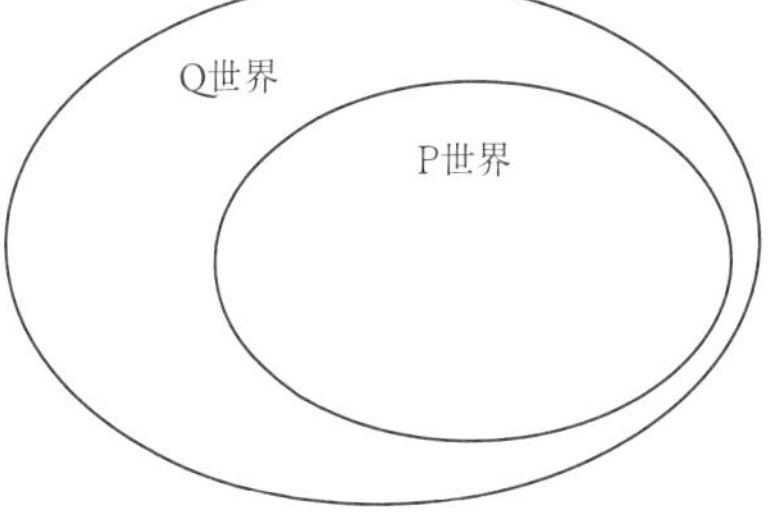

図１　厳密条件文の真理条件。P 世界の集合が Q 世界の集合に含まれる場合に、厳密条件文 P⥽Q が真になる。

　第二に、反事実条件文は、厳密条件文と論理的な性質を異にする。次の三つの形式の推論について考えて欲しい。（~PはPの**否定**、つまり、「Pが成り立っていない」ことを表し、P&RはPとRの**連言**、つまり、「PとRがともに成り立っている」ことを表す。キーワード解説「真理表」も参照。）

前件強化

P⊃Q、ゆえにP&R⊃Q

推移律

P⊃Q、Q⊃R、ゆえにP⊃R

対偶

P⊃Q、ゆえに~Q⊃~P

厳密条件文についてはこれらの推論はすべて妥当である。[4]（ある前提からある結論を導き出す推論が妥当であるのは、おおざっぱに言えば、前提が真であるどの場合であれ、結論が真であるということである。したがって、推論が妥当でないことを示すには、前提が真であるにもかかわらず、結論が真ではない場合があることを示せばよい。）

まず、前件強化について。P世界の集合がQ世界の集合に含まれるとしよう。すると、むろんP&R世界の集合はP世界の集合に含まれるから、P&R世界の集合もQ世界の集合に含まれる。それゆえ、前件強化は妥当である（図2）。

次に、推移律について。P世界の集合がQ世界の集合に含まれ、Q世界の集合がR世界の集合に含まれるならば、P世界の集合はR世界の集合に含まれるから、推移律は妥当である（図3）。

最後に、対偶について。P世界の集合がQ世界の集合に含まれるならば、~Q世界の集合（Qが偽である世界の集合、つまり、Q世界以外の世界の集合）は~P世界の集合（P世界以外の世界の集合）に含まれるから、対偶も妥当になる（図4）。

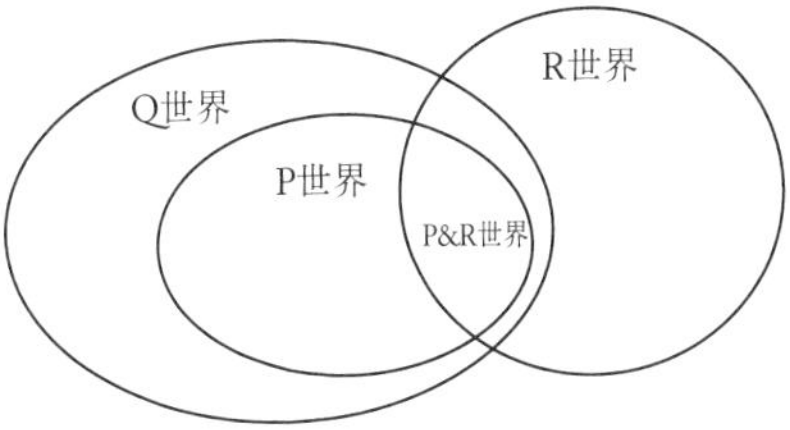

図2　厳密条件文に関する前件強化の妥当性。

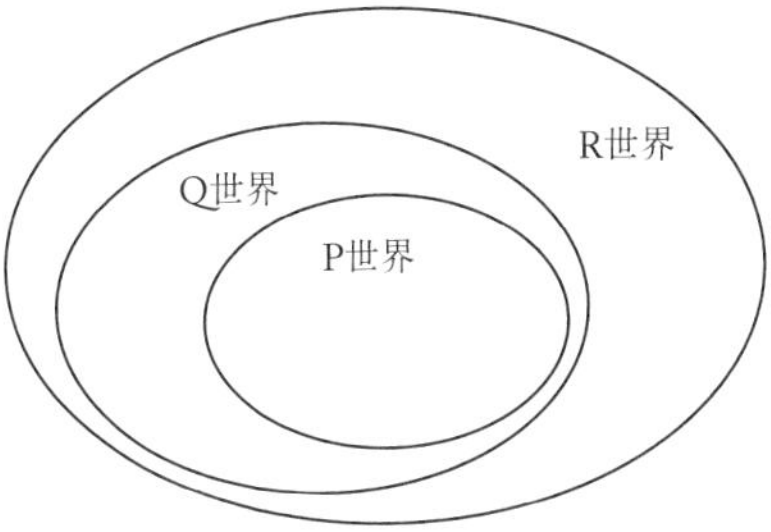

図3　厳密条件文に関する推移律の妥当性。

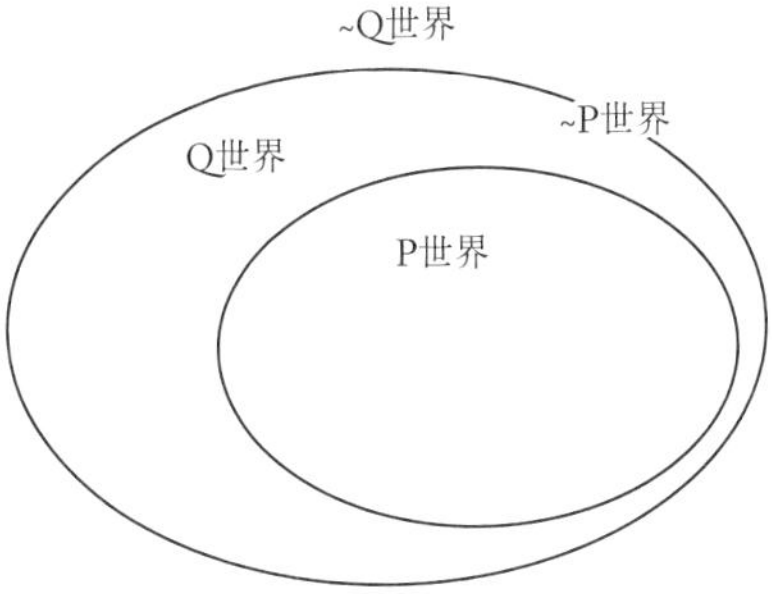

図4　厳密条件文に関する対偶の妥当性。

反事実条件文の場合にはこれらの推論は妥当でない。前件強化「P>Q、ゆえにP&R>Q」がなぜ妥当でないのかはわかりやすい。あなたが乾燥したマッチを持っているとしよう。ここでは「このマッチを擦ったら火が着くだろう」は真である。しかし、「このマッチを擦ったら火が着くだろう」から、「このマッチを擦り、かつこのマッチが濡れているならば、火が着くだろう」を推論することはできない。なぜなら、濡れているマッチを擦っても火は着かないから。

次に、推移律「P>Q、Q>R、ゆえにP>R」がなぜ妥当でないのかを確認しよう。私は火災保険に入っている。そして、私は自ら絨毯に火を着けて家を燃やすような酔狂ではないとしよう。だから、私の家が火事になるとしたら、それは不注意か別の人の放火によるものである。このとき、「私が絨毯に火を着ければ、私の家は火事になるだろう」と「私の家が火事になれば、火災保険が下りるだろう」は同時に真になる。だが、「私が絨毯に火を着ければ、火災保険が下りるだろう」とは言えない。なぜなら、自ら絨毯に放火した場合には、保険は下りないだろうから。

最後に、対偶「P>Q、ゆえに~Q>~P」がなぜ妥当でないかを確認しよう。私は山に登ろうとしていたが、雪が降ったせいで中止にしたとしよう。さて、私が山に登ったところで、天候を変えることはできないから、「私が山に登るとしても、なお雪は降るだろう」という反事実条件文は真だろう。しかし、だからといって、「雪が降らなかったならば、私は山に登らないだろう」が真になることはない。なぜなら、雪が降っていることこそが、現実に私が登山を中止にした理由であり、雪が降っていなかったならば、私はむしろ山に登っていただろうから。

反事実条件文の性質についてまとめよう。まず、反事実条件文は、実質条件文と違って、前件が偽であるからといって自動的に真になるわけではないし、後件が真であるからといって自動的に真になるわけでもない。そして、実質条件文と異なり、反事実条件文では通常、前件と後件の間に何らかの結びつきがなければならない。だが、反事実条件文は、前件と後件の必然的な結びつきがあることを述べる厳密条件文とも異なる。反事実条件文が述べる前件と後件の結びつきは通常、偶然的である。また、厳密条件文と違って、反事実条件文に関しては、前件強化、推移律、対偶などの推論は妥当でない。したがって、反事実条件文$P > Q$には、実質条件文$P \rightarrow Q$とも厳密条件文$P ⥽ Q$とも異なる、独自の分析を与えなければならない。

2　可能世界を用いた反事実条件文の分析

2-1　分析1：可能世界の近さと反事実条件文

では、反事実条件文は一体どのように分析するのがよいのだろうか。実は、前章で導入した可能世界理論を駆使することによって反事実条件文は分析できるのだ。ルイスに倣って、まず単純なヴァージョンの分析を提示し、それを徐々に洗練させていくという方法をとる。[5]

ここで再び「マッチを擦るならば、火が着くだろう」という反事実条件文M>Fと厳密条件文M⥽Fを比較してみよう。（Mは「マッチを擦る」を、Fは「火が着く」を表す。）厳密条件文M⥽Fは、Mが成り立っている世界（M世界）のすべてで、Fが真であるときに限り真であった。そのため、どんなに現実世界とかけ離れている世界であれ、Fが偽であるようなM世界がたとえ一つでもあるならば、M⥽Fは偽となってしまう。したがって、マッチが湿っているM世界や、マッチを擦ると先から水が溢れだすような自然法則が支配しているM世界が存在する限り、厳密条件文M⥽Fは真にはならないのである。

しかし、反事実条件文M>Fが真であるかどうかを考えるときには、そのように現実世界とかけ離れたM世界で何が起こるかは、ひとまずどうでもよいことと思われよう。というのも、M>Fという反事実条件文が述べているのは通常、マッチが湿っておらず、マッチから水が横溢《おういつ》することもない世界において、マッチを擦れば火が着くだろうということだからである。したがって重要なのは、現実世界からかけ離れたM世界ではなく、現実世界となるべく同じようなM世界、すなわち、現実世界に最も近いM世界で何が起きているかということになる。このことから、次の反事実条件文の分析が着想される。（PPII, p. 5, なお分析1はルイスの独創ではなくストルネイカー（Stalnaker 1968）に由来する。）

反事実条件文P>Qが真であるのは、最も現実世界に近いただ一つのP世界でQが真であるときであり、そのときに限る。[6]（ただしそもそも、P世界が存在しない場合は、P>Qはトリヴィアルに真になるものとする。[7]）

分析1で使用されているのは、「可能世界」という概念と、「可能世界の現実世界への近さ」という概念である。可能世界については前章で説明した。後者について説明しよう。マッチの例でわかるように、ある可能世界の現実世界への近さとは、その可能世界が現実世界にどれくらい類似しているかの問題である。[8]ここでの類似性とは、比較可能な類似性、すなわち、二つの可能世界のうち、どちらがより現実世界に類似しているかを比較できるような類似性のことである。

可能世界の近さ

w_2よりw_1が現実世界に近いのは、類似点と相違点のあらゆる点において比較考量したときに、w_2が現実世界に類似しているより、w_1が現実世界に類似しているときであり、そのときに限る。[9]

したがって、分析1によると、反事実条件文P>Qが真であるというのは、最も現実世界に類似しているただ一つのP世界でQが真であるということである。これが反事実条件文の分析のうちで最も単純なものだ。今後はこの分析を徐々に洗練させていくことになるが、可能世界の現実世界への類似性を使って反事実条件文を分析するという基本的な着想は変わらない。この着想は反事実条件文を厳密条件文から区別する上で非常に重要な点の一つである。厳密条件文と反事実条件文の違いを説明する際に、厳密条件文が前件と後件の必然的な結びつきを求める一方で、反事実条件文はせいぜい偶然的な結びつきを求めるに過ぎないと述べた。この点が分析案1にどう反映されているかを見てみよう。ある可能世界がどれくらい現実世界に類似しているかは当然、現実世界がどうなっているかという偶然的なことがらに依存している。もし現実世界が異なる状態であったならば、それに応じてどの世界が現実世界に類似しているのかも当然変わってくるだろう。そのため、前件の成り立っている世界のうち最も現実世界に近い可能世界が、後件の成り立っている世界なのか、それとも後件の成り立っていない世界なのかは、現実世界の偶然的な状態に依存していることになる。このようにして、分析1は反事実条件文の真偽が偶然的な状態に依存していることを反映しているのである。

また、前節で反事実条件文と厳密条件文との違いとして、厳密条件文では前件強化、推移律、対偶という三つの推論形式が妥当になるが、反事実条件文ではそうではないと指摘した。分析1ではこの点が反映されていることも確認しておこう。

第一に、前件強化「P>Q、ゆえにP&R>Q」がなぜ妥当でないかは次のように説明できる。「このマッチを擦るならば火が着くだろう」（P>Q）が真であるとする。すると、分析1によれば、このマッチを擦った世界のうち最も現実世界に近い世界は、マッチに火が着いている世界であることになる。しかし、「このマッチを擦り、かつこのマッチが濡れているならば、火が着くだろう」（P&R>Q）は真にならない。なぜなら、濡れたマッチに火が着くような世界は、濡れたマッチに火が着かない世界と比べて、現実世界からより離れているだろうから。

第二に、推移律「P>Q、Q>R、ゆえにP>R」がなぜ妥当でないかは次のように説明できる。「私が絨毯に火を着ければ、私の家は火事になるだろう」（P>Q）と「私の家が火事になれば、火災保険が下りるだろう」（Q>R）が両方とも真であるとしよう。このとき、分析1に従えば、私が絨毯

@	w_1	w_2	w_3
~P&~Q&~R	P&Q&~R	P&~Q&R	P&Q&R
P>Q			
~(P&R>Q)			

図5　前件強化の失敗。現実世界@ではPもQもRも偽である。Pが真である世界（P世界）で最も@に近いのは w_1 であり、そこではQが真であるから、P>Qが@で真になる。しかし、PもRも真である世界（P&R世界）で最も@に近いのは w_2 であり、PもQもRも成り立っている w_3 より@に近い。したがって、P&R>Qは@で偽である。

@	w_1	w_2	w_3
~P&~Q&~R	~P&Q&R	P&Q&~R	P&Q&R
P>Q			
Q>R			
~(P>R)			

図6　推移律の失敗。現実世界@ではPとQとRのいずれも偽である。@に最も近いP世界は w_2 であり、w_2 でQが真であるから、@ではP>Qは真になる。また、@に最も近いQ世界は w_1 であり、w_1 ではRが真であるから、@ではQ>Rが真になる。しかし、P世界で@に最も近いのはRが真である w_3 ではなく、Rが偽である w_2 であるから、@ではP>Rは偽になる。

@	w_1	w_2	w_3
~P&Q	P&Q	P&~Q	~P&~Q
P>Q			
~(~Q>~P)			

図7　反事実条件文における対偶の失敗。現実世界@ではPは偽であり、Qは真である。@に最も近いP世界は w_1 であり、w_1 ではQが真であるから、@でP>Qは真である。しかし、Qが偽である世界（~Q世界）のうち、@に最も近い可能世界はPが偽である w_3 ではなく、Pが真である w_2 である。したがって、@では~Q>~Pは偽になる。

に火を着ける世界のうち、最も現実世界に近い可能世界は私の家が火事になっている世界であり、私の家が火事になっている世界のうち、最も現実世界に近い可能世界は火災保険が下りている世界である。だが、私が絨毯に火を着けた世界のうち、最も現実世界に近い可能世界が、火災保険が下りている世界であるとは限らない。なぜなら、そのような可能世界では現実世界と同じく自ら放火した場合には火災保険は下りないようになっているだろうから。したがって、P>R は真にならない。

第三に、対偶「P>Q、ゆえに ~Q>~P」がなぜ妥当でないかを確認しよう。「私が登山をしたとしても、雪は降っているだろう」(P>Q) が真であるとしよう。このとき、分析1によれば、私が登山をしている世界のうち、最も現実世界に近い世界では、雪が降っている。しかし、だからといって、雪が降っていない世界のうち、最も現実世界に近い世界では私が登山をしていないことにはならない。現実には雪が降っており、その雪のせいで私は登山を中止したとすれば、むしろそのような世界は私が登山をしている世界だろう。したがって、~Q>~P は真にならない。

鋭い読者はここで、前章で対応者理論を説明したときに類似性は文脈依存的だと強調されていたのを思い出すかもしれない。すると、可能世界の類似性を用いて反事実条件文を分析すると、反事実条件文の真偽も文脈依存的になってしまうのではないか (CF, pp.66-67, 邦訳 pp. 107-109, CF 第4章第2節)。だが、これはある意味では長所である。たとえば、「もしカエサルが現代の戦争で指揮官であるとしたならば、彼は原子爆弾を使うであろう」と「もしカエサルが現代の戦争で指揮官であるとしたならば、彼は投石機を使うだろう」という二つの反事実条件文を考えてみよう。[10] どちらの反事実条件文についても、それが真に見える文脈がある。もしカエサルが近代化したらということを語っている文脈では、前者が真に見えるし、近代化していないカエサルについて語っている文脈であれば、後者が真に見える（CF, pp.66-67, 邦訳 pp. 108-109）。このように反事実条件文の真偽が文脈依存的であるならば、反事実条件文をそれまた文脈依存的な類似性によって分析することはその分析の強みでもある。もし反事実条件文を文脈依存的でない何かによって分析してしまうと、反事実条件文の文脈依存性がどのようにして起こるのかを説明できなくなってしまう。（ただし、反事実条件文の応用を考えると、反事実条件文の真偽の文脈依存性を放っておくわけにもいかなくなる。詳しくは本章第3節を参照。）

2-2　分析2：最も現実世界に近い世界は複数あるのでは

分析1では、「最も現実世界に近い世界」が常にただ一つだけ存在すると想定されている。この想定を**唯一性想定**と呼ぼう。[11] 唯一性想定のもとでは、**条件文排中律**「P>Q または P>~Q」が常に真になる。P世界のうちで現実世界に最も近い世界がただ一つだけあるとすれば、その世界ではQが真であるかQが偽である（~Qが真である）かのどちらかである。（一般に、命題が一つの世界で真であると同時に偽であることはない。）前者の場合は、P>Qが真になり、後者の場合はP>~Qが真になる。

だが、次の例を考えてみれば、唯一性想定そして条件文排中律にはもっともらしくないところがあると思われる。[12] Cは「ビゼーとヴェルディは同国人である」を、Fは「ビゼーとヴェルディはフランス人である」を、Iは「ビゼーとヴェルディはイタリア人である」を表すとしよう。（言うまでもないが、現実世界ではジョルジュ・ビゼーはフランス人で、ジュゼッペ・ヴェルディはイタリア人である。）このとき、「ビゼーとヴェルディが同国人だとしたら、ビゼーとヴェルディはフランス人だろう（C>F）」と「ビゼーとヴェルディが同国人だとしたら、ビゼーとヴェルディはイタリア人だろう（C>I）」という反事実条件文について考えてみよう。分析1によれば、この反事実条件文の真偽は、前件C「ビゼーとヴェルディは同国人である」が真である可能世界のうち、最も現実世界に近い可能世界がどうなっているかによる。だが、ビゼーとヴェルディがフランス人である世界のうち、最も現実世界に近い世界w_1と、二人がイタリア人である世界のうち最も現実世界に近い世界w_2という、二つのC世界のどちらがより現実世界に近いかを選ぶことはできないと思われよう。結局のところ、w_1とw_2は同じくらい現実世界に近いと言うべきではないか。[13] 分析1ではC>FかC>Iのいずれかが真だということになるだろうが、それはもっともらしくない。

　この問題を解消するには、最も現実世界に近い世界がただ一つに定まるという想定を放棄して、最も現実世界に近い世界が複数ありうるとすればよい。前段の例で言えば、C世界のうちw_1とw_2のどちらもが同じくらい現実世界に近いことがあると認めればよい。これを踏まえた上で、C>Fについて考えてみよう。この反事実条件文の真偽は、現実に最も近い二つのC世界（w_1とw_2）のあり方、具体的には、そこでFが成立しているか否かにかかってくる。すると問題になるのは、w_1とw_2のいずれかでFが成り立っていればよいのか、あるいはw_1とw_2の両方でFが成り立っていなければならないのか、という点である。前者の場合、最も現実世界に近いC世界の一つであるw_1では後件Fが真であるから、C>Fは真であることになる。だが、そもそも「ビゼーとヴェルディが同国人だとしたら、ビゼーとヴェルディはフランス人だろう」は偽であるように思われる。それゆえ、C>Fを偽にするためには、後者をとらねばならない。すなわち、C>Fが真であるのは、現実世界に最も近い複数のC世界のすべてにおいて、Fが真であるときに限る、とすればよい。このとき、w_2ではFが偽であるから、C>Fは望み通り偽になる。(同様のかたちで、C>Iも偽になることを確認してみよう。)このようにして、次の分析が得られる(PPII, p. 7)。

分析2
P>Qが真であるのは、最も現実世界に近いP世界のすべてでQが真であるときであり、そのときに限る。(ただし、P世界が存在しない場合は、P>Qはトリヴィアルに真になるものとする。)

2－3　分析3：そもそも最も近い可能世界などあるのか

これまでが反事実条件文の分析の概略であり、次章以降で詳細を説明する、フィクション内の真理の分析や、因果の分析といった、反事実条件文の応用には以上の説明でおおよそ足りる。この節は、さらに細かいことが知りたい読者だけ読んでもらえばかまわない。ここでは分析案2をさらに精緻化した、ルイスの最終的な分析を紹介する。

さて、分析2は、分析1に含まれる、「前件Pが真である世界のうち、最も現実世界に近い世界がただ一つだけ存在する」という想定を取り除くことによって得られたものだった。だが、分析案2も次のような問題を残している。つまり、最も現実世界に近い複数の可能世界があってよいとしても、そもそも一つであれ複数であれ、最も現実世界に近い、ということは意味をなすのだろうか。これが有意味であるためには、P世界のうち、ある世界たちは他の任意のP世界より現実世界に近い、ということが常に成り立っているのでなければならない。どのような命題についてもこれが常に成り立っているという想定を**限界想定**と呼ぶ。つまり、P世界のうちで現実世界により近づこうとすれば必ず、これ以上は近づけないような限界がある、という想定である（PPII, p. 9）。

しかし、限界想定は正しいのか。次の例を考えよう。[14] 緑はCA（キャビン・アテンダント）になるのが夢だった。だが、ある航空会社の規定によれば身長が一六〇センチメートルより大きくなければ、CAとして採用されることはない。身長が一五八センチメートルであることを除けば、緑はCAに採用される条件を満たしているとする。緑は「私の身長が一六〇センチメートルより大きければ、CAになれただろうに」（A>C）とため息を漏らす。さて、A>Cの真偽はどのように考えればよいのか。分析2に基づいて、この反事実条件文を考えるとすると、A世界（緑の身長が一六〇センチメートルより大きい世界）のうち、ある世界たちが存在して、それらの世界は他のすべてのA世界より現実世界に近いのでなければならない。しかし、困ったことにそのような世界は存在しない。なぜなら、緑の身長は現実には一五八センチメートルだから、どのようなA世界に対しても、緑の身長が一六〇センチメートル（緑の現実の身長）により近いことによってより現実世界に近くなるような、別の世界が常に存在するからだ。つまり、緑が一六二センチメートルのA世界より、一六一センチメートルのA世界の方が現実世界に近く、さらに一六〇・五センチメートルのA世界の方が近い、ということが無限に続く。そのため、他のどのA世界よりも現実世界に近いA世界は存在しない。

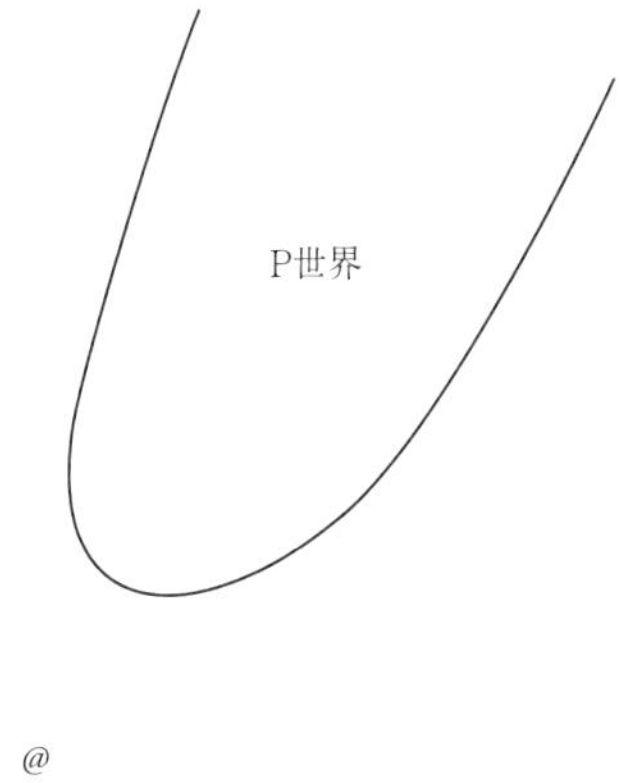

図8

唯一性想定を取り除いたように、限界想定も取り除いてしまおう。だが、限界想定を取り除くとすると、分析案2をどのように改訂すればよいのだろうか。まずは、反事実条件文P>Qの真偽が、P世界やQ世界と現実世界の関係にどのように依存しているかを見ていこう。これで、ルイスの最終的な分析にたどり着くことができる。図8のように平面上に世界が並んでいて、現実世界@から平面上の点までの距離が、現実世界とその点にある可能世界との近さを表すとする。P世界がこのように並んでいるときに、さ

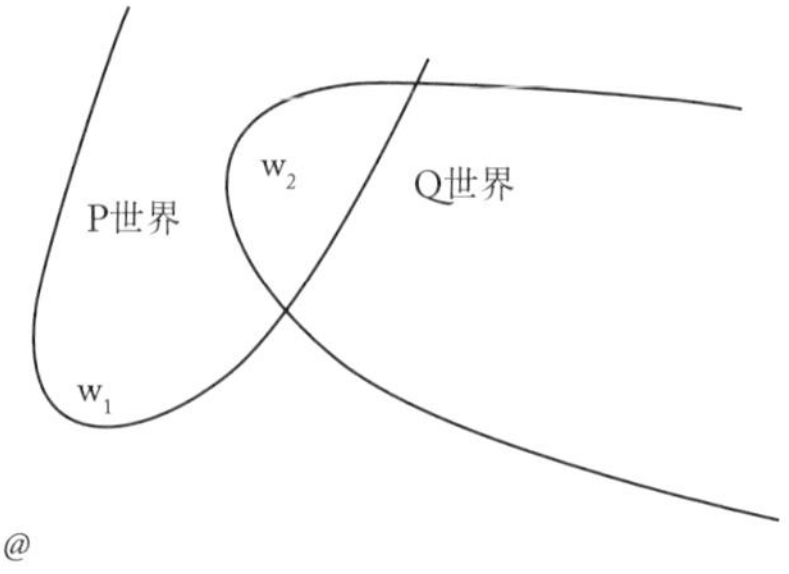

図9

らにQ世界がどのように並んでいれば、P>Qが真になるのかを考えてみよう。

まず、図9のようにQ世界が並んでいると、P>Qは偽になるだろう。なぜなら、PであるがQでない世界（w_1付近の世界）が、PでありQである世界（w_2付近の世界）よりも現実世界に近いからだ。これでは、Pを成り立たせるべく現実世界から離れると、すぐにたどり着くのは、Qでない世界ということになってしまう。この場合にP>Qが偽になってしまうことを考えると、P>Qが真であるためには、Q世界たちの方がP世界たちよりも現実世界に近くなければならないように思われる。

次に図10を見てみよう。この場合はQ世界たちの方がP世界たちよりも現実世界に近い。だが、現実世界を離れて、近くのP世界（w_1付近の世界）に移行したところで、Q世界に移行できるわけではない。したがって、P>Qは偽になってしまうだろう。そのため、現実世界に近いP世界に移行することが、Q世界に移行することにつながるのでなければならない。

最後に図11を考えてみよう。この場合は、Q世界たちの方がP世界たちよりも現実世界に近く、P世界のうち現実世界に近い世界（w_1付近の世界）に移行すると、そこがQ世界になっている。この場合は、P>Qが真になるだろう。ところで、w_1付近の世界だけでなく、w_5付近の世界もまた、PでありQである世界（P&Q世界）である。しかし、これらには違いがある。w_5付近の世界はw_6付近のPでありQでない世界（P&~Q世界）よりも現実世界に近いものの、w_4付近のP&~Q付近の世界よりも現実世界に近いわけではない。他方、w_1付近のP&Q世界は、w_5付近のP&Q世界とは違って、すべてのP&~Q世界よりも現実に近い。P>Qが真になっているのは、このようなw_1付近の世界の存在によるのである。したがって、最終的な分析は次のようになる（PPII,p.10）。

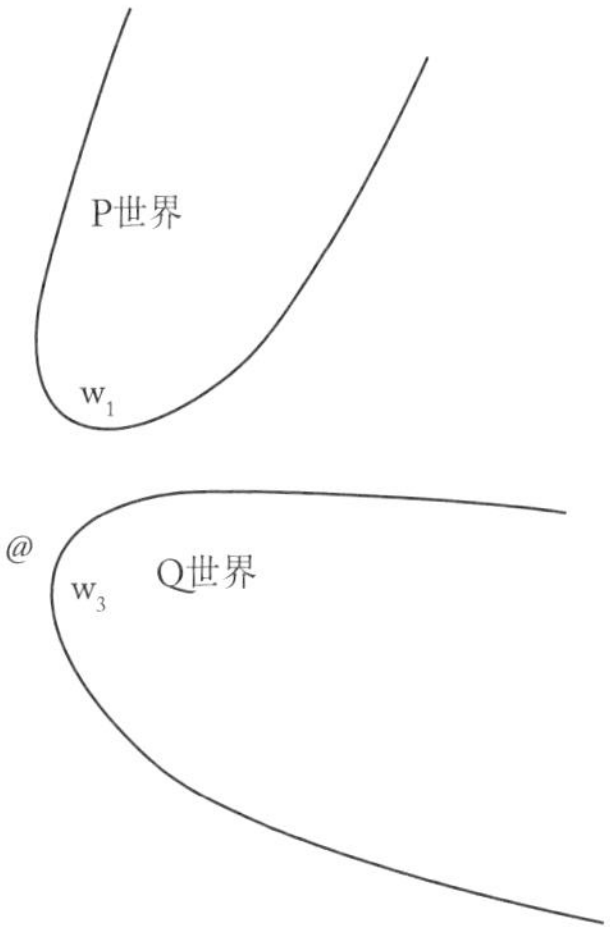

図10

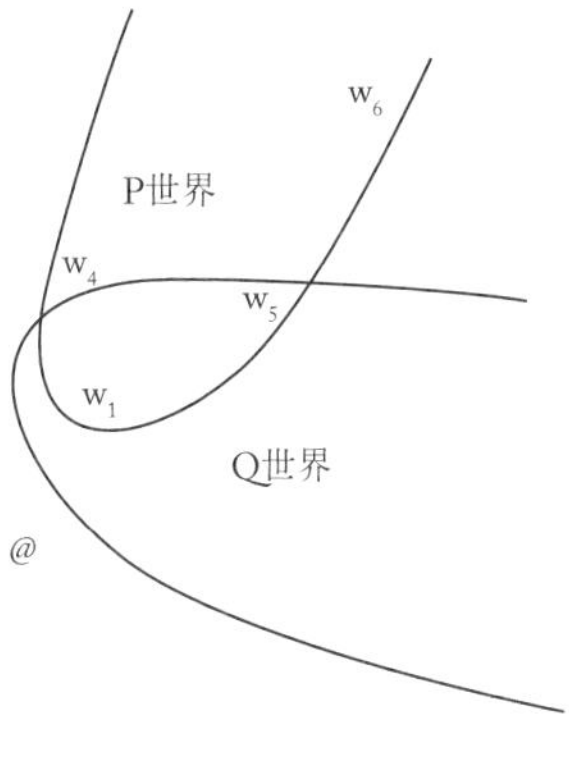

図11

分析3
反事実条件文P＞Qが真であるのは、あるP&Q世界が存在し、そのP&Q世界がすべてのP&~Q世界よりも現実世界に近いときであり、そのときに限る。[15]（ただし、P世界が存在しない場合、P＞Qはトリヴィアルに真であるとする。）

3　世界間の類似性基準

前節では、可能世界の現実世界への近さ、すなわち、可能世界と現実世界との類似性を用いて反事実条件文を分析した。ラフに言えば、反事実条件文P＞Qが真であるというのは、Pが真である世界のうち、最も現実世界に近い世界でQが真であるということだった。（この節の議論は分析案2と3のいずれを用いるかにはかかわらない。そのため、このラフな分析案2で話を進める。）だがそもそも、ある世界が別の世界に類似しているとはどういうことなのか。これまでのところでは、反事実条件文の分析に用いる世界に世界間の類似性については、直観的な理解に頼ってきた。だが、そのような直観的な理解ではまずいことがある。この節では、可能世界間の類似性とは何かについて少し掘り下げてみよう。

3-1　逆行反事実条件文と逆向き因果

「マッチを擦るならば、火が着くだろう」といった、私たちが素直に受け入れる反事実条件文を考えてみよう。こうした条件文では、前件がある時点の出来事なり状況なりを述べているとすれば、後件はそれより後の時点の出来事や状況について述べている。マッチを擦るという出来事の後に、着火という出来事が来ると想定されているということだ。だが、後件の時点が前件の時点よりも前に来るような反事実条件文を受け入れることがあるかもしれない。次の例を考えてみよう[16]。

ジムとジャックは昨日口論していた。そして、ジャックはまだ怒り狂っている。もし今日ジムがジャックに助けを求めるとすれば、ジャックはジムを助けないだろう。だが待てよ。ジムはプライドの高いやつだ。ジムはそんな口論の後で助けを求めるようなことはないだろう。もし今日ジムがジャックに助けを求めていたとしたら、昨日口論はなかったに違いない。その場合ならジャックはいつも通り親切そのものだっただろう。それゆえ、ジムがジャックに助けを求めるとしたら、ジャックは結局のところジムを助けるだろう。（PPII, p. 33）

こう考えると、「もし今日ジムがジャックに助けを求めるとしたら、昨日口論はなかっただろう」と考えたくなるかもしれない。結局のところ、直観的には、今日ジムがジャックに助けを求めている世界のうち、昨日口論が起こっていない世界の方が、起こった世界よりも現実世界に近いと思われよう。このような、「現在が何らか異なっているとすれば、過去もまた異なっているだろう」というような反事実条件文は、**逆行反事実条件文**と呼ばれる。右の例で出てくる考え方を使えば、色々と直観的に正しい逆行反事実条件文を作れそうだ。今朝起きてすぐ、あなたの猫がベッドの傍の花瓶を倒してしまい、床の上にはガラスの破片がまだ散らばっている。だが、あなたはとても几帳面だから、そのままにすることはまずありえない。それゆえ、もし午前中にあなたが掃除をしないとすれば、それはそもそも花瓶が割れなかったからだろう。

しかしながら、少なくとも反事実条件文を用いて因果を分析するなら、逆行反事実条件文を安易に認めてはならない。次章で詳しく紹介するが、ルイスの因果分析によると、「出来事cが起きなかったら、出来事eは起きなかっただろう」という反事実条件文が成り立つならば、cはeを引き起こした（cはeの原因である）ということになる。すると、逆行反事実条件文を認めてしまうとあまりに安易に**逆向き因果**の存在を認めることになってしまう。逆向き因果とは、原因となる出来事が、結果となる出来事よりも時間的に後に来る因果のことである。（通常はもちろん、原因は結果の前に来る。）たとえば、「午前中にあなたが掃除をしないならば、花瓶は割れなかった」という反事実条件文が成り立つとすれば、この因果の分析のもとでは、あなたの掃除という出来事が、花瓶が割れるという、それより時間的に前に来る出来事の原因になってしまう。だが、たとえあなたが掃除をするとしても、花瓶を割ったのは猫であり、あなたでないことは明らかだ。少なくともこの場合は、逆向き因果は認められない。

もちろん、この世界を詳しく調べていくと逆向き因果を発見できるかもしれない。たとえば、タイムトラベルが物理的に可能、つまり、現実世界の自然法則のもとで可能だとしよう。[17] そのとき、逆向き因果は物理的に可能ということになる。[18] 二一世紀初頭に『特性のない男』や『愛の完成』を読んでムージルのファンになった私が、「アンシュルス」以前にタイムトラベルをして、ムージルをウィーンに訪ねるとしよう。この場合は明らかに、二一世紀初頭の読書は二〇世紀前半のムージル訪問の原因だ。(『愛の完成』を読まなかったとしたら、私はムージルに会いに行っていないだろう。)だが、あくまでこれは例外的な事例である! タイムトラベルのような事例を別にすれば、逆行反事実条件文、そして、逆向き因果をあまりに安易に認めてはならない。結局のところ、花瓶が割れた原因はあなたの掃除ではないのだ。反事実条件文を用いて因果を分析するならば、おおよその逆行反事実条件文が排除できるようにしなければならない。だが、ジャックとジムの例で私たちがそうしてしまうように、直観に頼って類似性を判定してしまうと、そのような逆行反事実条件文を安易に認めることになりかねない。少なくとも因果の分析に反事実条件文を用いる限りは、世界間の類似性基準をある程度精密に定めなければならない。[19]

3－2　ニクソン事例：ルイスの分析への反例？

ルイスの反事実条件文の分析に対して提示された反例を考えると、世界間の類似性基準を精密に定めなければならないという印象は強まる。哲学者・論理学者であるキット・ファインは、次のような有名な事例を考案した。（事例に出てくる固有名詞が時代を感じさせるが、有名な例なのでそのまま使うことにする。）冷戦時代を思い出してほしい。あるいは私と同じく原理的に冷戦時代を思い出すことができないとすれば、想像してほしい。アメリカとソ連が核開発競争をしている。アメリカはボタン一つで核ミサイルを発射できる準備を整えていた（としよう）。アメリカ大統領であるニクソンがそのボタンを押すと、自動的にミサイルが発射されるようになっており、一旦ボタンを押すとそれを止める術はない。このとき、

「ニクソンがボタンを押していたら、核による虐殺があっただろう」という反事実条件文は真である、あるいは真であることを想像しうる。さて、核による虐殺は決して起こらないと想定しよう。すると、ルイスの分析では、その反事実条件文が偽となることはかなりもっともらしい。なぜなら前件と後件がともに真であるような世界が与えられれば、前件は真だが後件が偽であるような世界のうちでそれより〔現実世界に〕近い世界というものが簡単に想像できるだろうからである。というのも、虐殺を防ぐが、実在から大きく逸れることを要求しないような

変化というものを想像しさえすればよいのであるから。(Fine 1975, p. 452)

ニクソン事例はルイスの分析の反例になっているように見える。まず、現実世界では「ニクソンがボタンを押す」(B) は真ではないし、「核虐殺が起こる」(H) も真ではないが、「ニクソンがボタンを押していたら、核による虐殺があっただろう」(B>H) は真だろう。ルイスの分析によれば、B>H が真になるには、B世界のうち、現実世界に最も近い世界はH世界になっていなければならない。だが、B世界のうち、核虐殺が起こっている世界 (B&H 世界) よりも、核ミサイルに繋がるシステムの故障など、何らかの理由によって核虐殺が起こらない世界 (B&~H 世界) の方が現実世界に近いのではないか。これがファインのニクソン事例のポイントである。核虐殺があるかないかは、現実世界への類似性に大きくかかわる。とくにこの地球の表面について言えば、核攻撃が起こっている世界と現実世界とはまったく似ていないだろう。それゆえ、ボタンが押されてもミサイルが発射されず、それゆえ核虐殺の起こっていない世界の方が、ボタンが押されてそのまま核虐殺が起こっている世界よりも、現実世界に類似しているだろう。したがって、ルイスの分析では B>H は偽になってしまうと思われる。これがニクソン事例の突きつける問題だ。

ニクソン事例に対するルイスの応答を見る前に、そもそも私たちがどのようなプロセスをたどって、B>H のような反事実条件文が現実世界で真であると考えるのかを再考してみよう。通常の考え方は次のようなものになると思われる。ある時点である特定の個別の出来事が発生することを前件が述べているとしよう。このとき、私たちは、現実の出来事に最小限の変更を加えて、Bが成り立つようにして、そこから、そのBの成り立つ世界を自然法則に従って時間の流れの向きに進行させたときにHが起こるかどうかを見る。[20] ここでHが起こるのであれば、B>H は真になるのだ、ということになろう。

　この考えを可能世界を使って述べ直せば次のようになる。ある世界では、ニクソンがボタンを押す時点tの直前までは現実世界とまったく同様なのだが、現実世界の自然法則から外れる出来事（たとえば、ボタンを押す決心をさせるようにニクソンの脳内のニューロンが発火するという出来事）が発生し、ニクソンは核のボタンを時点tで押してしまう（これでBが真になる）。その後は、現実世界の自然法則通りに時間の向きにその世界は進行し、核ミサイルが発射され、核虐殺が起きる（H）。こうした世界の存在によってB>H は真になる。この説明を「ストレートな分析」と呼んでおこう。[21]

　ルイスは反事実条件文についてストレートな分析を採用しない。それはなぜか（PPII, pp. 40–41）。第一に、このストレートな分析は、Bのような、特定の時間に起こる個別的な出来事が前件に来る場合にしか使えない。たとえば、「もしカンガルーに尻尾がなければ、ひっくり返るだろう」のような反事実条件文の場合には当てはまらない（業平の歌の場合も同様である）。第二に、このストレートな分析では、実際に世界の構造がどうなっているかを調べる前から、逆向き因果は存在しないと決めてしまうことになる。なぜなら、ストレートな分析では、前件の時点が後件の時点より前にあることが前提とされており、そのために、結果が原因に時間的に先行することはないとされるからだ。逆向き因果を安易に認めるのがまずいとしても、逆向き因果は存在しないとあらかじめ経験的な根拠なく決めてしまうのもまずい。結局のところ、タイムトラベルに象徴されるような逆向き因果の有無は、哲学ではなく科学で探求すべきことだ。

3-3 世界間の類似性基準

ストレートな分析を用いないのであれば、ニクソン事例にどう対処すればいいのか。ルイスの戦略は、B&~H 世界よりも B&H 世界の方が現実世界に類似していると言えるような類似性基準をうまく定めてやる、というものだ。

まず、現実世界との類似性を比べるにあたって、次のようなB世界を考えてほしい。いささかややこしいだろうが、図を参照しながら各世界で何が起こっているかを確認してほしい。（**自然法則の侵犯**が起こることを、**奇跡**が起こると表現する。[22] ここでは、自然法則は現実世界の自然法則のことを指すものとする。）

現実世界：~B&~H 世界である。ニクソンは時点tでボタンを押さず、核虐殺も起きない。核のボタンはそれを押すと自動的に核攻撃がなされるようになっており、一旦ボタンを押すとそれを止める術はない。（現実世界では奇跡は起こっていない。[23]）

w_1：B&H 世界である。時点tの直前までは隅から隅まで現実世界と完全に合致している。だが、時点tの直前で単純で局所的な小さな奇跡が発生し、自然法則に従って、それ以後は現実世界とは異なった歴史が進行し始める。（たとえば、ボタンを押す決心をさせるニューロンの発火のような奇跡を考えておけばよい。）ニクソンの脳の中でそうした奇跡が起こり、ニクソンはボタンを押してしまう。そして、その後は法則に従って、核虐殺が起こる。（最終的に、ルイスの類似性基準は、この w_1 の世界を現実世界に一番近い世界として選び出すように調整される。）

w_2：B&H 世界である。奇跡が起こることはないが、ニクソンはボタンを押している。ニクソンがボタンを押した後は核虐殺が起こる。時点tの世界の状態は、ニクソンがボタンを押している点で現実世界とは異なる。そして、w_2 では奇跡は一度も起こらないが、そのために現実世界とはt以降の歴史だけでなく、t以前の歴史も異なることになる。（したがって、w_2 はその歴史において一度も、現実世界と完全には一致しない。）

w_3：B&~H 世界である。w_1 と同じく時点tの直前まで、現実世界と完全に合致するが、w_1 と同様の奇跡が起こって、ニクソンはボタンを押すことになる。だが、二番目の単純で局所的で小さな奇跡が起こり、ニクソンが押したボタンから核ミサイルまでの信号が途中で途切れ、核虐殺は起こらずに済む。だが、ニクソンがボタンを押した痕跡（ボタンを押した記録や記憶、指紋など）を含め、第一の奇跡から広がる様々な痕跡は残っている。そのため、核虐殺こそ起こらないものの、ニクソンがボタンを押した後の歴史は現実世界とは異なったものになっていく。

w_4：B&~H世界である。w_1と同じく、時点tの直前まで、現実世界と完全に合致するが、w_1と同様の奇跡が起こって、ニクソンはボタンを押すことになる。だが、大きく広範にわたる、多様な第二の奇跡群が発生し、核虐殺が防がれるだけでなく、ニクソンがボタンを押した痕跡を含め、第一の奇跡から広がるあらゆる痕跡が完全に消し去られる。その第二の奇跡群の発生後は、w_4は第一の奇跡が起こらなかったかのごとく、それゆえ、ニクソンがボタンを押さなかったかのごとく、現実世界と完全に合致する歴史を辿ることになる。

可能世界w_1からw_4までのうち、最も現実世界に近いB世界をどのような基準で選べば、「ニクソンがボタンを押したとしたら、核虐殺が起こるだろう」（B>H）は真になるだろうか。ファインの議論によると、直観的には、w_3（あるいはw_4）のように核虐殺の起こっていない可能世界が現実世界に最も類似している世界となってしまい、それゆえ、反事実条件文のルイス風の分析は失敗する。ルイスは、この結論を避けるべく、w_1を最も現実世界に近いB世界として選び出すような基準を編み出そうとする。この試みが成功すれば、w_1ではHが真であるから、B>Hは真になると言えるだろう。

まず、w_1とw_2を比較してみよう。いずれも時点t以降の歴史は同じである。なぜなら、tにおけるw_1とw_2の状態は同様に、ニクソンがボタンを押していることを除けば現実世界と同じであり、時点t以降に関しては、いずれの世界も現実世界の自然法則に従って進行するからである。w_1とw_2の違いは、t以前に認められる二つの点にある。第一に、w_1ではtの直前に奇跡が起こるが、w_2ではそうではない。第二に、w_2では奇跡は一度も起こらないが、そのために、t以前のw_2の状態が現実世界と完全に合致することは一度もない。[24] その一方で、t以前のw_1の状態は現実世界と完全に合致する。このことから、w_1がw_2よりも現実世界に近いとするためには、「個別の事実の完全な合致が行き渡っている時空領域を最大化すること」が、「小さな、局所的な、単純な法則の侵犯を避けること」よりも優先される、と考えなければならない。[25]（このことは最終的な基準の（2）と（3）の順位に反映される。）

次に、w_1とw_3を比較しよう。これらの世界の主な違いは、ニクソンがボタンを押した直後にある。w_1ではそのまま核虐殺が起こるが、w_3では二番目の奇跡群が起こって、核虐殺は防がれる。だが、核虐殺という私たちの関心からすると非常に重大な出来事は起こらないとしても、w_3ではニクソンがボタンを押した痕跡などが残っており、そこから広がる現実世界との差異は、時が経つにつれて徐々に大きくなる。w_1もw_3も同様に現実世界とは異なった歴史が進行していく以上、「個別の事実の完全な合致が行き渡っている時空領域を最大化する」という観点からは、w_1とw_3のいずれかを優先させることはできないだろう。ここで、w_1をw_3より現実世界に類似しているものとするには、法則の侵犯の数に注目すればよい。すなわち、「小さな、局所的な、単純な法則の侵犯を避けること」が、核戦争のような私たちにとっての重大事の回避よりも類似性を測る上では優先すると考えればよい。（このことは最終的な基準の（3）と（4）の順位に反映される。）

最後に、w_1とw_4を比較しよう。w_1とw_4は同様に、t直前までは現実世界と完全に合致している。

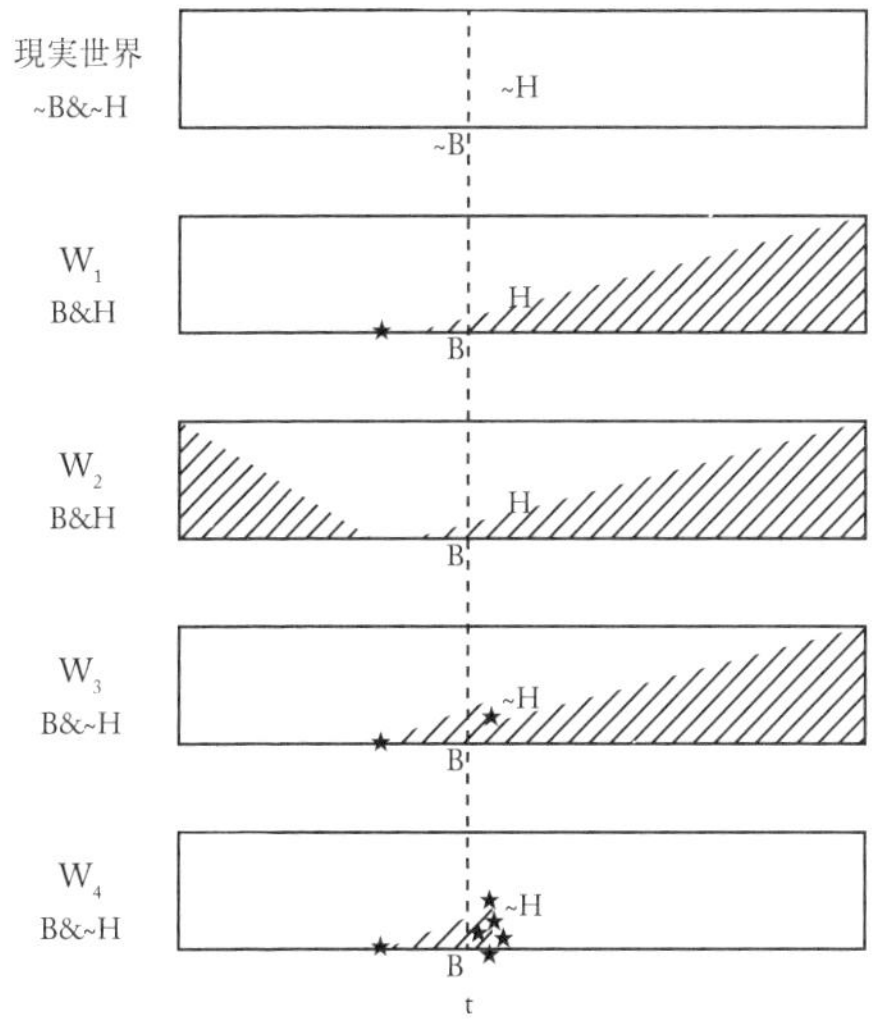

図 12　ニクソン事例の図。それぞれの世界では左から右に歴史が進行する。斜線部分は現実世界と異なる（一致しない）部分を表す。星印は法則侵犯（奇跡）が起こることを表す。

さらに、tの直前に奇跡が起こり、その結果ニクソンがtにボタンを押してしまうところまでも、w_1とw_4は完全に合致している。w_1とw_4に差異が生まれるのは、ボタンが押された直後からである。w_1では核虐殺を過ぎ世界の終わりまで順調に法則通りに進行していく一方で、w_4ではボタンを押した直後に二回目の奇跡群が起き、ボタンから核ミサイルへの信号が遮断されるだけでなく、ニクソンがボタンを押した痕跡などの、第一の奇跡の様々な痕跡のすべてが、第二の奇跡群によって消し去られる。ここで、「小さな、局所的な、単純な法則の侵犯を避けること」より「個別の事実の完全な合致が行きわたっている時空領域を最大化する」が優先されるという観点からは、w_1よりw_4の方が現実世界に近いことになってしまうことに注意してほしい。では、w_4が現実世界から離れているのはどのような観点によるのか。それは、w_4では、ニクソンがボタンを押した痕跡を消去するために、多種多様な法則の侵犯が要請されているという点にある。たんに核ミサイルへの信号を遮断するだけでなく、ニクソンが残した指紋や、ニクソンの記憶、電子機器の記録など、第一の奇跡から拡散するありとあらゆる痕跡を消去するには、ニクソンにボタンを押させるために脳内で起こる法則の侵犯よりも、より多様で広域にわたる奇跡が必要になる。それゆえ、w_1がw_4より現実に近いとみなされるには、「大きく広範にわたる、多様な法則の侵犯を避ける」ことが最重要視されなければならない。(このことは最終的な基準の(1)と(2)の順位に反映される。)

ルイスはこのような議論をまとめて、次の類似性基準を打ち出した。(PPII, pp. 46-47)

世界間の類似性基準

（1）大きく広範にわたる、多様な法則の侵犯を避けることが第一に重要である。
（2）個別の事実の完全な合致が行きわたっている時空領域を最大化することは、第二に重要である。
（3）小さな、局所的な、単純な法則の侵犯を避けることは、第三に重要である。
（4）私たちに大きくかかわる事柄であっても、個別の事実のおおよその類似性を保証することはほとんど、あるいはまったく重要ではない。

この基準がニクソン事例とは異なる例においても実際にうまくいくのかどうかを考えてみてほしい。[26]

＊

反事実条件文は現実に起こっていることについてだけ語っているのではない。これは何を意味するのか。反事実条件文は「近く」の可能世界で起こることについて語っているのだ。ルイスは反事実条件文を世界間の類似性によって分析する。すなわち、反事実条件文は、前件の成り立つ世界のうちで、現実世界に近い世界で後件が成り立っているときに真であり、そうでないときに偽である。

業平の歌が真であるとすれば、現実世界に似てはいるものの桜のない侘しい世界では、心穏やかに人々は過ごすのであろう。こうして、反事実条件文という、実質条件文とも厳密条件文とも異なる、謎めいた条件文について明晰な理解が得られた。次章以降では、因果やフィクションといった概念の分析に、反事実条件文をどう応用できるかを見ていこう。これらの分析はルイスの楽園の美しく鮮やかな盛りだ。

第3章 因果

誰もが知っているように、第一次世界大戦の発端は、オーストリア＝ハンガリー帝国の皇位継承者フランツ・フェルディナントがボスニア人の青年によって射殺されたサラエボ事件だ。別の言葉で言えば、サラエボ事件は第一次世界大戦の原因である。あるいはこう言ってもいい。サラエボ事件は第一次世界大戦を引き起こした。こんなことは誰でも知っている。だが、サラエボ事件が第一次世界大戦の原因であるという因果関係を知っていても、そもそも因果関係とは何なのかと問われれば困惑するに違いない。むろん、サラエボ事件と第一次世界大戦の因果関係について、さらに詳しく述べることはできる。サラエボ事件の後、オーストリア＝ハンガリー帝国はセルビアに最後通牒を突きつけ、セルビアが部分的にしか要求を受け入れなかったため、オーストリア＝ハンガリー帝国はセルビアに宣戦布告し、云々。しかし、これは因果関係とは何かという問いへの答えではない。なぜなら、この問いへの答えは、サラエボ事件と第一次世界大戦との因果関係の詳細を述べていくことによってではなく、様々な因果関係の間に共通しているものを述べることによってのみ与えられるからだ。サラエボ事件と第一次世界大戦の間に因果関係があるのと同様に、昨晩私が飲みすぎたことと今朝から頭痛がすることの間にも因果関係がある。だが、前者の世界史的な因果関係と後者の卑俗な因果関係との間に何らかの共通点を見いだすのは困難だ。（この二日酔いが世界史的な出来事となるかどうかは後世の優れた歴史家の評価に委ねるとしても。）一体、様々な因果関係の間に共通点はあるのか。もしあるならばそれは何か。因果の哲学とは、この問いに対する答え、あるいはその僭称の謂いにほかならない。

因果の哲学に史上最も貢献した哲学者は、一八世紀スコットランドの哲学者デイヴィッド・ヒューム（David Hume, 一七一一―一七七六）だろう。（ヒュームが一番手ならば、ルイスは二番手だと言う人もいるかもしれない。）故なきことではないが、因果の哲学では『人間知性研究』での影響力ある一節がしばしば引用される。

> 次のように定義できるだろう、すなわち、原因とはある対象であって、それの後に続いて別の対象が生じる、そしてそこでは第一の対象に類似したすべての対象の後に続いて第二の対象に類似した対象が生じる、と。あるいは、言い換えて、そこでは、第一の対象がなかったならば、第二の対象は存在しなかったであろう、と。（Hume, 1748 Section VII, 斎藤・一ノ瀬訳 p.68）

このヒュームの因果分析で「言い換え」に続くところこそが、ルイスの因果分析の先駆けとも言える部分である[1]。ある出来事が別の出来事の原因であるのは、「第一の出来事が起きなかったならば、第二の出来事も起きなかっただろう」ということだと考えることができる。この洞察を精緻化したのがルイスの因果分析である。

本章は、反事実条件文の最も有名で重要な応用の一つ、因果の分析を紹介する。ルイスの因果の分析は、非因果的概念によって因果的概念を分析する、還元的分析の試みである。具体的に言えば、ルイスの因果分析は反事実条件文によって因果を分析する。第2章で紹介したように、反事実条件文は世界間の類似性によって分析できるから、結局のところ、ルイスは可能世界とそれらの類似性に因果を還元しようと試みていることになる。第1節ではまず、因果分析の検討に必要な予備的事項を説明し、第2節ではルイスによる因果の反事実条件文分析を紹介する。それ以降の節ではルイスの分析の問題点とそれに対するルイスの応答を見ていく。

1　単称因果と出来事

ルイスの因果分析は、個別の「出来事」の間の因果関係（「単称因果」と呼ばれる）を扱う。個別の出来事とは、たとえば今日私の部屋の金魚鉢が転倒したという出来事や、カシウスがカエサルを刺したという出来事のような、特定の時間に特定の場所で起こった（あるいは、起こっている、起こるであろう）出来事のことだ。個別の出来事は、出来事の**タイプ**とは区別される。出来事のタイプとは、諸々の個別の出来事が共通してもちうるような、一般的な特徴のことだと考えればいい。今日私の部屋で金魚鉢が倒れた。だが、この種の悲劇は歴史上何度も繰り返されてきたに違いない。あなたが金魚を飼っているなら、明日金魚鉢を倒すかもしれない。個別の出来事としては、あなたの金魚鉢の転倒という出来事は、私の金魚鉢の転倒という出来事とは異なる。しかし、出来事のタイプとしては同じ金魚鉢の転倒である。[2]（出来事についてはさらにキーワード解説「**出来事**」を参照。）

このように、個別の出来事と出来事のタイプを区別してみれば、因果関係に関しても同様の区別ができる。私の金魚鉢の転倒は、私の金魚が床に泳いだことの原因だ。別の言葉で言えば、私の金魚鉢の転倒は、私の金魚の床上遊泳を引き起こした。このように述べるとき、問題になっている因果関係は、私の金魚鉢の転倒と私の金魚の床上遊泳という、二つの個別の出来事の間に成り立つ関係である。このように、二つの個別の出来事の間に成り立つ因果は、「**単称因果**（singular causation）」（「**トークン因果**（token causation）」あるいは「**現実因果**（actual causation）」）と呼ばれる。さて、単称因果だけではなく、一般的な出来事のタイプの間に成り立つような因果も考えられる。たとえば、「喫煙は肺ガンの原因である」と述べるときに私たちが念頭に置いているのは、喫煙という出来事のタイプと、肺ガンという出来事のタイプとの間の因果関係である。このようなタイプ間の因果関係は、「**一般因果**（general causation）」とか「**タイプ因果**（type causation）」と呼ばれる。（一般因果に関係する、出来事タイプの一般的説明についてはキーワード解説「**出来事の説明**」を参照。）

単称因果と一般因果の区別のために次の事例を考えてみよう。

カップに入る確率が非常に高いような、カップに向かって転がっているゴルフボールを想像し

> よう。そこへリスがやってきて、ボールをカップの付近から蹴飛ばし、そうすることでボールがカップに入る確率を下げてしまう。それから、起こりそうにもないような仕方で跳ね飛んでいって、ボールはカップに落ちる。（Sober 1984, p. 406）

単称因果としては、リスがゴルフボールを蹴ったという出来事は、ゴルフボールがカップに入ったという出来事の原因である。しかし、一般因果としてはリスがゴルフボールを蹴るという出来事のタイプは、ボールがカップに入るという出来事のタイプの原因であるとは言えないだろう。なぜなら、リスがボールを蹴るということはむしろ、ボールがカップに入ることに負の影響を与えるだろうからである。

このように、私たちは単称因果と一般因果を区別できる。単称因果と一般因果の関係がどうなっているのかは極めて興味深く、そして重要な問題だが、ここでは措く。[3] ルイスによる因果の反事実条件文分析はこれら二つの因果のうち、単称因果をターゲットにしている。[4] ひとまず、出来事のタイプ間の因果的連関は扱わず、個別の出来事の間の因果関係についての分析に焦点を絞ろう。

2　因果と反事実的依存

あなたがいま、机の端に置いていた花瓶に誤って手を触れてしまい、花瓶は床に落ちて粉々になったとしよう。あなたが花瓶に触れたという出来事aは、その花瓶が壊れたという出来事bの原因である。だが、出来事aと出来事bの間に因果関係があるとはどういうことだろうか。

この場合まず確実に次のことが言える。今日は地震が起こることもなかったし、他の誰かが花瓶に近づくこともなかったし、あなたが机を揺らすこともなかった。だから、あなたが手を触れさえしなければ、花瓶は割れることなく机の端にとどまっていただろう。それゆえ、花瓶への接触という出来事aが起きなければ、花瓶が壊れるという出来事bが起こることもなかっただろう。これが前章で分析した**反事実条件文**にほかならないことに注意しよう。この事例では「出来事aが起きなかったとしたら、出来事bも起きなかっただろう」という反事実条件文が真になる、ということだ。一般に、「出来事eが起こる」ことを「O(e)」という記号で表すことにしよう。すると、問題の反事実条件文は「~O(a)>~O(b)」と書ける。（~が否定を表す記号で、>が反事実条件文を表す記号であることを思い出してほしい。）したがって、簡単に言えば、出来事aが出来事bの原因であるがゆえに、~O(a)>~O(b) は成り立つということになる。

ルイスはさらにこの逆も正しいと考える。すなわち、花瓶への接触が起きなければ、花瓶の破壊が起きなかっただろう（~O(a)>~O(b)）というまさにそのために、花瓶への接触ａは花瓶の破壊ｂの原因なのだ。なぜか。たとえば、あなたはたしかに花瓶には接触したが、幸い花瓶は微かに揺れたもののやがてその振動もおさまり、床へと落ちることはなかったとしよう。けれども、その直後に誰かが花瓶に石を投げつけて花瓶を破壊してしまったとしよう。このとき、花瓶への投石という出来事ｎこそが花瓶の破壊ｂの原因なのであって、花瓶への接触ａという出来事が花瓶の破壊ｂの原因であるわけではない。これらの二つの出来事、ａとｎの違いは、この場合では、~O(a)>~O(b)が偽である一方で、~O(n)>~O(b)が真である、という点に見出せる。つまり、この場合では、「花瓶に接触しなければ花瓶は割れなかっただろう」とは言えない一方で、「石を投げつけなければ花瓶は壊れなかっただろう」とは言える。このように、原因の候補として挙げられる出来事について、どのような反事実条件文が成り立つかが、実際にそれが原因であるかどうかを分けるのだ。

　このような発想をルイスは次のように発展させる。まず、A>Bと~A>~Bの両方が真であるとき、命題Ｂは命題Ａに**反事実的に依存している**と言おう。（ＡとＢが現実に真であるとき、現実世界に最も近いＡ世界は現実世界であり、その現実世界ではＢが真であるから、A>Bは自動的に真になる。それゆえ、実質的には、命題Ｂが命題Ａに反事実的に依存しているかどうかは、~A>~Bが真であるかどうかで決まる。）

　さて、ｃとｅが、花瓶に接触するという出来事や花瓶が壊れるといった、個別の出来事であるとき、「ｃが起きる」と「ｅが起きる」をそれぞれ「O(c)」と「O(e)」と表そう。そして、ｅがｃに**因果的に依存している**というのは、命題O(e)が命題O(c)に反事実的に依存していることとして定義される。

因果的依存

出来事eが出来事cに因果的に依存しているのは、$O(c) \square\!\!\rightarrow O(e)$ と $\sim O(c) \square\!\!\rightarrow \sim O(e)$ がともに真であるときであり、そのときに限る。[5]

反事実条件文の真理条件より、cとeが現実に起きているときは、すなわち、$O(c)$ と $O(e)$ がともに真であるときには、$O(c) \square\!\!\rightarrow O(e)$ は自動的に真になる。だから、cとeが現実に起きている場合に、cとeとの間に因果的依存があるかを考えるならば、$\sim O(c) \square\!\!\rightarrow \sim O(e)$ が真であるかどうかだけを考えればよい。

出来事cに出来事eが因果的に依存しているならば、cはeの原因であると考えてよいだろう。しかし、その逆も必ず成り立つとは言えない。というのも、因果関係が**推移的**であると考えられる一方で、因果的依存は推移的でないからである。（ある関係が推移的であるというのは、aがbとその関係にあり、bがcとその関係にあるとき、必ずaがcとその関係にあることになる、ということである。推移性についてはキーワード解説「**対応者**」を参照。）因果関係が推移的であるというのは、cがdの原因であり、dがeの原因であるならば、cはeの原因であるということである。たとえば、あなたが触れて落ちた花瓶が壊れたことによって、誰かが怪我をしたとしよう。すると、花瓶への接触は怪我の原因であろう。だが、前章で述べたように、一般的には反事実条件文は推移的ではない。つまり、$P > Q$ と $Q > R$ から $P > R$ は導かれない。それゆえ、$\sim O(c) > \sim O(d)$ と $\sim O(d) > \sim O(e)$ から、$\sim O(c) > \sim O(e)$ は導かれない。つまり、d が c に因果的に依存しており、e が d に因果的に依存しているからといって、e が c に因果的に依存しているとは限らない。（この実例は、第3節で見ることになる。）

このためルイスは、c が e の原因であるというのを、c と e との間に因果的依存関係があるということではなく、c と e との間に因果的依存関係で繋がれた出来事の列があることと定義する。

因果の反事実条件文分析

c が e の原因であるのは、出来事の列 $c, d_1, d_2, \ldots, d_{n-1}, d_n, e$ が存在し、d_1 は c に因果的に依存し、d_2 は d_1 に因果的に依存し……d_n は d_{n-1} に因果的に依存し、e は d_n に因果的に依存しているときであり、そのときに限る。（ただし、$d_1, d_2, \ldots, d_n$ のような中間項がなく、e が c に直接因果的に依存しているのでもよい。）

ルイスの定義では、因果関係と因果的依存関係とが区別されている。つまり、因果的依存関係があるならば因果関係があると言えるが、因果関係があるからといって因果的依存関係があるとは限らない、ということになる。

この定義に従うと、因果関係が**推移的**になることは明らかである。たとえば、c は d の原因であり、dはeの原因であり、eはfの原因であり、fはgの原因であるとしよう。このとき、少なくともcからgへの因果的に依存した出来事の列があるから、cはgの原因であるということになる。

さて、因果の反事実条件文分析の利点は何なのか。ルイスは、因果関係を反事実条件文によって分析した。ところで、反事実条件文は世界間の類似性関係によって分析できるから、結局のところ、因果関係は可能世界論を使って分析できるということになる。このようにして、ルイスの分析では、因果を可能世界論によって還元できるのだ。

3　ルイスの因果分析の問題

反事実条件文を用いた因果分析は非常に単純でエレガントだ。もしこの分析が単純な形でうまくいくならば、それに越したことはない。しかし、そう簡単に事は運ばない。この節では、ルイスの因果分析にとって問題となりうる事例を見ていく。ルイスの分析で処理できる事例もあるが、そうもいかない事例もある。だが、いずれにせよ、様々な事例を見ていくことで、ルイスの分析についてよりよく理解できるようになる。

3－1　早い先取りの問題と推移性による解決

ルイスの因果分析は、単純に言えば、出来事cが出来事eの原因であるというのは、cが起きなかったならばeは起きなかったであろうということだ、という発想に基づいていた。しかし、次のような事例を考えてみよう。

早い先取りの事例（Early Preemption）

緑と直子が二人とも花瓶に向かって石を投げつける。二人とも狙いは正確であり、何も邪魔がなければ、二人とも花瓶に石をぶつけることができるだろう。だが、緑の投げた石と直子の投げた石が空中で当たり、直子の石は花瓶から外れる。そして、緑の投げた石だけが花瓶に当たり、花瓶が破壊される。

緑による投石という出来事をm、直子による投石という出来事をn、花瓶の破壊という出来事をeとする。この事例では明らかに、mがeの原因であって、nはeの原因ではない。早い先取りの事例がルイスの分析で扱えるかを考えよう。出来事mと出来事eはともに現実の出来事である。したがって、出来事mが起きなかったならば、出来事eは起きなかっただろう（~O(m)$\square\!\!\rightarrow$~O(e)）ということが成り立つならば、mがeの原因であることはルイスの分析から導かれる。しかし、~O(m)>~O(e) はこの事例では真にならない。なぜなら、緑が石を投げなかった(~O(m)) としても、直子が投げた石が当たっていたであろうし、それにより花瓶が割れた (O(e)) であろうからである。[6] つまり、直子の投石nが現実にバックアップとして存在しているために、eはmに因果的に依存していないことになる。ではどうすればこの事例で、mはeの原因だと言うことができるだろうか。

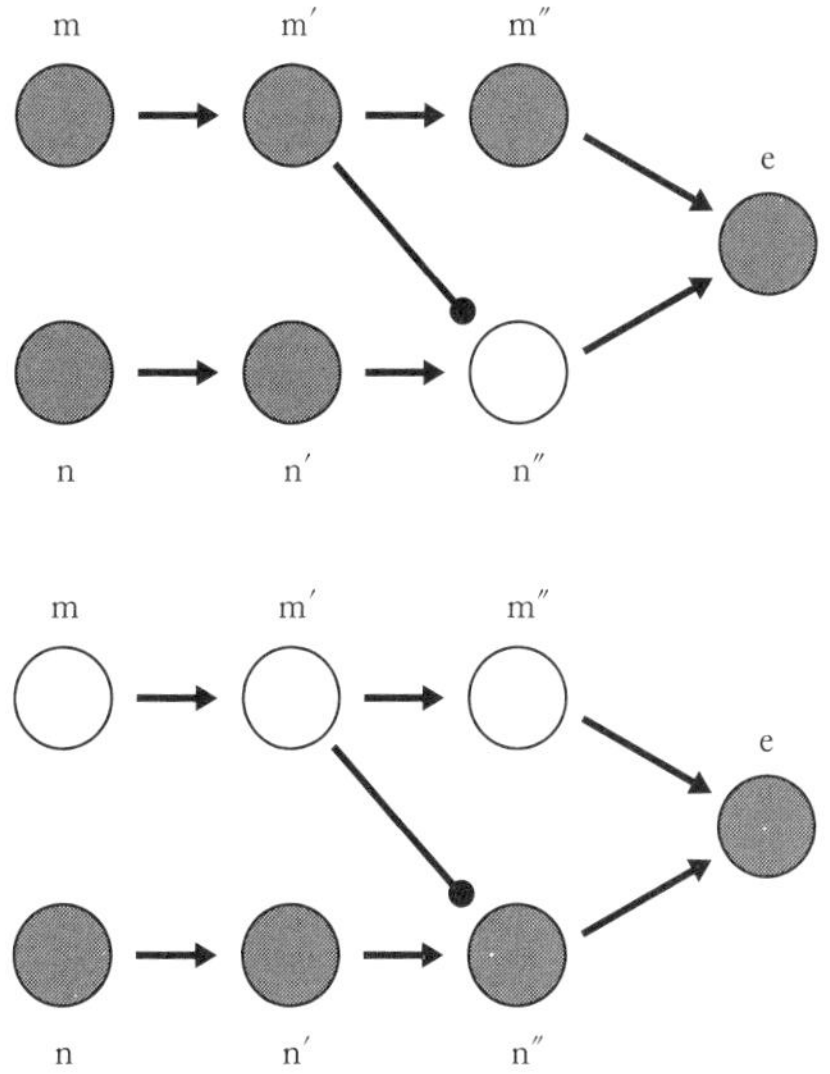

図1　早い先取りの事例。各々の丸は出来事を表す。時間の経過は基本的に左から右であるとする。丸がグレーに塗られているのは、その出来事が起こったことを表し、丸が白であるのは、その出来事が起こらなかったことを表す。二つの丸xとyが、x→yのように矢印で結ばれているとき、xがグレーに塗られているならば、yもグレーに塗られているものとする（すなわち、x→yはxが起きればyも起きることを表している）。ただし、z⊸yとなるようなzがグレーに塗られている（起こる）ときは、yはグレーに塗られない（yは起こらない）ものとする。（上）mとnの両方が起こっている場合。（下）mが起こらなかった場合、nから始まってeに至る過程を妨害するものはないので、出来事n″が起こる。したがって、出来事eはmが起こらなくとも起こるということになる。

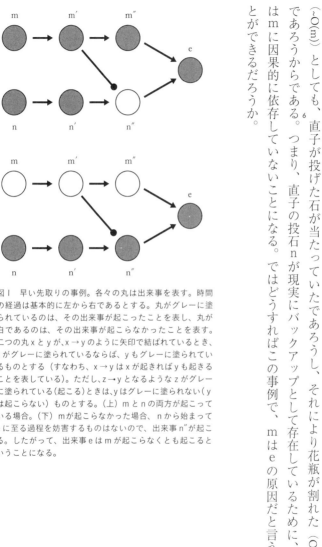

早い先取りの事例に対するルイスの応答は、因果関係の推移性を用いる（PPII, pp. 171–172）。たしかに、nがバックアップとして存在するために、mとeは直接的な因果的依存関係（~O(m)>~O(e)）にはない。しかし、mとeの間には、因果的依存関係で結ばれた中間項の出来事がある。m′とm″を緑の投石mからeに至るまでの過程に含まれる出来事（緑の石が花瓶に向かうまでのある地点を通過するという出来事）としよう。これらの出来事はすべて現実に起きた出来事である。また、n′とn″を直子の投石nからeに至るまでの過程に含まれる出来事（直子の石が花瓶に向かうまでのある地点を通過するという出来事）としよう。緑の石との接触によって直子の石がコースを外れたことで、このような出来事のうちのいくつかは実際には起こっていないことに注意してほしい。出来事m′のせいで出来事n″は起こっていないとしよう。つまり、緑の石がある位置にあることm′によって直子の石との接触が起こり、n″が起こらなかったとしよう。すると、mとnには次のような違いを見いだすことができる。出来事m′は出来事mに因果的に依存し、出来事m″は出来事m′に因果的に依存し、出来事eは出来事m″に因果的に依存している。こうして、~O(m)>~O(m′)、~O(m′)>~O(m″)、そして~O(m″)>~O(e)と連なる因果的依存関係の連鎖があることになる。これによって、ルイスの分析からしても、mはeの原因であると言うことができる。一方で、m′のためにn″が起こらなかったから、nとeの間には、このような因果的依存関係にある現実の出来事列はない。それゆえ、nがeの原因でない一方で、mはeの原因であるという、正しい答えを導き出せるのだ[7]。

このようにして、一方がもう一方のバックアップになっているような二つの過程が存在し、一方の過程の存在によってもう一方の過程の進行が邪魔される事例（早い先取りの事例）に関しては、ルイスは正しい答えを与えられる。だが、バックアップが存在する事例には、これとは別のパターンもある。次はそのような事例を見てみよう。

3－2　遅い先取り

早い先取りの事例と同様に、緑と直子が花瓶に向かって投石するような次の事例を考えよう。[8]

遅い先取りの事例（Late Preemption）

緑も直子も狙いは正確であり、二人の投げた石のうち、先に到達した方が花瓶を破壊するだろう。ただし、直子と比べて緑の方が石を強く投げる。そして、緑の石の方が花瓶に早く到達し、緑の石が当たって花瓶は破壊される。そして、直子の石は破壊された花瓶のあったところを通過していく。

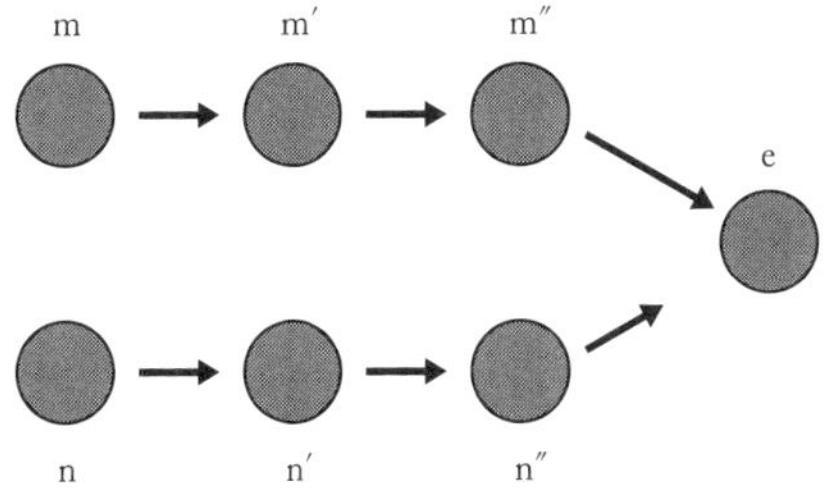

図2　遅い先取りの事例。図中ではすべての丸がグレーに塗られている。すなわち、早い先取りの事例と異なり、mから始まるものも、nから始まるものも含め、すべての出来事が起こっている。したがって、とくにnから始まる過程のうち、mから始まる過程に含まれる出来事によってキャンセルされる出来事は存在しない。

この遅い先取りの事例では早い先取りの事例と同様、緑の投石という出来事mと花瓶の破壊という出来事eの間に因果的依存関係（~O(m)>~O(e)）が成り立たない。遅い先取りと早い先取りの違いは、次の点にある。早い先取りの事例では、緑の石が直子の石にぶつかり、もし完結すれば花瓶を破壊したであろう過程n↓′n↓″n↓eが途中で止まってしまっている。だが、遅い先取りの事例では、そのような途中で止まった過程が見いだしづらい。というのも、直子の石は花瓶があったところにまで到達しており、ただ緑の投石mから始まる系列に先取りされているだけだからだ。いずれにせよ、直子の投石の系列が途中で止まったとすれば、それは先に緑の投石の系列が完結し、eを先取りされてしまったからにほかならない。

この事例では早い先取りの事例と違って、因果の推移性によって問題を解決することはできない。早い先取りの事例ではまず、mから始まる過程に含まれる出来事のうち、″mがeと因果的依存関係にある（~O(m″)>~O(e)）ことに着目した。そして、その″mの前の出来事′mと″mが因果的依存関係にあること（~O(m)>~O(m″)）、またmと′mが因果的依存関係にあることと（~O(m)>~O(m′)）により、mとeが因果的依存関係の鎖で結ばれている。このことから、mはeの原因であるという正しい答えを導き出せたのだった。しかし、遅い先取りの事例では、mとeはそのような因果的依存関係の鎖で結ばれてはいない。遅い先取りの事例での″mを考えてみよう。~O(m″)>~O(e)は成り立つだろうか。答えはノーだ。なぜなら、遅い先取りの事例では、″mのバックアップとして、″nが存在しているからだ。″mが起こらなかったとしても″nが起こっているので、直子の石が花瓶に到達し、eが起こるだろう。同様の仕方で、mとeの間のどの中間項の出来事についても、それが起こらなかったならば、eが起こらなかっただろうということはない。

このように、遅い先取りの事例では、早い先取りの事例と異なり、因果の推移性は使えない。別の方法を考えてみよう。

4　様相的に脆い出来事

遅い先取りの事例を解決すべく、次のような方法が考えられるかもしれない（PPII, p. 204）。遅い先取りの事例では、緑の石の方が花瓶に早く到着する。だから、緑が石を投げず直子の石が花瓶に当たるならば、花瓶が壊れるのは遅れただろう。つまり、緑の石が花瓶のあるところに到達する時点をtとすれば、直子の石が花瓶のある（あった）ところに到達する時刻t′はtより後の時点である。したがって、直子の石による破壊という出来事は、それが起こるとすれば緑の石による破壊の時点より後に起こることになる。さて、その遅れて起こる出来事e′（時点t′で壊れるという出来事）は、元々の出来事e（時点tで壊れるという出来事）と同一の出来事なのだろうか。

もしそれらが異なる出来事なのであれば、緑が石を投げなかったならば、eは起こらず、むしろ、別の出来事e′が起こっただろう、と言うことができる。すなわち、$\sim O(m) \Box\!\!\rightarrow \sim O(e)$となるのだ。このように、仮に（起こる時刻がtであるか、t′であるかという違いのように）些細に違う出来事を別々の出来事とみなすならば、遅い先取りの問題を解決できるかもしれない。このように、些細に違っただけで同一の出来事ではなくなるような出来事は、**様相的に脆い出来事**と呼ばれる（PPII, p. 196）。[9]

だが、これはそれほど見込みがありそうな解決法ではない（PPII, pp. 204–205; Hall and Paul 2013, pp. 105–106）。まず、そもそも少しでも時刻が変われば、ある出来事は別の出来事になるということ自体がもっともらしくないかもしれない。ほんの少しでも待ち合わせに遅れれば、この食事ではなく別の食事が起こるというのは変だ。むしろ同じ食事がほんの少し遅く始まったのだ。次のようなより深刻な問題もある。些細な影響まで含めるならば、遅い先取りの事例において、花瓶が壊れるという出来事に影響を与えるのは緑の石だけではない。直子の投石も花瓶が壊れるという出来事に影響を与えうる。たとえば、直子の石のもつ些細な引力によって緑の石の速度はやや変化し、直子の腕の引き起こす些細な気流の変化は緑の石が花瓶に当たる角度を変えるかもしれない。このとき、花瓶の破壊eが、少しでもその起こり方が異なるなら、それが起こらなかったことになるような出来事（様相的に脆い出来事）であるとしよう。すると、eは緑の投石mから始まる過程に含まれる出来事に因果的に依存しているだけでなく、直子の投石nから始まる過程に含まれる出来事にも因果的に依存していることになってしまう。なぜなら、nやそれに続く出来事が起こらなければ、花瓶は微妙に異なる仕方で破壊され、それゆえeではなく別の出来事（つまり、直子の石の重力や直子の投石による気流の変化の影響を受けていない出来事）が起こっただろうから。こう考えてみると、様相的に脆い出来事に訴える解決は思ったほど得策でない（PPII, pp. 196–198）。

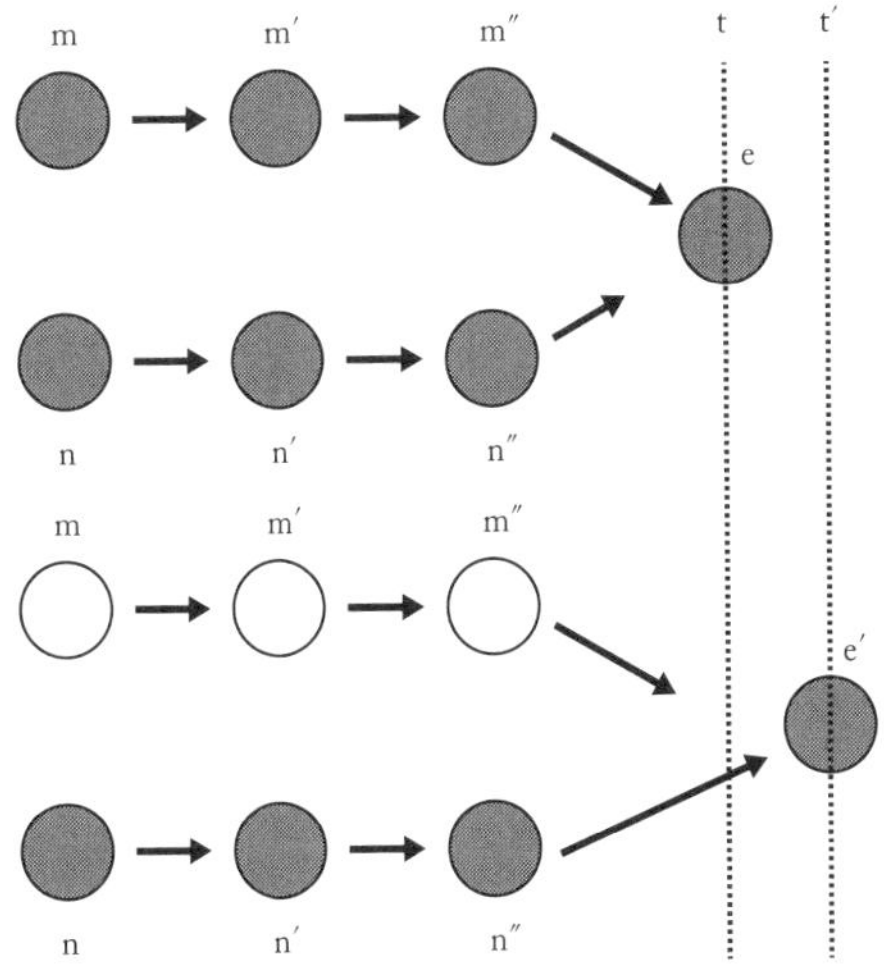

図３　様相的に脆い出来事。上は遅い先取りの事例。下は緑が投石しない事例。e は t で起こり、e′ は t′ で起こる。もし花瓶の破壊が様相的に脆い出来事なのであれば、左右で起こっている出来事 e と e′ は異なる出来事とみなされる。それならば、m と e の間に因果的依存関係があると言えるかもしれない。

5　因果は過程に内在的か——内在性アプローチ

遅い先取りの事例で問題になっていたのは、緑が石を投げなかったとしても、直子の石によって花瓶は壊れるだろうし、さらに、花瓶の破壊と緑の投石の間に因果的に依存した出来事の系列がないということだった。だがここで、緑の投石から花瓶の破壊に至る過程$m \to m' \to m'' \to e$だけに着目してみよう。そのような過程は、直子の投石から始まる過程$n \to n' \to n''$自体がそもそも存在しない場合（緑が一人で石を投げた場合）に起こる過程とほとんど異ならない。次のように考えられるかもしれない。問題の過程$m \to m' \to m'' \to e$は、それ自体で考えると、緑が一人で投げたときに進行する過程とほとんど変わらない。そして、緑が一人で投げたときの過程というのは、ルイスの分析からも難なく因果的過程とみなされる。それゆえに、さらに直子が投げた場合でも、緑の投石から花瓶の破壊に至る過程は因果的な過程とみなされるのだ。

二つの異なる時空領域（同じ可能世界あるいは異なる可能世界の領域）で進行している過程（因果的に結合しているかもしれないし、そうでないかもしれない出来事の経過）があるとしよう。この二つの領域の周囲の環境や、いずれかの領域で起こっているかもしれないが、問題の過程の部分でない、無関係な出来事を無視するとしたら、二つの領域で進行していることはまったく同様であるとしよう。さらに、二つの領域を支配している自然法則もまったく同じであるとしよう。このとき、一方の領域には因果的過程があるが、もう一方にはないということはありうるだろうか。そうではないと思われる。直観的には、ある領域で進行している過程が因果的であるか否かはただその過程自体の内在的特徴と、関係する法則だけに依存する。周囲の環境そして、その領域のその他の出来事さえ、無関係なのである。（PPII, p. 205）

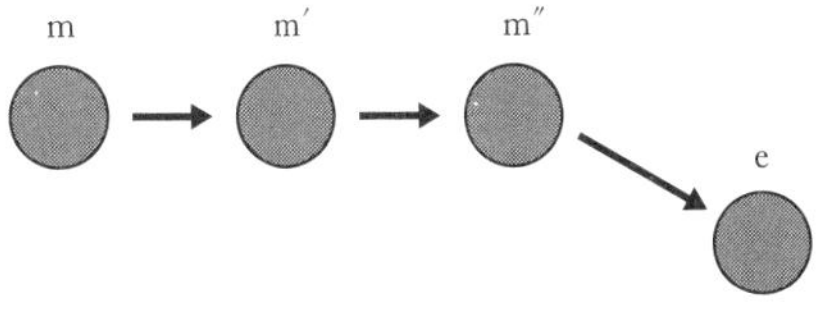

図４　緑が一人で投げるとき。ｍからｅまで因果的依存関係の連鎖が存在する。（また、緑が一人で投げている場合はｍとｅに直接的な因果的依存関係も存在するだろう。）

ある過程が因果的であるかどうかは、その過程の内在的特徴（と法則）の問題だとしよう。すると、その過程と内在的な特徴（と法則）を同じくする過程が通常は因果的過程とみなされるとすると、元の過程もまた因果的過程とみなしてよい。（ある対象の**内在的特徴**や**内在的性質**とは、一般に、その対象と他のものとの関係によってではなく、それ自身のあり方によってその対象がもつ特徴や性質のことである。[10] たとえば、庭の椿の幹の形は、その椿の内在的な性質である。内在的性質の対義語は外在的性質である。ある対象の**外在的性質**（**関係的性質**）とは、別の対象との関係によってその対象がもつ性質である。たとえば、別の椿の左にあるという性質は外在的性質であるし、他のどの椿よりも幹が真っすぐであるという性質もある椿のもつ外在的性質である。）要するに、ある過程に似た別の過程が因果的であるならば、元の過程も同じく因果的であるとみ

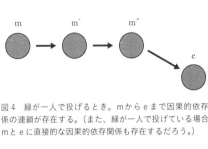

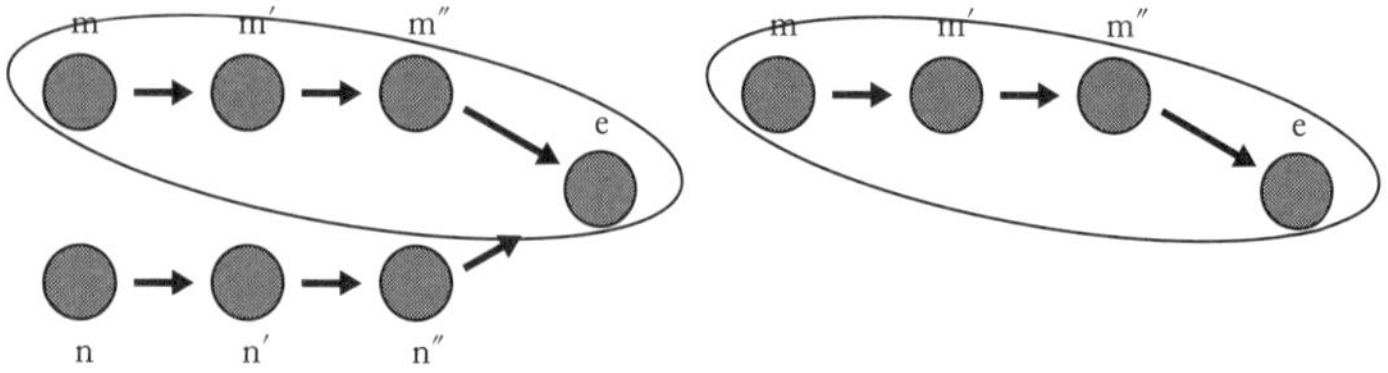

図５　内在性アプローチ。左はｍとｅの間に因果的依存関係の連鎖がない遅い先取りの事例。右はｍとｅの間に因果的依存関係の連鎖がある事例。いずれの場合でも、左右の円で囲まれた過程の内在的特徴はほとんど変わらない。そのため、右のｍ″とｅが因果的依存関係にあるから、左においてもｍ″とｅは因果的疑似依存関係にあると言える。そのため、左においても、ｍとｅは因果的疑似依存関係の連鎖にある。

なしてよい、ということだ。

実際に起こっている出来事の系列ｇ→ｈと同じ内在的特徴をもつ別の出来事の系列′ｇ→′ｈの多くが、（′ｇが起こらなければ、′ｈは起こらなかったであろうという）因果的依存関係にあるとき、元の出来事の系列ｇ→ｈは因果的な**擬似依存関係**にあると言おう（PPII, p. 206）。（別の出来事の系列は現実世界のものだけでなく、別の可能世界のものも含む。擬似依存関係は、因果的依存関係であってもかまわないが、それ自体が因果的依存関係であるとは限らないという点で「擬似」依存関係なのである。）そして、ｃとｅが因果関係にあるのは、そのような因果的な擬似依存関係（あるいは因果的依存関係）で結びつけられた系列がｃとｅの間にあるときであり、そのときに限ると定めよう。こうすれば、緑の石が直子の石より早く花瓶のところに到達する遅い先取りの事例でも、緑の投石ｍが花瓶の破壊ｅの原因であることになる。

6　内在性アプローチの問題

ある過程が因果的か否かは、その過程に似た過程の多くが因果的依存関係で結ばれているかどうかの問題であり、それゆえ、その過程の内在的特徴による。この発想が問題の解決の鍵であった。だが、この考えには別の問題がある（Lewis 2004, pp. 82–85）。内在性アプローチの問題となる次のような例を考えてみよう。[11]

二重予防の事例
直子はコーヒーを作り、カップをそのコーヒーで満たす。だが、猫のムルが突如暴れ始めたので、緑はムルを掬い上げた。もし緑がムルを掬い上げなければ、荒ぶるムルの尾は直子がカップをコーヒーで満たす前にカップを撥ね飛ばしただろう。

このとき、緑がムルを掬い上げるという出来事cは、ムルの尾がカップを撥ね飛ばすという出来事dを予防している。緑がムルを掬い上げたおかげで、カップは無事コーヒーで満たされた（e）のだから、出来事cは出来事eの原因であろう。（この事例は、eを予防するであろうdをcが予防しているがゆえに、**二重予防**の事例と呼ばれる。）だが、ムルがカップに向かって突進するのではなく、大人

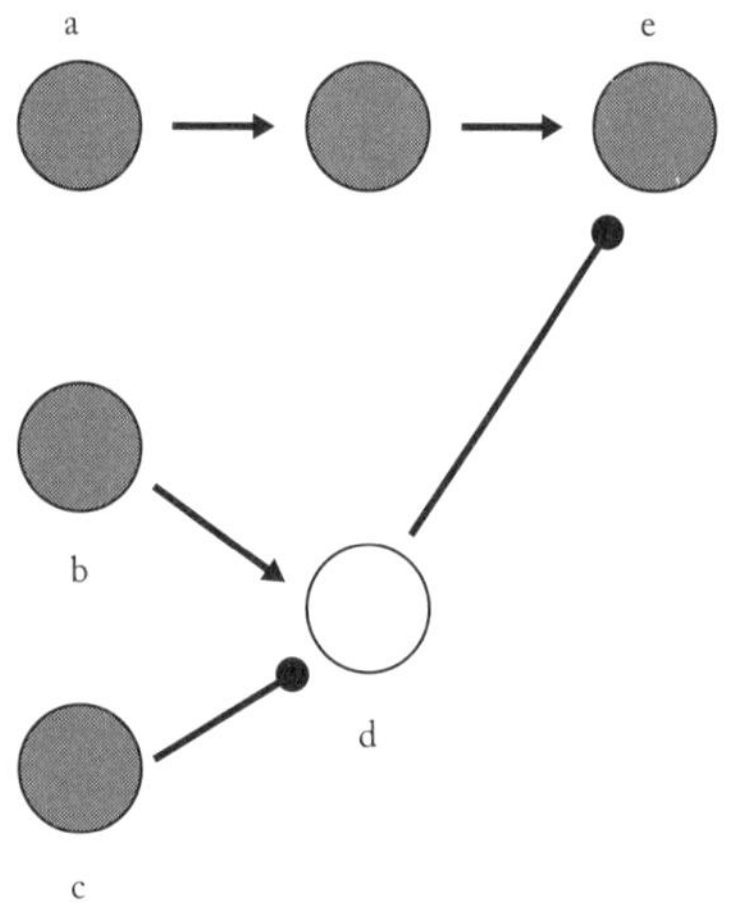

図6　二重予防の事例。直子がコーヒーを作るという出来事をa、カップを満たすという出来事をe、猫のムルが暴れ始めるという出来事をb、緑がムルを掬い上げるという出来事をc、ムルがカップを跳ね飛ばすという出来事をdとする。

しくソファーの上で寝ている場合を考えよう。そのとき、緑がムルを掬い上げなくとも、直子はカップを満たすことができただろう。このことを考えれば、ムルがカップに突進している場合に成り立つcとeの因果的依存関係は、cからeに至る過程の外部の出来事、すなわち、ムルの暴走bに依存している。このように、因果的依存関係が過程の内在的特徴だけから決まるものではない場合がある（Lewis 2004, pp. 83–84）。

内在性アプローチのさらなる問題として、**打ち負かし**と呼ばれる事例を考えてみよう。

打ち負かしの事例（Trumping）

少佐と軍曹が伍長の前に立っていて、同時に「突撃！」と叫び、伍長は突撃を決意する。少佐は軍曹より高位であり、高位の兵士からの命令は低位の兵士の命令を打ち負かす。ここでは軍曹の命令ではなく、少佐の命令が伍長の突撃の決定を引き起こす。[12]

打ち負かしの事例では、少佐の命令から伍長の突撃の決定に至る過程だけでなく、軍曹の命令から伍長の突撃の決意に至る過程も完結している。そして、少佐の命令がなくとも、軍曹の命令があれば伍長は突撃を決意していたであろう。それゆえ、伍長の決意は少佐の命令に因果的に依存していないことになる。また、どちらの過程も単独で進行すれば因果的過程とみなされる過程であるから、内在的な特徴からすれば、いずれも因果的過程とみなされる。それにもかかわらず、一方の少佐の命令が伍長の突撃の決意の原因になっているのに対して、もう一方の軍曹の命令はそうではない。したがって、こうした打ち負かしの事例でも、因果を過程に内在的とみなすアプローチはうまくいかない[13]（Lewis 2004, p. 83）。

7　影響としての因果——ルイス第二の因果分析

こうした問題をうけてルイスは晩年に第二のアプローチを採用した。それは第4節で見た様相的に脆い出来事に着目するアプローチの発展である。様相的に脆い出来事とは、それが起こるための条件が非常に厳しく、少しでも違った仕方では起こることができないような「出来事」のことだった。花瓶が砕けるという、緑の投石によって引き起こされた出来事を（もしそれが遅れていたならば別の出来事になっていただろう）様相的に脆い出来事であるとみなせば、緑の投石がなければその脆い出来事は起こらなかっただろう、と言える。これが様相的に脆い出来事を用いるアイデアだった。

しかし、第4節で見たように、花瓶の破壊を様相的に脆い出来事とみなすことは、それ自体もっともらしくないだけではなく、様々な余計なものまで原因とみなしてしまうという深刻な問題を引き起こす。それゆえ、緑の投石がなければ、花瓶の破壊が起きなかっただろうということを、緑の投石と花瓶の破壊との間の因果関係の内実とみなすべきではない。

とはいえ、「緑が石を投げなければ、花瓶の破壊は遅れていただろう」という反事実条件文が成り立っていると考えることには問題はない。緑の投石がなければ、少し遅れて到着する、直子の投げた石によって花瓶が破壊されるだろうから。緑の投石と花瓶の破壊の間のこのような**影響関係**は問題なく認められる。この影響関係こそが因果関係の内実なのだ、というのがルイスの第二分析の背景にある発想だ。[14]

出来事の間には、時間に関する影響関係以外にも、様々なことに関して影響関係が成り立ちうる。原因となる出来事が起こっていなかったら、結果の出来事の起こり方が違っていただろう、というのもまた影響関係だ。緑は花瓶の首を狙って投げ、直子は花瓶の底を狙って投げたのだとしよう。このとき、現実では、花瓶は首のあたりが粉々になっているような壊れ方になっているだろう。だが、もし緑の投石がなければ、花瓶は底のあたりが粉々になっているだろう。あるいは、原因となる出来事の起こり方が違っていたら、結果の出来事の起こり方が違っていただろう、というのも影響関係だ。緑が花瓶の首を狙って投げるときと、緑が底を狙って投げるときとでは、花瓶の壊れ方が違うだろう。一般に影響関係というのは、ラフに言えば、原因の方を弄って結果の方を弄れるようになっている、ということだ。

影響を次のように考えよう。まず、あなたはある複雑な機械に出くわし、どの部分がほかの部分に繋がっているのか見ようとする。それであなたはまずあちこちの部分を小刻みに揺すって、その都度ほかのどの部分が揺れるかを見る。次に、あなたは時間と空間のうちにある出来事の複雑な配列に出くわす。出来事を揺することはできない、それは時間と空間のうちにあるのであり、それについてはどうすることもできない。だが、もしどの反事実条件文が真であるかを教えてくれる予言者がいるとすれば、ある意味では出来事を「揺する」ことができる。（出来事を「揺する」のと機械の部分を揺することの違いとしてはただ、機械の部分を揺するときの）様々な継起的な現実の位置のかわりに、様々な反事実条件文があるというだけだ。（Lewis 2004, p. 91）[15]

こうした、原因と結果との間の影響関係こそが因果関係の内実である。

影響としての因果関係という発想を明確化すべく、新たな用語法を導入しよう。まず、私たちが「花瓶の破壊が遅れていただろう」と言うときに念頭に置かれている状況では、（現実世界で起こった）花瓶の破壊eは起こっているのだろうか。それはその出来事が様相的に脆いのかどうかによる。もしeが様相的に脆いのであれば、緑が投石しなかった状況ではeそのものは起こっておらず、e

に似た別の出来事が起こっていることになる。あるいは、eが様相的に脆くないのであれば、その状況で起きているのは同じ出来事eの別のヴァージョンであることになる。そのいずれであるかは重要ではない。出来事が脆いかどうかは判断せずにただ次のように**代替**（alternation）という用語を定義してしまおう。[16]

出来事の代替
出来事fの代替とは、fが脆い出来事でないとすれば、fの非常に脆いヴァージョンのことであり、fが脆い出来事であるとすれば、fに似ているかもしれないが同一ではない、代わりの脆い出来事である。[17]

様々なことがある出来事の代替となりうる。本章で何度も壊されてきた、あの不幸な花瓶を考えよう。その花瓶の破壊は現実ではある特定の時点で起こったものとする。すると、その時点付近の別の時点でその花瓶が壊れるというのは、花瓶の破壊という出来事の代替である。あるいは、その花瓶は現実には首のあたりが最も粉々になっているとする。すると、その花瓶の底のあたりが最も粉々になっていることも、花瓶の破壊という出来事の代替である。あるいは、現実では緑が花瓶の首を狙って投げているとしよう。すると、緑が底を狙って投げることも、緑の投石という出来事の代替である。

さて、出来事の代替と反事実条件文を使えば、影響という概念を定義できる。影響は、ある出来事の代替と別の出来事の代替の間に成り立つ、諸々の反事実条件文によって表現される。

影響

出来事 c が出来事 e に影響するのは、c とあまりに離れていない様々な代替 $c_1, c_2, \ldots$、そして、e の代替 $e_1, e_2, \ldots$ があり、

c_1が起きたならば、e_1が起きただろう（$O(c_1) > O(e_1)$）、

c_2が起きたならば、e_2が起きただろう（$O(c_2) > O(e_2)$）、

……

という諸々の反事実条件文が成り立つときであり、そのときに限る。

（ここで $c_1, c_2, \ldots$ は互いに異なり、$e_1, e_2, \ldots$ も互いに異なるとする）

さて、ルイスの第一の分析において、因果的依存関係の鎖で結ばれた出来事が因果関係にあるとされるのと同じように、影響関係の鎖で結ばれた出来事は因果関係にあるとされる。

影響としての因果（分析2）

出来事 c が出来事 e の原因であるのは、影響関係で結ばれた出来事の列 $c, d_1, d_2, \ldots, d_n, e$ がある

（cはd_1に影響し、d_1はd_2に影響し……d_nはeに影響している）ときであり、そのときに限る。

この分析2が第一の因果分析の問題をどのように解決するかを見ていこう（Lewis 2004, pp. 92-93）。様相的に脆い出来事によるアプローチの問題を検討した際、次の反論があったことを思い出そう。緑の投石だけではなく、直子の投石も花瓶の砕け方に影響を与えている。それゆえ、緑の投石も、直子の投石も、結果の出来事に影響を与えているという点では区別できないのではないか。この議論に対して、ルイスは次のように応答している。

> たとえ直子の石が緑の石に重力を及ぼすことによって、〔花瓶が〕砕けることへ微小な違いをもたらしているとしても、なお緑の投石は直子の投石よりずっと多くの違いを結果に与えている。緑の投石なしには起こらなかったであろう代替は、現実の代替とそう変わらないとしても、それは直子の投石がなければ起きたであろう代替よりも、時間やあり様において大きく異なるものでありうる。直子によってもたらされる差異と緑によってもたらされる差異は両方とも、絶対的な基準からすれば小さなものとみなされるかもしれないが、直子による差異は緑による差異と比較すれば、小さいものでありうる。このことは、緑と直子の対称性を破り、直子の投石ではなく、緑の投石が〔花瓶が〕砕けることを引き起こしたのだという、私たちの判断を説明するのに十分だろう。（Lewis 2004, pp. 89-90. 人名は適宜変更している。）

緑の投石mで起こる花瓶の破壊と、直子の投石nで起こるであろう花瓶の破壊がたとえ酷似しているとしても、mとnには次の違いが見いだされる。nとあまりに離れていない様々な代替を考えよう。たとえば、緑が投げる石の大きさの異なる代替 $m_1, m_2, \ldots$ によっては、花瓶の壊れ方が変わってくるだろう。花瓶の破壊eの代替 $e_1, e_2, \ldots$ があり、$O(m_2) > O(e_1)$、$O(m_2) > O(e_2) \ldots$ となるような、花瓶の破壊eの代替 $e_1, e_2, \ldots$ があるだろう。その一方で、直子の投げる石の大きさがどうであろうと、花瓶の壊れ方にはそう影響しない。そのため、$O(n_1) > O(e_1)$、$O(n_2) > O(e_2) \ldots$ となるような、直子の投石の代替 $n_1, n_2, \ldots$ はないだろう。このため、緑の投石mが花瓶の破壊eに影響する一方で、直子の投石nはeに影響しないか、するとしても緑の投石の影響に比べれば些細な影響しかしないのである。

打ち負かしの事例は次のように扱うことができる（Lewis 2004, p. 93）。少佐の命令sを「突撃！」という代替 s_1 から「撤退！」という代替 s_2 に変更すると、伍長の決断は突撃の決断 e_1 から撤退の決断 e_2 に変わるだろう（$O(s_1) > O(e_1)$ かつ $O(s_2) > O(e_2)$）。だが、軍曹の命令mについて「突撃！」という代替 m_1 から「撤退！」という代替 m_2 に変更したとしても、伍長の決断は突撃の決断 e_1 から撤退の決断 e_2 に変わらないだろう。したがって、sがeの原因である一方で、mはeの原因ではないことになる。

*

因果とは何か。簡単に言えば、「もし原因が起こらなければ結果も起こらなかっただろう」という反事実的依存関係や、「もし原因が違っていたとしたら、結果も違っていただろう」という影響関係の連鎖で結ばれていることが因果の内実だ。サラエボ事件、すなわちフランツ・フェルディナント暗殺は、第一次世界大戦の原因だ。暗殺事件が起きなければ、オーストリア＝ハンガリー帝国はセルビアに宣戦布告しなかっただろうし、その宣戦布告がなければ、第一次世界大戦は起きなかったであろうから。先取りの事例に代表される問題にもかかわらず、ルイスの因果分析はエレガントで、因果分析の第一近似としては極めて魅力的である。

この第3章までは、可能性や反事実条件文、因果といった理論哲学におけるルイス哲学の主部を見てきた。そろそろ、可能世界論の上に構築された、ルイス哲学の巨大なプログラム、楽園の一端が見えてきただろう。残りの二章ではそれぞれ、フィクションと知識についてのルイスの分析を見ていこう。楽園のさらなる領域が視界に入ってくる。

第4章
フィクション

芸術であれ、暇潰しの消費物であれ、小説や詩、舞台や映画といった、何かしらのフィクション作品に誰もが触れるだろう。作品について思いを巡らすとき、その作品の世界で何が起こるのかを思わざるをえない。描かれた人物の境遇に涙することがあるように、その想像はときとして現実と同じように迫ってくるものだ。むろんドン・キホーテでない限りは、フィクションで成り立つことは現実で成り立つこととは、はっきりと区別できよう。フィクション内の真理と現実の真理とは別物だ。しかし、そもそもフィクション内の真理とは何か。

フィクション内の真理と言っても、作品に含まれる、現実に真なる命題のことを言っているのではない。『高慢と偏見』の冒頭ではこう言われている。

> 相当の財産をもっている独身の男なら、きっと奥さんを欲しがっているにちがいないということは、世界のどこへ行っても通る真理である。[1]

たとえこの陳腐な文句が現実に真であるとしても、それは本章で扱う意味での「フィクション内の真理」ではない。フィクション内の真理とはむしろ、『文鳥』で文鳥が死ぬこと、『こわれがめ』で甕《かめ》を割ったのはアダムであること、『午後の曳航』で汽笛が鳴り渡ること、『白痴』ではロゴージンとムイシュキンがペテルブルク行きの列車の中で出会うこと、こういった意味での、「作品の世界で成り立っている」という比喩でしばしば語られるもののことだ。これら様々なフィクション内の真理に共通することは何か。この問いに答えるのは難しい。フィクションで成り立つことが必ずしも作品に明示的に書かれているとは限らないからだ。（もしフィクション内の真理が明示的に書かれていることに尽きるとすれば、文学作品の読解でみなが満点を取れないというのは実に奇妙だと言わざるをえない！）むろん誰であれ、具体的な作品で何が真であるのかはある程度わかるはずだ。だが、具体的な因果関係を知っていても因果とは何かがわからないように、フィクション内の真理とは何なのかという問いに答えるのは難しいのである。

フィクション内の真理の分析でも、ルイスは可能世界論と反事実条件文のテクニックを駆使する。いくつかの作品を題材に採りながら、ルイスの鮮やかな分析を見ていこう。

1　書かれていないが真であること

私たちがフィクションを読むとき、そのフィクションで成り立っていると思っていることは、ただそこに文字通り書かれていることに尽きない。手始めに、梶井基次郎の『檸檬』を題材にして、

「作品に明示的に書かれていること」と、「書かれてはいないけれども真であること」との間にどのような違いがあるかを考えてみよう。鬱屈した生活を送る「私」はある日、果物屋で檸檬をひとつだけ買って長い間ふらついたあと、幸福な感情に満たされたまま、ふと丸善にずかずか入って行った。なぜこれが『檸檬』において真であるのかと問われれば、『檸檬』に明示的にそう書いてあるから、と答えられよう。

私はもう往来を軽やかな昂奮に弾んで、一種誇りかな気持さえ感じながら、美的装束をして街を闊歩した詩人のことなど思い浮かべては歩いていた。汚れた手拭の上へ載せてみたりマントの上へあてがってみたりして色の反映を量ったり、またこんなことを思ったり、

――つまりはこの重さなんだな。――

その重さこそ常づね尋ねあぐんでいたもので、疑いもなくこの重さはすべての善いものすべての美しいものを重量に換算して来た重さであるとか、思いあがった諧謔心《かいぎゃくしん》からそんな馬鹿げたことを考えてみたり――なにがさて私は幸福だったのだ。

どこをどう歩いたのだろう、私が最後に立ったのは丸善の前だった。平常あんなに避けていた丸善がその時の私にはやすやすと入れるように思えた。

「今日は一つ入ってみてやろう」そして私はずかずか入って行った。

このように作品に明示的に書かれていることは大して問題にならない。（ただし、語り手が「事実」とは異なることを意図して述べていたり、語り手が「事実」を正確に捉えそこなっていたりするかもしれない。その場合は、あるフィクションに明示的に書かれているからといって、そのフィクションにおいて自動的にそれが真であることにはならない、ということになる。ここではそういう面倒な場合は措く。[2]）

また直接に作品に書かれていないとしても、作品に明示的に書かれていることから論理的に帰結するのであれば、それも大して問題にならないだろう。（ただし、作品に矛盾したことが書かれている場合は別だ。ルイスはそういった場合の取り扱いにも気を配っているがそれも措く。[3]）たとえば、『檸檬』において、「私」が丸善に「入って行った」ことは真である。なぜかと問われれば、『檸檬』には明示的に「私」が丸善に「ずかずか入って行った」と書かれており、また、何かが「ずかずか入って行く」ことは「入って行く」ことを論理的帰結としてもつからだ、と答えられよう。

このように、フィクション内の真理を考える際には、第一に、明示的に書かれていること、第二に、その明示的に書かれていることから論理的に帰結すること、この二つの種類ついては容易に扱える。だが、フィクション内の真理はこれらに尽きるものではない。これら二つの種類に含まれないものを扱うにはどうしたらいいのか。

『檸檬』において「私」が丸善に入って行ったというのが真だというのはよい。それは明示的に書かれていることの論理的帰結だからだ。だが、「私」が丸善に入った後、画集の置いてある棚の前で（少なくとも）一〇冊以上は画集を積み上げたというのはどうだろう。次の箇所を読みながら、明示的に書いてあることからそれが帰結するか考えてみてほしい。

私は画本の棚の前へ行ってみた。画集の重たいのを取り出すのさえ常に増して力が要るな！と思った。しかし私は一冊ずつ抜き出してはみる、そして開けてはみるのだが、克明にはぐってゆく気持はさらに湧いて来ない。しかも呪われたことにはまた次の一冊を引き出して来る。それも同じことだ。それでいて一度バラバラとやってみなくては気が済まないのだ。それ以上は堪《たま》らなくなってそこへ置いてしまう。以前の位置へ戻すことさえできない。私は幾度もそれを繰り返した。とうとうおしまいには日頃から大好きだったアングルの橙色《だいだいいろ》の重い本までなおいっそうの堪えがたさのために置いてしまった。――なんという呪われたことだ。手の筋肉に疲労が残っている。私は憂鬱になってしまって、自分が抜いたまま積み重ねた本の群を眺めていた。

以前にはあんなに私をひきつけた画本がどうしたことだろう。一枚一枚に眼を晒し終わって後、さてあまりに尋常な周囲を見廻すときのあの変にそぐわない気持を、私は以前には好んで味わっていたものであった。（……）

「あ、そうだそうだ」その時私は袂《たもと》の中の檸檬を憶い出した。本の色彩をゴチャゴチャに積みあげて、一度この檸檬で試してみたら。「そうだ」

私にまた先ほどの軽やかな昂奮が帰って来た。私は手当たり次第に積みあげ、また慌《あわ》ただしく潰し、また慌しく築きあげた。新しく引き抜いてつけ加えたり、取り去ったりした。奇怪な幻想的な城が、そのたびに赤くなったり青くなったりした。

　やっとそれはでき上がった。そして軽く跳りあがる心を制しながら、その城壁の頂きに恐る恐る檸檬を据えつけた。そしてそれは上出来だった。

　見わたすと、その檸檬の色彩はガチャガチャした色の階調をひっそりと紡錘形の身体の中へ吸収してしまって、カーンと冴えかえっていた。私は埃っぽい丸善の中の空気が、その檸檬の周囲だけ変に緊張しているような気がした。私はしばらくそれを眺めていた。

『檸檬』のこの箇所を読む限り、一〇冊以上の画集を積み上げていることは明らかに『檸檬』において真だ。一体四冊だけ積まれた画集をどうして城壁と表現できよう！　せいぜい四冊しか画集は積み上げられなかったなどと言う人は、この箇所をまともに読んでいないのだ。それにもかかわらず、このことは『檸檬』に明示的に書いてあるわけではないし、厳密に言えば『檸檬』の本文からの論理的帰結でもない。

　このように、フィクション内の真理は、作品に明示的に書かれていることをある意味で超えている。[4] そうしたフィクション内の真理はどう扱えばいいのか。この問いがフィクション内の真理を考える上では中心的なことがらの一つになってくる。

　解決の鍵は意外なところに転がっている。私たちはときとして「『檸檬』の世界では」といった言い方をする。私は前々段で、「『檸檬』の世界では、画集が一〇冊は積み上げられ、その上に檸檬が据えられたのだ」と言ってもよかったのだ。これ自体は日常的な言葉遣いに含まれるものだろう。だが、「『檸檬』の世界」といった言い方は、これまでの章の読者にとっては示唆的に違いない。フィクションにおいて何が真かということは、（大まかな意味において）その作品で描かれた世界、たとえば『檸檬』で描かれた世界において何が真であるかということの問題だとしよう。すると、可能世界をフィクション内の真理の分析に応用できるのではないか。実際、ルイスの分析は可能世界論を用いるものだ。（もしそうでなければこの章は書かれなかったに違いない！）

2　現実の真理がフィクション内の真理に与える影響

フィクション内の真理を考えるにあたって、私たちは何を分析のターゲットにしているのか。このことをもう少し詳しく考えてみよう。まず、言うまでもないが、フィクション内の真理は、通常の意味での真理（ひとまず「端的な真理」と言っておこう）とは異なる。「私」が丸善にずかずか入って行ったということは、端的に真であるわけではない。『檸檬』は現実に起こったことの報告として書かれているのではない。けれども、『檸檬』においてそのことは真である。したがって、フィクション内の真理の分析のターゲットは、「「私」が丸善にずかずか入って行ったということは（端的に）真である」という文ではなく、「『檸檬』において、「私」が丸善にずかずか入って行ったということは真である」という文である。一般的に言えば、ｆがフィクションであり、Ｐが何らかの文であるとき、分析のターゲットにすべきは、「ｆにおいてＰ」というタイプの文である。このタイプの文が真になるための条件（真理条件）を説明できたとしよう。すると、私たちはフィクション内の真理について理解できたことになろう。

前節で述べたように、一般に「ｆにおいてＰ」中のＰには、ｆに明示的に書かれていること、そして、ｆに明示的に書かれていることから論理的に帰結すること、この二つを超えるものも含まれる。さて、ｆが『特性のない男』や『酔いどれ草の仲買人』といった巨大な作品であるなら、ｆで書かれていることが実際に起こったということはありそうにもない。（一般に、ある文章に別の文章を付け足した新たな文章が真である確率は元の文章が真である確率以下になるからだ。）だが、ｆが短く「リアリティのある」場合は、ｆで書かれていることは現実に起こったことと似ているかもしれない。このことについてはフィクション内の真理を扱う際には多少注意しておかなければならない。

モーパッサンの短編『ジュール叔父』を考えよう。この作品には、ジュール叔父が落ちぶれて牡蠣の殻剥きをしているのを見かけた家族についての、いかにもありそうな話が書かれている。このようなエピソードに近い出来事自体は現実に起こったとしても何ら不思議ではない。ここで実際にそうであったと仮定してみよう。そのとき、『ジュール叔父』に明示的に書かれていること（そして、その論理的帰結）は端的に真である（つまり、それは私たちが「地球は平らではない」というのが真だと言っているのと同様の意味で真である）と思われるかもしれない。「ジュール」と呼ばれる男が落ちぶれて船上で牡蠣剥きをしており、船上で彼を見かけた親戚は、彼を避けようとする。これらの出来事が実際に起こったのだ。だが、モーパッサンがこの現実の出来事に取材したのではなく、まったく自らの想像から『ジュール叔父』を書いたのだとしよう。あくまでもそれが実際の出来事に合致していたのは驚くべき偶然に過ぎない。

このとき、『ジュール叔父』で使われている「ジュール」という固有名詞は、現実に牡蠣剥きをしているジュールを指示すると言えるだろうか。いや、そうではない。（少なくともいまあなたが読んでいる本に出ている限りは）「野上志学」という固有名詞は、たまたま同姓同名である人がいるとしても、その人を指示するのではなく、私を指示するのである。同様に、『ジュール叔父』の中で使用されている「ジュール」という名は、たまたま物語で書かれていることが当てはまっているとしても、その現実のジュールを指示するわけではない。「ジュール叔父さんが牡蠣の殻剥きをしている」という文が真であるのは、「ジュール」が指示する対象に「牡蠣の殻剥きをしている」という述語が当てはまるときに限られる。だが、『ジュール叔父』で使われている「ジュール」は現実世界の内で少なくとも牡蠣の殻剥きをしているような対象を指示対象としてもつことはない[5]。それゆえ、たまたま合致する出来事が起こっていたとしても、『ジュール叔父』が現実世界で真になるわけではない[67]。フィクション内の真理の分析は、この点を反映しなければならない。

このことを踏まえてルイスは、私たちが物語を語る行為というのは、「ふり」をすることであるという点に着目した。

物語を語るということは、ふりをするということである。語り手は、自分が知っていることに関する事実を述べ、又、自分が知っている人について、通常の固有名詞による名指しという典型的手段を用いて、語ろうと目論む。だが、もしその物語がフィクションであるなら、語り手は本当にはこのようなことをしているのではないのである。（PPI, p. 266, 邦訳 p. 167）

フィクションを現実世界において語るときには、それが事実であるふりをしているだけである。実際にフィクションの内容を主張しているわけではない、ということだ。そのため、たとえ現実世界においてて『ジュール叔父』がモーパッサンの意図せざるところで実在の男に関する出来事と合致しているとしても、『ジュール叔父』の「ジュール」がその男を指示するわけではないし、『ジュール叔父』がフィクションでなくなることもない。フィクションを享受しているとき、私たちはそれを現実の出来事の報告として受け取っているのではない。むしろ、「物語の語り手は歴史的な情報を聞き手に伝えるふりをし、聞き手は語り手の言葉から学ぶふりをし、適宜反応するふりをする」（PPI, p. 276）のである。現実世界ではモーパッサンは『ジュール叔父』を事実として語っているわけではなく、「自分が知っていることに関する事実を述べ、また、自分が知っている人について、通常の固有名詞による名指しという典型的手段を用いて、語る」ふりをしているだけである。それゆえ、現実世界では『ジュール叔父』は真でありえない。

だが一方で、フィクションにおいて何が真であるのかを考えるには、それがフィクションとしてではなく、事実として語られる世界を考えなければならない。『ジュール叔父』の例で言えば、私たちの住まう世界、すなわち現実世界では（ドン・キホーテによって語られるものでもない限り、あるいは『ジュール叔父』がノンフィクションだと勘違いされているのでない限り）『ジュール叔父』はフィクションとして語られているのであって、モーパッサンの知っていた事実の記述として語られているわけではない。現実世界では、たまたま『ジュール叔父』で語られるような出来事が「ジュール」と呼ばれる男に起こっていたとしても、『ジュール叔父』で使われている名前「ジュール」はその男のことを指示するわけではない。しかし、『ジュール叔父』が事実として語られている世界ではどうだろう。モーパッサンが（ジャーナリストとしてはいささか過剰な文才でもって）ノンフィクションとして書いた、つまり彼の知る事実を書いたのだとしたらどうだろう。[8] そのような可能世界においては、「ジュール」はジュール叔父を指示するだろうし、『ジュール叔父』で語られることが真になるだろう。なぜなら、そういった世界でモーパッサンが使う「ジュール」は殻剥きのできる生身の人物を指示する名前として、すなわち、ふだん私たちがお互いを指示するために使う名前と同じように使われているからである。

私たちが考察すべき世界は、フィクションとしてよりむしろ、知られた事実として物語が語られるような諸世界である。そのような世界では、物語るという行為は私たちの世界で起こるのとちょうど同じように起こる。だが、そのような世界では、その物語り行為は、［…］語り手が知っている諸々のことがらについて真理を語ることである。（PPI, p. 266, 邦訳 p. 168）[9]

このような、物語の語り手が自らの知ることを語る世界が、ルイスの分析で中心的な役割を果たすことになる可能世界である。（「fを語る語り手が自らの知っていることについて語っている世界」を「物語fが知られた事実として語られている世界」あるいはさらに短く「fが事実として語られている世界」と省略する。）

さて、どうすればこの可能世界を使って「fにおいてP」を分析できるだろうか。簡単に思いつくのは、「fにおいてP」が真であるのは、fが知られた事実として語られるようなすべての世界においてPが真であるということなのだ、というものだろう。「『檸檬』においてP」が成り立つかどうかを考えるのであればまず、『檸檬』が知られた事実として語られている可能世界をすべて取ってきて、それらの可能世界のいずれにおいてもPであるかどうかを調べればよい。同様に、「『ジュール叔父』においてQ」かどうかを考えるなら、『ジュール叔父』が事実として語られるすべての可能世界においてQであるかどうか見ればよい、というわけだ。この分析では、『ジュール叔父』において「ジュール」がジュールを指示していることは真になる。なぜなら、『ジュール叔父』が事実として語られている世界では、その事実についての報告たる『ジュール叔父』に出てくる「ジュール」という語は当然、ジュールを指示するものとして使われているだろうからだ。そしてさらに、たまたま似たようなことが起こっていようと、モーパッサンが実際にそのような出来事に取材して『ジュール叔父』を書いたのではない限り、『ジュール叔父』における真理を考える際には現実世界のことはひとまず措く、ということがこの分析には反映される。なぜなら、現実世界では、モーパッサンは『ジュール叔父』を事実として語っているのではないからである。この分析では、現実世界でＰでないからといって、ｆにおいてＰではないことになることはない。

　ここまでを整理してみよう。一般に「ｆにおいてＰ」を考えるにあたって参照すべき世界は、ｆが知られた事実として語られている世界だとしよう。そして、Ｐがそのような世界のすべてで成り立っていることが、「ｆにおいてＰ」が成り立つための必要十分条件であるとしてみよう。このときたしかに、第一に、Ｐがｆに明示的に書かれているときは、「ｆにおいてＰ」が成り立ち、第二に、Ｐがｆに明示的に書かれていることの論理的帰結であるときにも「ｆにおいてＰ」が成り立つ。ある世界でＰが知られている事実として語られているならば、その世界ではＰなのだから、第一の点は自明だ。第二の点も容易にわかる。世界ｗにおいて、ｆが事実として語られているとしよう。ｆに明示的に語られているＱから、Ｐが論理的に帰結する場合、ｗにおいてＱは真だから、ｗにおいてＰも真である。（一般に、ＡからＢが論理的に帰結するとき、Ａが世界ｗで真ならば、Ｂもｗで真である。）またこの分析では、現実世界においてＰでないからといって、「ｆにおいてＰ」が偽になることもない。

だが、これだけでフィクション内の真理のすべてをカバーできるわけではない。なぜなら、フィクションにおいて何が真なのかを考える際に、私たちは様々なことを読み込んでいるからだ。たとえば、『檸檬』を読むとき私たちは檸檬がたんなる果物であって爆発物ではない、ということを読み込むに違いない。丸善で画集を積み上げた頂に「私」は檸檬を据え、店を出て空想に浸る。

不意に第二のアイディアが起こった。その奇妙なたくらみはむしろ私をぎょっとさせた。
――それをそのままにしておいて私は、なに喰わぬ顔をして外へ出る。――
変にくすぐったい気持が街の上の私を微笑ませた。丸善の棚へ黄金色に輝く恐ろしい爆弾を仕掛けて来た奇怪な悪漢が私で、もう十分後にはあの丸善が美術の棚を中心として大爆発をするのだったらどんなにおもしろいだろう。私はこの想像を熱心に追求した。「そうしたらあの気詰まりな丸善も粉葉みじんだろう」

これはあくまで「私」の想像である。「私」もそのようなことはわかっている。『檸檬』において丸善が「粉葉みじん」になったと思う人などいない。当然、檸檬が爆発しなかったことは『檸檬』においてであるはずだ。しかしながら、「fにおいてP」を、「fが事実として語られているすべての世界において真でP」として分析してしまうと、この至極当然な点が反映されない。というのも、「檸檬が爆発しなかった」ということは『檸檬』が事実として語られるすべての世界において真あるわけではないからだ。どこかの遠い可能世界では、檸檬は爆発物であるにもかかわらず平然と八百屋に置いてあるかもしれない。その世界では、「檸檬が爆発しなかった」は偽である。だが、そのように現実世界からかけ離れた可能世界は、『檸檬』において何が真であるか考える際にはどうでもいい。

この発想が反事実条件文の分析に似ていることに気づいたことだろう。第2章において、反事実条件文P>Qと厳密条件文P⥽Qについて説明した。復習しておこう。反事実条件文P>Qが真であるのは、PでありかつQであるようなある世界（P&Q世界）が、すべてのPであり、Qでない世界（P&~Q世界）よりも現実世界に近いときである。（第2章第2節の分析3参照。）厳密条件文P⥽Qが真であるのは、Pが真であるすべての世界においてQが真であるときである。乾いたマッチを持っているときに、「マッチを擦れば、火が着くだろう」（M>F）と言うとしよう。このとき、厳密条件文M⥽Fが偽である一方、反事実条件文M>Fは真である。たとえ現実世界から離れた可能世界（マッチが湿っているような世界）でマッチを擦っても火が着かないとしても、依然としてM>Fは真である。このように、反事実条件文の真偽はおおよそ、現実世界に近い世界がどうなっているかによる。フィクション内の真理も同様に、ある意味では現実世界と近い世界がどうなっているかによるのだ。檸檬が爆発するような世界はお呼びでない！

この事情を反映し、反事実条件文を使ってフィクション内の真理を分析してみよう。ルイスの分析1によれば、「fにおいてP」が真であるのは、「fが知られた事実として語られているならば、

Pだろう」という反事実条件文が真であるということにほかならない。反事実条件文の分析3を適用すれば、これは次のようになる[10]。

分析1

「物語fにおいてP」が真であるのは、fが知られた事実として語られ、かつPが真であるようなある世界が、fが事実として語られていながらPが真でないようなどんな世界よりも、全

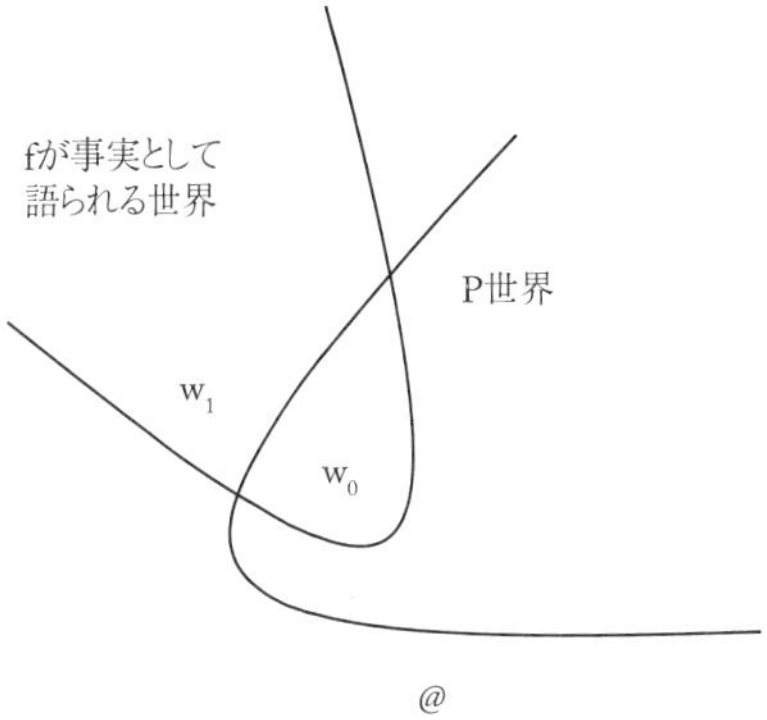

図1　分析1。@は現実世界を表す。w_0は「fが事実として語られ、かつPが真である」世界、w_1は「fが事実として語られ、かつPが真でない」世界である。分析1に従えば、「fにおいてP」が（トリヴィアルでなく）真であるのは、w_0のような世界とw_1のような世界を比べて、前者の方が現実世界に近いときである。このように可能世界が配置されている場合、「fにおいてP」は真である。

体的に見て、現実世界とより類似しているときであり、そのときに限る。（ただし、fが事実として語られるような世界が存在しないときは「fにおいてP」はトリヴィアルに真であるとする。）

3　人々の信念がフィクション内の真理に与える影響

フィクション内の真理を反事実条件文を用いて分析するという発想は基本的にこの分析1によって表現されている。だが、この分析1にも問題がないわけではない。現実世界で真であるものの、誰にも知られていないことを考えよう。たとえば、現在私の部屋にある本の総数が奇数である（O）としよう。もし分析1が正しいのならば、『檸檬』において、Oは真になってしまうだろう。（なぜなら、『檸檬』が事実として語られる世界のうち、Oが成り立つ世界の方が、Oが成り立たない世界よりも現実世界に近いだろうから。）だが、これは正しいとは思われない。私の部屋は『檸檬』に遠回しであれ言及される栄光に浴してはいないし、私の本の数と『檸檬』で語られていることとはまったく無関係だからである。このように、私の部屋の本の数の偶奇のような偶然事はまったく問題ではない。しかし同時に、檸檬が爆発物ではないという偶然事は『檸檬』で何が真かを考える際にかかわってくる。この差はどこにあるのか。それは、人々は私の部屋については何事も信じていないが、檸檬が爆発物ではないことは人々の信じるところであったという点にある。人々の信念がフィクションに読み込まれなければならないのであって、些細なことがらはたとえそれが事実であってても読み込まれなくともよい。

さて、人々の信念がフィクションの真理にかかわるとしても、どの人々なのか。必ずしも現代の人々ではないだろう。現代の人々がみな、私の部屋の本の総数が奇数であることを報道で知ってしまったとしよう。（こんな私以外には実にどうでもいいことを取材するほど暇を持て余したジャーナリストがいるとしてだが。）このときですら、Oは『檸檬』で真になるまい。むしろ、梶井が『檸檬』を執筆した当時に人々が何を信じていたのかが重要なのだと思われよう。

私たちが古典を読む際には、当時の人々の習慣や信念などの文化的背景を知っている必要があることを考えてみよう。そうした背景の理解が、フィクションの読解には欠かせない。たとえば、平安時代の人々が信じていたことを知ることなしには、『源氏物語』はほとんど理解できない。平安時代の貴族が当時の婚姻制度について何を信じていたのかを知ることなしには、『源氏物語』において紫の上が光源氏との関係においてどういう境遇におかれたのかを理解できないだろうし、それゆえ、紫の上を中心とした一連の挿話の構造を理解できないだろう。[11] フィクション内の真理にかかわる信念とは、現在の読者である私たちの信念ではなく、そのフィクションが創造された当時の信念であると思われる。

当時の信念がフィクションの理解において重要であることは、当時の信念が実際のところは偽であることが後になってわかった場合を考えるときに最もよく理解される。メルヴィルの『白鯨』には、モービー・ディックという巨大な白いマッコウクジラ（*Physeter macrocephalus*）が登場する。物語の主要人物のひとりであるエイハブは捕鯨船ピークォド号の船長であり、以前自分の足を食い千切ったモービー・ディックへの復讐にとりつかれ、洋上のモービー・ディックを執拗に追跡する。そして、モービー・ディックとの死闘の末、エイハブは海に引きずり込まれ、ピークォド号も海の藻屑と化して『白鯨』は終わる。この『白鯨』ではマッコウクジラは世界最大のクジラの種として扱われている。ここで仮に、マッコウクジラが世界最大のクジラとして『白鯨』に明示的に書かれていない（し、論理的にそれを含意することも明示的に書かれていない）としよう[12]。実際に後になってわかったところでは、世界最大のクジラはマッコウクジラではなく、シロナガスクジラ（*Balaenoptera musculus*）である。したがって、実際は世界の海にはメルヴィルの『白鯨』執筆当時も今と変わらずモービー・ディックよりも大きなシロナガスクジラが悠然と泳いでいたわけである。この事実を私たちが信じているとしても『白鯨』に読み込むべきなのだろうか。そうではない。マッコウクジラが世界最大のクジラの一種でないということは、『白鯨』におけるモービー・ディックの象徴性を台無しにしてしまうだろう。『白鯨』をまともに読むならば、マッコウクジラは「世界最大の住民」でなければならないし、「凶暴なること鯨類随一にして、容貌の荘厳なること他を凌駕」しているのでなければならない[13]。仮に『白鯨』に明示的に書かれていないとしても、このような読み方が正当化できる理由は、メルヴィルをふくめて当時の人々が、マッコウクジラを世界最大の生物と信じていたことに求められよう。

では、作品の執筆当時に人々が信じていたことは、なるべく背景として読み込まなければならないのかというと、そういうわけでもない。[14] たとえば、異端審問の吹き荒れる時代に、人々は密かに無神論を心のうちにもっていたとしよう。人々は、神は存在しないと信じていながら、異端審問を恐れてその信念を誰にも公言することはなかった。さて、その時代のある劇作家が聖史劇『ラザロの蘇生』を書いたとしよう。劇作家は無神論者だが、その時代の皆と同じように、神が存在すると自らが信じられるなら幸福だろうと思っている。（実際は、劇作家は知らないものの、その皆も無神論者であるのだが。）そして、有神論へのあこがれは無神論者の彼に聖史劇『ラザロの蘇生』を書かせる。無神論者であるから実際には、彼はその『ラザロの蘇生』で描かれることが現実の出来事だと信じてはいない。『ラザロの蘇生』は聖史劇らしく、奇跡の起こる世界を描いているように見える。ただし、芸術上の制約から、その聖史劇では死んだとされている人が蘇るといった奇跡が起こるように見えるけれども、神が存在するとは書かれていないし、神が存在することを論理的帰結としてもつことも書かれていないとしよう。（それゆえ、無神論は『ラザロの蘇生』と論理的に整合的である。）そして、その聖史劇では、イエスがラザロを「蘇らせる」という、次のような場面が出てくるとしよう。[15]

イエスは大きな声で言う——
ラザロよ、私の呼びかけに出てきなさい。

わたしの父の永遠なる愛が注がれたのです。
（…）
彼の包帯をすべてほどいてあげなさい、そして彼を行かせるのです。
暗く閉ざされたそれぞれの精神が少しずつ開いていきます。
マルタとマリアよ、ともに喜びなさい、
そしてあなたたちのラザロの包帯をほどき、外してあげるのです。
包帯をほどかれ顔が露わになったとき、ラザロはイエスに言う——
主よ、わたしはあなたに感謝をし、賛歌を贈ります。
あなたの神への服従という美徳のおかげで、
精神力と活力が、肉体と魂とともに戻ったのです。

『ラザロの蘇生』は聖史劇として書かれているのだから、『ラザロの蘇生』において無神論が真であることはありそうにもない。（当時みなが無神論を奉じていると知った異端審問官が、「『ラザロの蘇生』においては無神論が真になる。そのような作品を書いたお前は異端だ」と言って劇作家を火にくべるのは馬鹿げている。劇作家が無神論者であるということと、『ラザロの蘇生』は無神論の劇であることとは別のことである。）もし『ラザロの蘇生』において無神論が真ならば、ラザロは仮死状態だっただけで、たまたまイエスが呼びかけたときに目を覚ましたのだ、ということがおそらく真になろう。だが明らかに、

『ラザロの蘇生』の理解としては、そのようなことが真であると言うのは誤りだろう。したがって、たんに人々の信念が作品に明示的に書かれていることと矛盾しないからといって、何であれ作品に読み込んでしまうのではまずいことになる。

さて、ルイスによれば、作品に読み込まれるべきなのは、たんに人々が共有しているだけではなく、その信念が共有されているということを皆が信じているような信念でなければならない。ルイスはそのような信念を**公然の信念**（overt belief）と呼ぶ。

> ある信念が多かれ少なかれすべての人により共有されており、またそのように共有されていることが多かれ少なかれすべての人に了解されている、等々の場合に、その信念は公然なものであると言うことにしよう。これらのことから、適切な背景とは、フィクションが創られた当時の共同体の中で公然の諸信念から成るものであると結論することができる。（PPI, p. 272, 邦訳 p. 175）

Pをおおよその人々が信じており、Pをおおよその人々が信じているとおおよその人々は信じていて、さらにPをおおよその人々は信じているとおおよその人々は信じているとおおよその人々は信じていて……ということが成り立つとき、Pは公然の信念である。[16] 聖史劇の例で言えば、無神論は公然の信念ではない。なぜなら、この時代では、すべての人々は無神論を信じているものの、人々が自らの無神論を公言しないがゆえに、むしろほかの人々は無神論ではなく有神論を信じていると人々は信じているからである。このように、たんにすべての人々がもっている信念と、公然の信念は区別しなければならない。そして、公然の信念こそ、作品に読み込まれるべきものではないか。

　作品の背景として読み込まれるのは、現実に起こっていることでもなく、作品の執筆当時に人々がたんに共有している信念でもなく、公然の信念である。公然の信念が真であるような諸世界を、ルイスは**共同信念世界**（collective belief world）と呼ぶ。フィクション作品においては、可能な限りその作品が創造された当時の公然信念が成り立っている。「可能な限り」と言ったのは、フィクションが事実として語られるためには、公然の信念に対して必要な変更をほどこさなければならないことがあるからだ。公然の信念が必ずフィクションで真になるわけではない。現代で幽霊の話や創造論に基づいた話を書いたとしても、幽霊が存在しないことや、人間は神によって創造されたのではないことがそのフィクションで真になるわけではない。（幽霊の非存在や進化論が現代で公然の信念であるというのは過度の理想化なのかもしれないが！）さて、すべての共同信念世界において、「もしｆが事実として語られているならば、Ｐ」という反事実条件文が成り立つとしよう。そのときに「ｆにおいてＰ」は真になるというのがルイスの分析2だ。ここでは、現実世界ではなく、共同信念世界における反事実条件文の真偽が問題になっていることに注意しよう。すると、反事実条件文の分析を踏まえれば、次のようになる。[17]

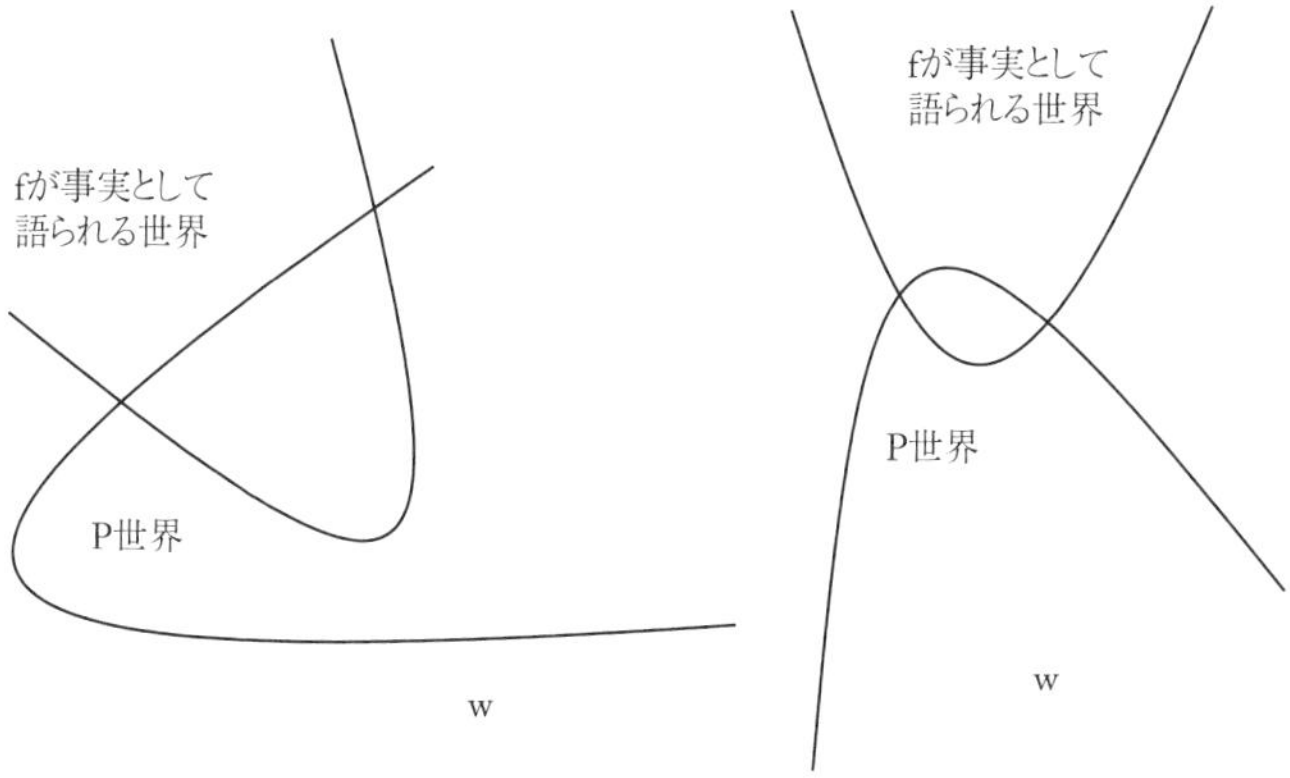

図2　分析2。分析2によれば、すべての共同信念世界wについて、「fが事実として語られ、かつPが真である」世界が「fが事実として語られ、かつPが真でない」世界よりwに近ければ、「fにおいてP」は真になる。現実世界ではなく、多くの共同信念世界の周辺の可能世界の配置が問題となる。

分析2
「fにおいてP」が真であるのは、すべての世界wについて、wがfの語られた当時の共同体の共同信念世界の一つであるとき、fが事実として語られPが真である世界が、fが事実として語られPが偽であるようなどのような世界よりも、全体として、世界wに類似しているときであり、そのときに限る。(ただし、fが事実として語られるような世界が存在しないときは、「fにおいてP」はトリヴィアルに真であるとする。)

要するに、fのすべての共同信念世界において、「fが事実として語られていたとしたら、Pだっただろう」ということが成り立っていれば、fにおいてPである。分析2がどのように働くかを見てみよう。

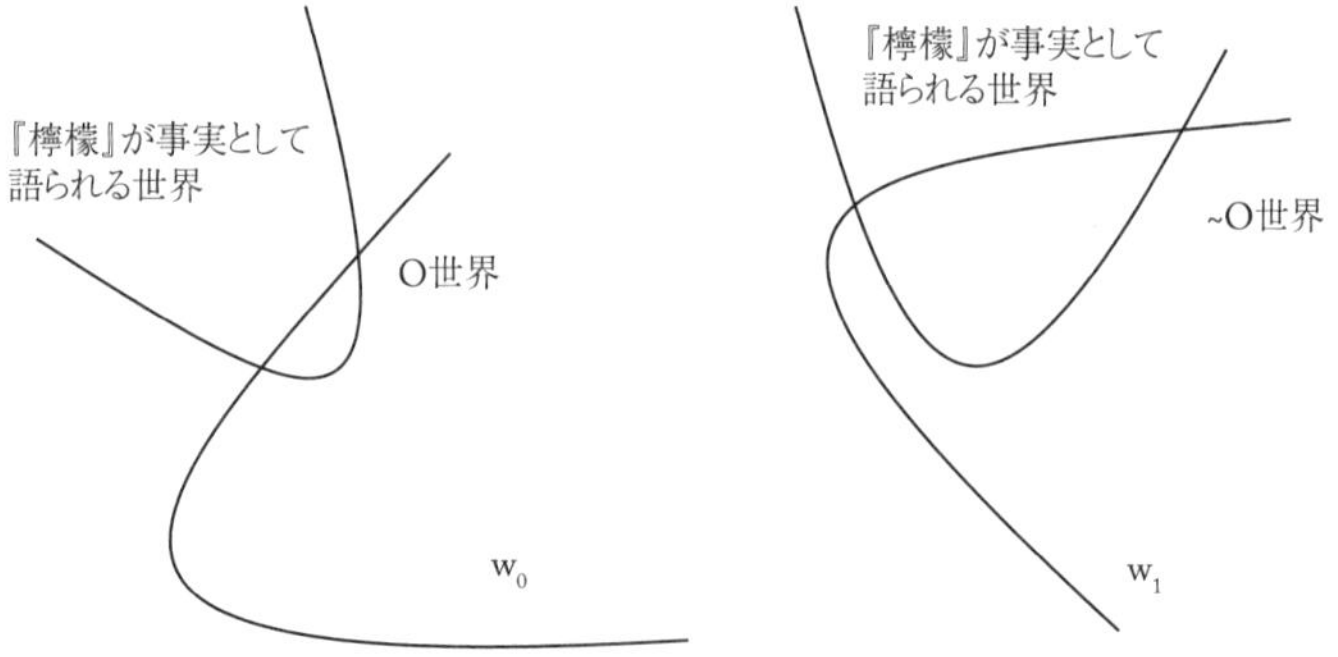

図３　共同信念世界が左の w_0 のような世界ばかりであるならば、すべての共同信念世界において「『檸檬』が事実として語られているならば、O である」が真になるであろうから、分析２より、『檸檬』において O が真になる。しかし、右のような w_1 では、「『檸檬』が事実として語られているならば、O である」にならない。したがって、『檸檬』において O は真にならない。（同様の理由で、『檸檬』において ~O が真になることはない。）

第一の例として、「『檸檬』において檸檬は爆発しなかった」が真になることを確かめよう。檸檬が爆発しないことは、梶井が『檸檬』を書いた当時の公然の信念であっただろう。それゆえ、それは当時の共同体の共同信念世界のすべてで真である。すべての共同信念世界で、「『檸檬』が事実として語られているならば、置かれた檸檬は爆発しなかっただろう」という反事実条件文が真になっていればよい。この条件はおそらく満たされるだろう。なぜなら、『檸檬』が事実として語られているが、檸檬が爆発することはない世界の方が、『檸檬』が事実として語られており、檸檬が爆発する世界より、その共同信念世界に似ているであろうから。

　第二の例として、現代の私の部屋の本の数が奇数であること（O）が、『檸檬』において真にならないことを確認しよう。共同信念世界のうち、Oが真になっている世界 w_0 を考えよう。w_0 では、「『檸檬』が事実として語られているならば、Oである」という反事実条件文が成り立ってしまう。だが、w_0のような世界が存在するというだけでは、『檸檬』においてOは真にならない。なぜなら、そのためには、「『檸檬』が事実として語られているならば、Oである」がすべての共同信念世界で真となっていなければならないからである。Oが偽であるような共同信念世界w_1では、その反事実条件文は偽になるだろう。

4　フィクション間の相互作用

分析2では反映しきれない論点について少し述べておこう。たんに共有されている信念ではなく、公然の信念を用いる必要があることを示唆するために、私は聖史劇の例を用いた。分析2ではたしかに、『ラザロの蘇生』で無神論が真になるというまずい帰結を避けられる。だが、『ラザロの蘇生』で有神論が真になるという、好ましい帰結を分析2はもつだろうか。(一般に、あるフィクションfにおいてPが真にならないからといって、fにおいて~Pが真になるわけではないことに注意してほしい。)

おそらく、そうはならないだろう。分析2で考えねばならないのは、「『ラザロの蘇生』の語られた当時の共同体の共同信念世界」である任意の世界wだ。そのような世界wのどれもが「『ラザロの蘇生』が事実として語られPが真である世界が、『ラザロの蘇生』が事実として語られPが偽であるようなどのような世界よりも、全体としてwに類似している」という条件を満たしているときに限って、「『ラザロの蘇生』においてP」は真になる。つまり、そのようなすべてのwにおいて「『ラザロの蘇生』が事実として語られるならば、Pであるだろう」という反事実条件文が真になるときに限って、「『ラザロの蘇生』においてP」は真になる。だが、Pに有神論を入れた場合、そのような条件が満たされることはありそうにもない。

このことは次の二つの点を考えればわかる。第一の点として、（公然の信念の中には、有神論も無神論も入っていないので）共同信念世界のうちには、無神論が真である世界も有神論が真である世界もあろう（神の存在は定義上必然的だという議論は措く）。そして、第二の点として、（これは有神論者も無神論者も認めるだろうが）世界に神がいるかどうかは、控えめに言って世界の重要な特徴だろう。すなわち、二つの世界間の類似性の比較では、神がいるかいないかが非常に重要な要素として考慮されるだろう。第一の点から、共同信念世界の中には無神論の世界（仮に $w_{\tilde{G}}$ と呼んでおく）が存在する。そして、第二の点から、『ラザロの蘇生』が事実として語られている世界のうち $w_{\tilde{G}}$ に近い世界というのは、（ラザロは仮死状態だっただけで、たまたまイエスが呼びかけたときに目を覚ましたというような）無神論の世界であろう。したがって、分析2に従えば、『ラザロの蘇生』において有神論が真になることはない。

この問題を解決するには、ルイスが「フィクション間の相互作用」とする事例を考えてみる必要

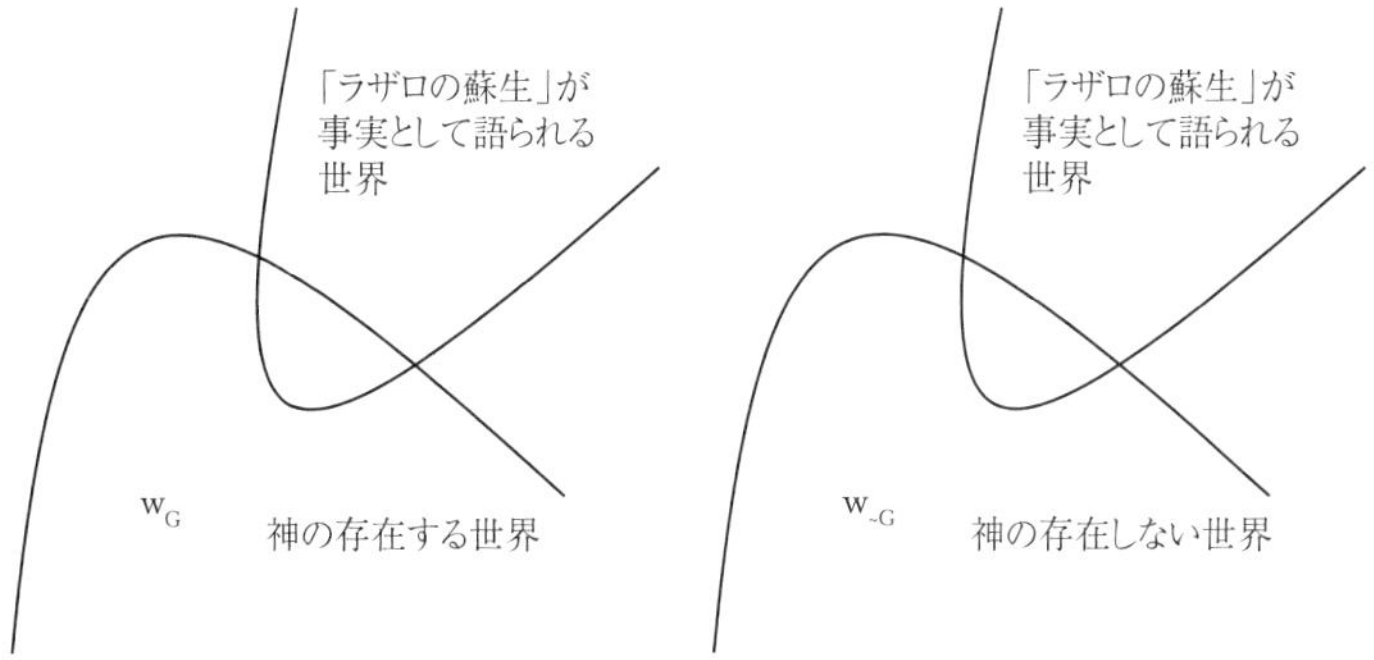

図４　『ラザロの蘇生』と無神論の図。w_G も $w_{\sim G}$ も『ラザロの蘇生』の共同信念世界であるが、w_G では有神論が真であり、$w_{\sim G}$ では無神論が真である。『ラザロの蘇生』において有神論が真になるためには、w_G においてだけではなく、$w_{\sim G}$ おいても「『ラザロの蘇生』が事実として語られるならば、神が存在するだろう」という反事実条件文が真にならなければならない。しかし、世界間の類似性において神の有無が重要なファクターとして作用するなら、$w_{\sim G}$ の周辺の世界は右側の図のようになっており、したがって、この反事実条件文は偽になってしまう。したがって、$w_{\sim G}$ があるために、『ラザロの蘇生』において有神論が真になることはない。（だがまた、『ラザロの蘇生』で無神論が真になることもない。）

がある。次のような事例を考えよう。

私が、スクラルシュという名のドラゴンと、美しいお姫様と、勇敢な騎士等々が出てくる話を書いたとしよう。このような話は、スタイルの決まったおとぎ話の完全な典型例である。ただ私は、スクラルシュが火を吹くとは一切書いてはいない。スクラルシュは私の物語の中で火を吹くのだろうか？（PPI, p. 274, 邦訳 p. 176）

この物語ではスクラルシュが火を吹くとは明示的に書かれておらず、また火を吹く動物がいることは現実に偽であり、そして、そのような動物がいないことは公然の信念だろう。それゆえ、分析1や分析2によれば、スクラルシュが物語の中で火を吹くことはないだろう。そのためルイスは、「スクラルシュが私の物語の中で火を吹くのだとするなら、それはほかの物語に出てくるドラゴンに関する真理がフィクション間で影響し合っている」と述べる（PPI, p.274, 邦訳 p.176）。つまり、この物語は典型的なおとぎ話であり、ほかのおとぎ話ではドラゴンは火を吹くということが真なのだから、その影響によって、この物語に明示的に書かれていなくとも、ドラゴンが火を吹くことは真になり、スクラルシュが火を吹くことも真になりうるのである。

『ラザロの蘇生』において有神論が真になるのか否かについても、同様の仕方で考えられる。『ラザロの蘇生』は典型的な聖史劇である。聖史劇はとりわけ、『聖書』という比較的よく知られた作品に取材しており、『聖書』には神が存在すると明示的に書かれている。したがって、『聖書』において有神論が真であることが、『ラザロの蘇生』における真理に影響を与えるがゆえに、『ラザロの蘇生』においても、有神論が真になると考えられるのだ。[18]

＊

本章では、フィクション内の真理に関するルイスの分析を様々な例を挙げながら紹介してきた。ルイスの分析はまず、フィクション内の真理の分析を「フィクションｆにおいてＰ」の分析とみなす。そして、「ｆにおいてＰ」の分析には、ｆが事実として語られている世界を用いる。フィクションに明示的に書かれていることやその論理的帰結以外にもフィクションにおいて真になることがある。そのため、「fにおいてP」が成り立つかどうか考えるには、現実に成り立っている（と人々が信じている）ことを何らかの仕方でfに読み込まなければならない。いずれにせよ、あるフィクション内の真理について考える際には、そのフィクションを事実として語りうることが前提とされなければならない。そして現実の私たちの物語を語る行為と物語を聞くという行為が、「物語の語り手は歴史的な情報を聞き手に伝えるふりをし、聞き手は語り手の言葉から学ぶふりをし、適宜反応するふり」をしているものとして理解されうるのでなければならない。

だが、すべてのフィクションが、そもそもそれを事実として語ることが理解可能であるような形式を備えているとは限らない。モダニズム小説、とくにいわゆる「意識の流れ」を用いた作品を思えば、そのような疑念は自然と浮かんでくる。ヴァージニア・ウルフの『ダロウェイ夫人』において、副主人公たるセプティマスが導入される箇所を考えてみよう。

> セプティマス・ウォレン・スミスは、年のころ三十、顔が青白く、鼻が鳥のくちばしの形をした男だった。茶色の靴に、みすぼらしい外套。その薄茶色の眼には、彼をまったく知らない他人をさえ不安にさせるものがたたえられていた。世界は鞭を振り上げた。それはどこに振り下ろされようとしているのか？[19]
>
> Septimus Warren Smith, aged about thirty, pale-faced, beak-nosed, wearing brown shoes and a shabby overcoat, with hazel eyes which had that look of apprehension in them which makes complete strangers

apprehensive too. The world has raised its whip; where will it descend?

最初の、セプティマスの年齢や容姿についての、三人称的な記述の箇所についてはたしかに、それが事実として語られているとの想定は理解できよう。しかし、「世界は鞭を振り上げた。それはどこに振り下ろされようとしているのか？」は三人称的な事実の語りではまったくない。それはせいぜいセプティマスの意識をそのまま写し取ったものとしてしか理解できまい。さらには、三人称的な記述からセプティマスの意識へという語りの手の転換はそもそも事実の語りには含まれえない、とも考えられよう。[20]

このような記述を含むフィクション内の真理を考えるにあたっては、語り手が「歴史的な情報を聞き手に伝えるふり」をしているとは想定できず、それゆえルイスの分析は適用できない。もしウルフ（あるいはウルフの朗読者）が『ダロウェイ夫人』のこの箇所を歴史的な情報を伝えるふりをしているものとして理解できないにもかかわらず、私たちがこの箇所を理解できるとすれば、フィクションの享受にはルイスの分析では救えない何かがあることになる。

語り手の転換という問題はウルフのようなモダニズム小説に固有の問題であり、フィクション内の真理をルイス流にとらえるにあたって一般的な障壁となるものではない、と思われるかもしれない。だが、日本文学に親しむ私たちがフィクション内の真理を考える際にはとりわけ、語り手の転換は深刻な問題となるかもしれない。語り手が転換しないという制約、すなわち、語り手の視点の一貫性という制約は（近代以前の）伝統的な日本文学には存在しなかったという点について、国文学研究者の安藤宏は次のように述べている。

日本の散文芸術（和文体）の歴史をふりかえった時、〔語り手の一貫性という〕制約からは基本的に自由である。物語にせよ、軍記にせよ、時に現場に密着したある一人の人物から語られているかと思うと、次の瞬間には全体を俯瞰する、全能的、パノラマ的な視点に切り替わっていたりもする。語る「資格」を厳密に考えると矛盾だらけになってしまうのだが、これをさして不自然に感じないのは、そもそも「人称」という概念自体が存在しなかったからなのだろう。一つの文章の中で主語が入れ替わることすら珍しくない和文脈においては、あるできごとに関してさまざまな立場からの心理や解釈を併走させる、その融通性にこそ〝客観〟の根拠が置かれてきたのである。（安藤 2015, p. 13）

モダニズム小説や日本文学における語り手の転換についてはどのように扱うべきなのか。これは問いとして残しておきたい。

第5章 知識

いまあなたは本を読んでいる。言われなくともそんなことは知っている、と思っただろう。

さてその調子で、いま自分が夢を見ていないと知っていると言えるだろうか。夢はどこまでも鮮明で現実と区別がつかないものでありうる。夢であれ現実であれ、そこで遭遇するどのようなことも、あなたの見ているものが夢なのか現実なのかを示してくれることはないだろう。いまあなたが本を読んでいるように見えるとしても、夢の中でも同じように本を読んでいるように感じることがあろう。いまあなたの目の前にあること、かつてあったことを取りあげて、それがいま夢を見ているのではないことを示すのだ、と言うことはできそうにない。すると、たとえもしあなたが夢を見ていないとしても、自分が夢を見ていないと知ることはできないように思える。

夢を見ているときは眠っている。だから、せいぜい本を読んでいる夢を見ているだけで本を読んではいないのだ。したがって、もし本を読んでいるのならばあなたは夢を見ていない。このことも、あなたは知っているはずだ。

だが、もし自分が本を読んでいるとあなたが知っているならば、夢を見ていないことも知っているはずだ。なぜなら、前段で言ったように、本を読んでいることからは夢を見ていないことが導かれるからだ。しかし、前々段で言ったように、あなたは自分が夢を見ていないことを知らないのではなかったか。

あなたは本を読んでいると知っている、と思われた。そして、本を読んでいると知っているならば、夢を見ていないと知っている。この二つのことからは、夢を見ていないと知っていることが導かれる。だが、自分が夢を見ていないとどうして知ることができようか。懐疑論者はこのように考えて、本当のところは、あなたは自分が本を読んでいると知ってなどいないのだ、と結論する。目眩を引き起こすようなこの懐疑論は一体どこが間違っているのか、あるいは結局は、懐疑論が正しいのか。

＊

本章では、ルイスがこのジレンマにどう応答したのかを追っていくことにしよう。その前に、懐疑論に対するその他の応答をみていく。文脈主義という、ルイスの理論の魅力は、その他の応答の極めて巧妙な折衷案になっていることにあるからだ。第1節では、懐疑論とは何かを少し詳しく見たうえで、懐疑論を支持するように見える懐疑論証を定式化する。第2節と第3節では、懐疑論証に対する二通りの応答をみて、それぞれにどのような欠点があるかを確認する。第4節では、これまでの理論のいいとこどりを試みるルイスの理論を提示して、どのようにすれば懐疑論に応答できるかを見る。

1　外界についての懐疑論

哲学では、Xについての**懐疑論**（skepticism、「懐疑主義」と呼ばれることもある）と言うと主に二つの用法がある。第一に、Xについての懐疑論と言うとき、Xが存在することを否定する考えを指すことがある。たとえば、無神論者は「神は存在しない」と主張するのだから、神についての第一の懐疑論者である。[2]ホロコーストについての懐疑論者は「ホロコーストは存在しなかった」と主張するのだから、この馬鹿げた懐疑論も第一の懐疑論だ。第一の意味での懐疑論が正当化されるのは、Xが存在しないという根拠や議論を与えられるときに限られる。なぜなら第一の懐疑論は、Xは存在しないと積極的に主張しているからだ。

第二に、Xについての懐疑論は、「Xについて何かを知ることができることを否定する」という考えを指すこともある。神についての不可知論者は、神が存在するかをどうか知ることはできないと主張する。だから、不可知論は第二の懐疑論である。あるいは、数学的対象についての懐疑主義というものもある。[3]知識の獲得には、知識の対象との因果的繋がりがなければならないと（極めて単純に）想定してみよう。あなたが庭の椿が赤いと知っているならば、椿に光が当たり、反射した光があなたの瞳孔を通過して網膜に当たり……そしてあなたが庭の椿が赤いと信じる、といった因果的なプロセスが進行しなければならない、つまり、庭の椿の花とあなたとの間に因果的に結びつきがなければならない。しかし、椿はいいとして、因果的繋がりをもちえないような対象についてはどうだろう。数学的対象、たとえば数や関数は抽象的な対象であるから、私たちと因果的繋がりをもちえない。それゆえ、数学的知識を得ることはできない、と考えられるかもしれない。このような懐疑論は数学についての第二の懐疑論である。（私はこのような議論が正しいと思っているわけではない。例として挙げただけだ。）

第一の懐疑論と第二の懐疑論との違いは些細に見えるかもしれない。しかし、これらはまったく別の主張である。「Pを知ることができることを否定すること」と「Pを否定すること」は異なる。もちろん、Pが真でないのであればPを知ることはできない。だから、Pを否定することはPを知ることができることを否定することを導く。だが、その逆は成り立たない。今朝たまたま上野公園には偶数匹の蝶が羽ばたいているとしよう。そして、私と一緒に上野公園を歩いているあなたが「この公園には偶数匹の蝶がいる」と何の前触れもなく言い始めたとしよう。「なぜそんなことを知っているのか、数えてもないのに」と私は言う。これに対して「じゃあ上野公園には奇数匹の蝶がいると言うのか」と返すのはどうかしている。私はたんにこの状況であなたがそれを知ることができることを否定しただけで、公園に偶数羽の蝶がいること自体を否定したわけではないからだ。

さて、本章で取り上げるのは、**外界**（external world）についての第二の意味での懐疑論、つまり、「外界について私たちは知ることができない」という主張だ。ここで言う「外界」は、部屋の外とか建物の外のものではなくて、心の外にあるものを意味する。昨日通りですれ違った人のイメージやいま浴びている陽光の感覚とは違って、目の前の本、上野公園の蝶やアンドロメダ銀河は、何らかの意味で私たちの心の外にあるものだ。「外界について知る」という奇矯な言い回しは要するに、これらのような外界にあるものについて何かしらを知ることを意味する。たとえば、あなたがいま本を読んでいると知ることができるのであれば、あなたは外界について知ることができるということになる。こうして、外界についての第二の意味での懐疑論は、私たちが外界について何かしら知ることができることを否定する主張ということになる。（以下で「外界についての懐疑論」と言うときは第二の意味での懐疑論を指すとする。）この外界についての懐疑論は、外界の存在を否定しているわけではないことに注意してほしい。[4]

さて、本章の冒頭で述べた議論は、外界についての懐疑論へと導く議論である。この議論を**懐疑論証**と呼び、まずは定式化してみよう。[5]（「あなたは本を読んでいる」をA、「あなたは夢を見ている」をDとし、K(P)は「あなたはPを知っている」を表すものとする。「あなたは夢を見ている」（D）を**夢仮説**とも呼ぶ。）

懐疑論証

前提1　あなたは自分が夢を見ていないと知らない。　$\sim K(\sim D)$

前提2　あなたは自分が本を読んでいると知っているのならば、自分が夢を見ていないと知っている。　$K(A) \rightarrow K(\sim D)$

それゆえ、

結論　あなたは本を読んでいると知らない。　~K(A)

懐疑論証は二つの前提から結論を導いている。そして、懐疑論証の議論の形式は妥当である、つまり、もし議論の二つの前提が真であるならば、結論も必ず真になる。[6]懐疑論証の二つの前提は真だろうか。

まず、前提2について考えてみよう。前提2「あなたは自分が本を読んでいると知っているのならば、自分が夢を見ていないと知っている」の背後にあるのは、自分の知っていることから簡単に導かれることは知ることができる、という考えだ。「あなたが本を読んでいる」ということからは、「あなたが夢を見ていない」ということが導かれるから、前提2はもっともらしく思える。[7]（これについては第3節でさらに議論する。）

では、前提1はどうだろうか。前提1のもっともらしさというのは、一言で言えば、夢とうつつをより分けるような、あなたの目にすることのできるしるしなど存在しない、ということによる。[8]もう少し慎重に言うとすると、もしこれが起こっているように見えるのであれば、いま見ているのは夢ではない、と言えるような出来事を目にすることはありえない。あなたは独楽を回した。独楽はいつまでも周り続けてわずかにも揺らがず、いささかの倒れる兆しすらない。すると、私は夢を見ているのだ、と言いたくなる。そのようにして、いま見ているものは夢に違いない、と言えることはあろう。しかしそれは、その独楽の首を振るのを目にするなら、いまあなたが見ているものは夢の独楽ではなく、まさに本物の独楽だと言える、ということを意味しない。独楽が倒れないならば夢であることからは、倒れるならば夢でないことは導かれない。これまで耳にしたどの法則も破ることなく振る舞う、ひどく精巧な独楽の夢を見ているのかもしれない。あるいはその法則も、たんにこれまで見られてきた、あるいはこれから見るであろう夢がその通りに動くというにすぎず、それもたんに夢の中で聞いただけかもしれない。いま見ていること、かつて見ていたこと、あるいはこれから見るであろうことの、どれを取りあげてみても、あなたの見ているものが夢でないとは示せない。すると、いま夢を見ているのではないと知ることなどできそうにもない。

さて、懐疑論証の結論は、「あなたは本を読んでいると知らない」というものである。だが、たんにあなたが本を読んでいると知らないとしても何も問題はない。その他にもあなたは外界について何か知っているかもしれないのだから。たとえば、この本より、あなたの恋人の方があなたにとって大事だろう。（そうでない、と言ってくれるなら私は嬉しいが考え直してほしい。）本を読んでいると知らないとしても、あなたが自分の恋人について何かを知っているならばどうだっていい、ということになろう。

この考えは、右の懐疑論証が、外界の様々なものについての懐疑論証として書き換えられることを見逃している。この懐疑論証は、とりわけ読書に特有の事情を利用して議論を進めているのではない。現在の恋人と出会ったのは三年前の夏だったと知っている、とあなたが思っているとしよう。

だが、世界がたった五分前に作られたのではなく、三年前の夏の記憶も五分前に作られたのではない、と知ることはできるだろうか。世界は五分前に作られ、五分以上前から存在していたかのような状態に現在の世界がなっているというだけかもしれない。[10]（これは**世界五分前創造仮説**と呼ばれる。）世界がずっと前から存在していたとしても、五分前から存在し始めたとしても、いずれにせよ現在がまったく同じような状態なのだとすると、いずれが正しいのかを現在の証拠によって知ることはできない。

一般に、「世界は五分前に作られた」（世界五分前創造仮説）とか「あなたはいま夢を見ている」（夢仮説）といったような、私たちがいまもっている、あるいはもちうる証拠によって、そうでないと知ることができないように見える仮説は、**懐疑仮説**と呼ばれる。[11]こういった懐疑仮説をもちだすのは突飛に見えようが、ポイントは次の二つのことにある。

第一に、「あなたは恋人と三年前の夏に出会った」ということは、「世界は五分前に作られたのではない」ということを導く。つまり、懐疑仮説の否定（世界五分前創造仮説の否定）を導く。それゆえ、もしあなたが前者を知っているのならば、後者、つまり懐疑仮説の否定も知っていることになるだろう。これは

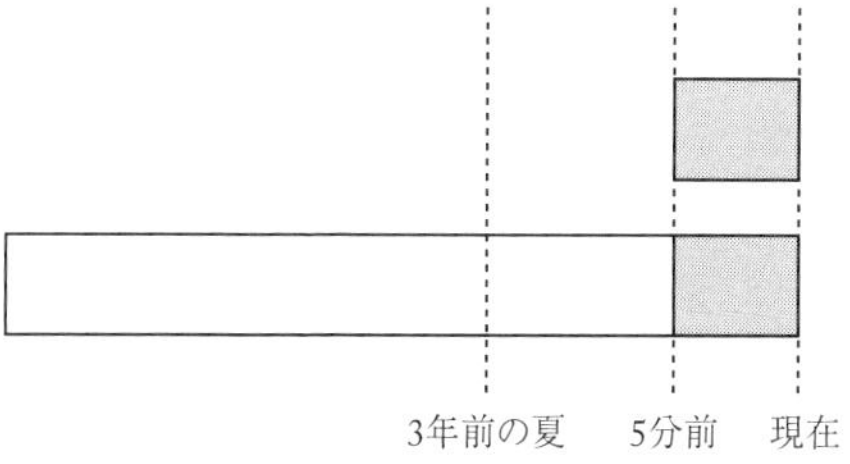

図１　世界５分前創造仮説。上の世界の灰色部分と下の世界の灰色部分はまったく質的に同一（複製同士）であるとする。すると、下の世界であなたがもっている３年前の夏についての記憶は、上の世界であなたがもっている「3年前についての」記憶とまったく区別できない。

懐疑論証の前提2に相当する。

第二に、「世界は五分前に作られたのではない」と知ることはできないだろう。つまり、懐疑仮説の否定（世界五分前創造仮説の否定）を知ることはできない。これは懐疑論証の前提1に相当する。

こうしてみると、恋人についても懐疑論証を組むことができるとわかる。そして、夢仮説や世界五分前創造仮説のように、以上二つの条件を満たす懐疑仮説をもってくる限り、外界について私たちが知っていると思っていることのほとんどについて懐疑論証を作ることができる。最初に取り上げた懐疑論証は一般化可能であり、それゆえ、懐疑論証は外界一般についてのものだと考えてよいのだ。

さて、懐疑論証の結論を受け入れるべきだろうか。もちろん、「あなたは自分が本を読んでいることを知らない」と言うのは馬鹿げていると思われるだろう。だが、その馬鹿げたことに一応の論証が与えられている限りは、馬鹿げていると言うだけでは、それを退ける理由にならない。斜塔から重い鉄球と軽い鉄球を落としてほとんど同時に落ちると聞いて驚かなかった人はいるだろうか。「重い方が早く落ちるに決まっている」と思うだけでは運動方程式を否定する根拠にならない。だから、懐疑論証を受け入れないと言うならば、懐疑論証のどこが間違っているのかをまずは考えてみなければならない。

しかし、これがなかなか容易でないのだ。次節以降では懐疑論証を退ける色々な方策を概観していき、その上でルイスの応答を見る。

一般に、ある論証を退けるための最も単純な方策は、その論証の前提を退けることである。懐疑論証の前提は、「あなたは自分が夢を見ていないと知らない」と「あなたは自分が本を読んでいると知っているのならば、自分が夢を見ていないと知っている」という二つだった。これらの前提のうちのいずれかでも退けるならば、懐疑論証の結論は回避できる。まずは第一の前提を退ける応答を見てみよう。

2 ムーア主義

懐疑論証への第一の応答は、懐疑論証の第一の前提を否定する。この戦略は、G・E・ムーア（G. E. Moore, 一八七三―一九五八）にちなんで**ムーア主義**と呼ばれる。[12] ムーアは、論文「外界の証明（Proof of the External World）」で、次のようにして外界の存在は証明できると論じた。

さて私は、たとえば、人間の手が二つあると証明できる。どのようにしてか。私の二つの手を挙げ、そして右手である動作をしながら「ここに手がある」と言い、そして左手である動作をしながら「そしてここにもう一つある」と言うことによってだ。そして、もしこうすることによって、私が事実上外部の物たちの存在を証明していることになるのであれば、いくつもの他の方法でそうできることがみなわかるだろう。例を増やす必要はない。(Moore 2004, pp.145-146, 強調は引用者による。)

ムーアによると、「ここに手があり、もう一つここにある」という前提から外界の存在を導くというかたちで外界の存在は証明される。さて、ある議論が証明であるためには、その議論の前提はすでに証明されている必要はないが、少なくとも知られていなければならない(Moore 2004, p. 146)。[13] この場合では、「ここに手があり、もう一つここにある」が知られているのでなければならない。ひとまずこれを認めておこう。そうして、もしムーアの言うように外界の存在が証明できるとすれば、あなたが夢を見ていないと証明できるはずだ。そして、あなたがそれを証明できるのであれば、それを知っていることになるだろう。

ではあなたもムーアにならって外界を「証明」してみよう。あなたは本を手に取ってゆっくりと開いてみて、「目の前に本がある」と言う。さらに、視線をページ上に走らせてここに書いてあること、つまり、この文を理解したら、「私は目の前にあるものを読んでいる」と言ってみてほしい。(目の前にあるものが本だけだとして) これによってあなたが本を読んでいることがわかる。そして、本を読んでいるのであれば、夢を見ていないのだから、あなたが夢を見ていないことも事実上証明されたことになろう。そして、証明したのであれば証明された結論を知っていることになる。だから、あなたは自分が夢を見ていないと知っているのだ!

この議論は、懐疑論証をある意味でひっくり返すものだ。[14] 本を読んでいるとあなたは知っているはずだ。だが、もし自分が本を読んでいると知っているのならば、あなたは自分が夢を見ているのではないと知っていることになる。だから、あなたは夢を見ていないと知っているのだ。

ムーア論証[15]

前提1M　あなたは自分が本を読んでいると知っている　K(A)
前提2　あなたは自分が本を読んでいると知っているのならば、自分が夢を見ていないと知っている。　K(A) → K(~D)
それゆえ、
結論M　あなたは自分が夢を見ていないと知っている。　K(~D)

ムーア論証は、懐疑論証の前提1「あなたは自分が夢を見ていないと知らない」の代わりに、前提1M「あなたは本を読んでいると知っている」を使って、懐疑論証の前提1を否定する結論M「あなたは自分が夢を見ていないと知っている」を導き出す。結局のところ、あなたは自分が夢を見ていないと知っているのだ。

だが、懐疑論証への応答として外界証明をもちだすのは論点先取に思えるかもしれない。たしかに、私たちは（少なくとも懐疑論証に触れる前は）手があること、あるいは本を読んでいることを知っていると思っていた。そして、手があることや本を読んでいることからは、外界が存在することや夢を見ていないことが導かれる。これに間違いはない。ところで、外界「証明」が本当に証明であるためには、外界証明の前提（「手がある」や「本を読んでいる」）をあらかじめ知っていなければならない。だが、その前提を知るためには、何らかの意味で結論（「外界が存在する」や「夢を見ていない」）が成り立つことをあらかじめ想定していなければならないのではないか。[16]

外界証明が論点先取であるかもしれない、ということを見るために次のような事例を考えてみよう。[17] あなたは夜、離れたところから東京の一角にあるビルを見ている。この場所を訪れるのは初めてだ。ビルの壁面はライトで明るく照らされているが、どうやらアール・ヌーヴォー調の装飾が壁面を覆っているように見える。そして実際にそのような装飾があるとしよう。あなたは壁面に植物の装飾があることを知っている。（おそらく視覚経験によって。）ここであなたは、「壁面に植物の装飾がある」ということから、「平らな壁面にプロジェクションマッピングをしているのではない」と推論する。（なぜこんなことを推論するのかという理由が必要ならば、私と同じくプロジェクションマッピングが嫌いで、その有無がどうしても気になるのだとしよう。）だが、この推論によって、「平らな壁面にプロジェクションマッピングをしているのではない」と知ることができるだろうか。もし本物と見紛うほどのプロジェクションマッピングをしているとしたら、そもそもその推論の前提を知ることはできない。それゆえ、壁面を見ているときの視覚経験は、プロジェクションマッピングをしていないという想定のもとでのみ、「平らな壁面に植物の装飾がある」と信じる理由になるのではないか。

こうして、「平らな壁面にプロジェクションマッピングをしているのではない」という結論はたしかに「壁面に植物の装飾がある」という前提から導かれるものの、あなたが前提を知っているためには、あらかじめ結論を知っているか、少なくともあらかじめ結論を信じる何らかの理由をもってなければならないことになろう。すると、少なくともこの前提から推論することによっては、あなたは結論を知ることはできない、ということになろう。推論の形式が正しいにもかかわらず、プロジェクションマッピングに関するあなたの推論は論点先取だということになる。

外界証明が前段の推論と同じように不当だとすれば、外界証明は懐疑論証への応答に使えないことになる。「ここに手があり、ここにもう一つ手がある」ことは何らかの視覚経験によって知られるのだとしよう。だが、その視覚経験によって「ここに手があり、ここにもう一つ手がある」と知ることができるためには、あなたの眼が正常に機能しているとか、異常な光の条件のもとで見ているのではないとか、そういったことがすでに知られていなければならないのかもしれない[18]。要するに、外界についてあらかじめ様々に知っているのでなければ、そもそも「ここに手があり、ここにもう一つ手がある」と知ることはできないのではないか。すると、外界証明は前段の議論と同じように論点先取だということになってしまう[19][20]。

ムーア主義にはさらなる問題がある。それは、ムーア主義は「そもそも懐疑論証がなぜ多少なりとも説得的に見えるのか」をまったく説明できていない、ということだ[21]。たしかに、懐疑論証について考えているのでなければ、「本を読んでいるとあなたは知っている」というムーア論証の前提はもっともらしく見える。だが、懐疑論証について考えているときには、「夢を見ていないと知ることはできない」というのも同じようにもっともらしく見える。ムーア主義それ自体は、なぜこのようなもっともらしさが懐疑論証にあるのかをまったく説明しないまま放っている。懐疑論証にきちんと応じるには、そのもっともらしさがどこから生じるのかを説明しなければならない。

3 知識閉包を否定する戦略

懐疑論を回避するには、前提1か2を否定しなければならないと思える。前節では前提1を否定するムーア主義とその問題について見た。本節では前提2「あなたは自分が本を読んでいると知っているのならば、自分が夢を見ていないと知っている」を否定する戦略について考えてみよう。

3-1 知識閉包とノージックの戦略

懐疑論を回避するために前提2を否定すると言っても、たんに前提2を否定するだけでは**アドホック**であり、なぜその戦略が正しいのかの説明にはならないだろう。「アドホック」とは、(たとえば懐疑論証などの)何らかの問題に対処するためだけに、その場限りの仮定を追加するなり例外条項を加えるなりして理論を修正することを批判するときに使われる。（新宿にアドホックという奇妙な名のビルがあるが、この用法とは関係ないと信じたい。）たしかに、アドホックな仮定の導入や理論の修正で問題に対処できるかもしれない。しかし、なぜそのような仮定や修正が正しいのかをきちんと説明しないまま放置してはならない。アドホックであるとの誹りを回避したいなら、何らかの独立の理由があって前提2を否定できる、というのでなければならない。

さて、懐疑論証の前提2「あなたは自分が本を読んでいると知っているのならば、自分が夢を見ていないと知っている」はそれ自体でもっともらしい。このもっともらしさは、推論によって私たちは自らの知識を拡張できるという点に由来する。[22] 次の推論を考えてみよう。あなたは、「今朝の天気予報が雨だったのなら、通りの人々は傘を持っているはずだ」と知っており、さらに「通りの人々は傘を持っていない」と知っている。ここから、「今朝の天気予報は雨ではなかった」と推論するとすれば、あなたはそれを知ることができるだろう。このようにして、私たちは推論によって知識を拡張できる。

こうした発想を一般化するのが**知識閉包**（Knowledge Closure）である。知識閉包自体には色々な定式化があり、それ自体で議論の対象になるのだが、ひとまずは次の簡単な形で押さえておこう。[23]

知識閉包

すべてのPとQについて、もしあなたがPを知っていて、PからQを正しく導き出すならば、あなたはQを知る。[24]

前提2は、知識閉包のPとQにそれぞれ「本を読んでいる」と「夢を見ていない」を入れた、知識閉包の一事例である。PとQに色々と代入してみて、知識閉包がどれくらいもっともらしいか考えてみてほしい。（そうするとたいていは、知識閉包は正しいと考えるようになるだろう。ならなければ、知識閉包否定のパルチザンに参加するまでだ。）

本節で扱うのは、懐疑論を回避するために前提2を否定する戦略である。むろん、たんに懐疑論証に応答するためだけに前提2を否定するというのはアドホックだ。だが、「知識閉包が一般には成り立たないのはなぜなのか」を説明できるのであれば、前提2を否定する戦略は、アドホックとの批判を躱《かわ》すことができる。[25]

知識閉包を否定する論者としては、ロバート・ノージック（Robert Nozick, 一九三八―二〇〇二）とフレッド・ドレツキ（Fred Dretske, 一九三二―二〇一三）の二人が代表格として挙げられる。ここではノージックの議論を紹介しよう。ノージックは、たんに懐疑論証に応じるために知識閉包を否定するのではなく、知識一般についてあらかじめ分析を与えた上で、その分析が知識閉包の失敗を導くという風に議論する。（それゆえ、ひとまずアドホックではない、と言えよう。）ノージックの知識の分析のアイデアは、「知っているというのは、世界との特定の仕方で結びついているということであり、世界に対して特定の実在的で事実的な結びつきをもつことであり、世界を追跡することである」というものだ。[26] だが、「世界を追跡する」とはどういうことか。例を使って説明しよう。
緑が占い師に「三日後にあなたは交通事故にあう」と言われたとしよう。（これがどんな占いであるかは重要ではない。占いは統計学だという戯言さえ言わないでいてもらえればそれでいい。）そして、近いうちに私は事故にあう、と緑が信じたとしよう。しかし、緑がそれを信じる根拠が「占いでそう言われたから」ということだけだとしよう。すると、たとえ緑が実際に三日後に交通事故にあったとしても、あらかじめ緑はそれを知っていた、ということにはならない。

だが、なぜ占いの結果を信じることは知識をもたらさないのか。それは、緑のように占いをむやみに信じる人は、世界のあり方に応じて自分の信じていること（信念）を変えていないからだ。[27] ある信念が知識であるのならば、世界のあり方に応じて自分の信念を変えられなければならない。信念が世界に応じて変わることは知識にとって重要な要素である。占いをむやみに信じる緑は、占いで言われたことについて世界がどうあろうと、つまり、三日後に緑の事故があろうとなかろうと、占いの結果を信じるのである。そのため、たとえ緑が事故にあうことが（幸運にも）真ではなかったとしてもなお、緑は自分が事故にあうと信じているに違いない。このことが、緑がそれを知らない理由なのだ。これを一般化すると、Pを知っているためには、「もしPが真ではなかったとしたら、Pを信じないだろう」という条件が満たされなければならない、ということになる。

すでにお気づきのことだろうが、「もしPが真ではなかったとしたら、Pを信じないだろう」というのは反事実条件文である。ノージックは、この反事実条件文を使って知識の必要条件を与える。[28]

ノージックによれば、ある人SがPを知っているためには、少なくとも次の感受性条件が満たされなければならない。（$B_S(P)$ は「Sはpを信じている」を表す。）

感受性条件

もしPが真でなかったならば、SはPを信じなかったであろう。　$\sim P \square\!\!\rightarrow \sim B_S(P)$

感受性条件の要求は、「知識をもつためには世界のあり方に応じて信念を変えているのでなければならない」ことを反映している。

感受性条件は反事実条件文である。復習しておこう。反事実条件文 $P \square\!\!\rightarrow Q$ が真であるのは、Pが真である世界（P世界）のうち、最も現実世界に近い世界でQが真になるときであり、そのときに限る、ということだった。[29]（なお、第2章第2節で紹介した最終的な分析3はもう少し複雑だったが、ここではこの簡単な分析2で十分だ。）

感受性条件（$\sim P \square\!\!\rightarrow \sim B_S(P)$）を可能世界を用いて述べ直そう。$\sim P \square\!\!\rightarrow \sim B_S(P)$ が真であるのは、$\sim P$ 世界のうち最も現実世界に近い世界において、$\sim B_S(P)$ が成り立つとき、つまり、Pが偽である世界のうち最も現実世界に近い世界において、SがPを信じていないときであり、そのときに限る。

「世界のあり方に応じて信念を変えている」ことを、感受性条件がどのように反映しているかを考えてみよう。あなたは正常な温度計をもっている。その温度計は二六度を指している。すると、

「気温は少なくとも二〇度以上ある」とあなたは知ることができよう。感受性条件を確かめてみよう。「二〇度以上でなかったならば、あなたは二〇度以上だと信じなかっただろう」が成り立てばよい。「二〇度以上でない」可能世界のうち、最も近い世界とは、気温に変更を加えはするが、それ以外はあまり弄らないようにして得られる世界だろう。現実世界では温度計は正常に機能しているから、そのような世界でも温度計は正常に機能し、温度計は二〇度より低い温度を示しているだろう。そして、その二〇度より低い温度を示す温度計を見ているとすれば、気温は二〇度以上だと信じることはないだろう。こうして、感受性条件が満たされる。[30]

では、あなたが現実で見ているのが（そうと知らないのだが）壊れた温度計ならばどうだろう。その壊れた温度計は暑い日も寒い日も倦むことなく二六度を指し続ける。このとき、現実であなたが温度計を見て気温が二〇度以上あると信じているとしよう。壊れた温度計は、気温が二〇度より低い近くの世界でも二六度を指し続け、そしてあなたは気温が二〇度以上だと信じ続けるだろう。それゆえ、「二〇度以上でなかったならば、あなたは二〇度以上だと信じなかっただろう」というのは成り立たない。よって、感受性条件は満たさ

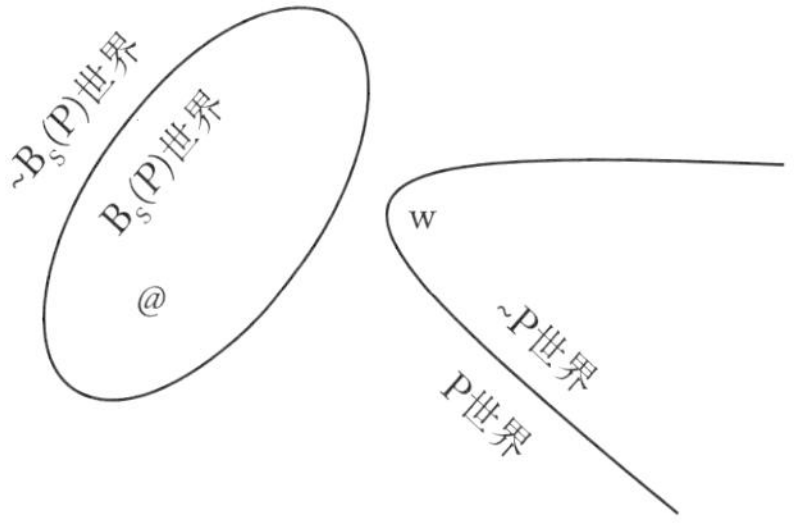

図２　現実世界＠ではＳはＰを信じており（B_S(P)）、またＰも成り立つ。だが、~Ｐが成り立つ世界のうち、ｗのような＠に近い世界では、ＳはＰを信じていない（~B_S(P)）。このとき、ＳはＰについて感受性条件~P>~B_S(P)を満たしている。

れない。こうして、壊れた温度計を見ることによって知識が得られないのはなぜなのかを、感受性条件は説明できる。

懐疑論に話を戻そう。ノージックは感受性条件を知識の必要条件として提唱する。そして、ひとまずこの感受性条件は、「知識をもつためには世界のあり方に応じて信念を変えられなければならない」という独立の動機によって導入される。そのため、感受性条件を使って前提2を退けるとしても、それはたんに懐疑論証へ応じるためのアドホックな対処に過ぎないとの誹りは免れる。

感受性条件を用いると前提2および知識閉包がどうして成り立たないかを説明できる。まず、「本を読んでいると知っている」ための感受性条件「本を読んでいないとしたら、本を読んでいると信じないだろう」について考えてみよう。ノージックは次のように述べる。

あなたがあるページを読んでいるということは真であり（どうか今読むのをやめないでほしい）、またあなたは自分がそうしていると信じており、また仮にあなたがあるページを読んでいないとするならばあなたは自分がそうしているとは信じないであろうし、また仮にあなたがあるページを読んでいるとするならばあなたは自分がそうしていると信じるであろう（Nozick 1981, p.204, 邦訳 p.315）。

それゆえ、この感受性条件は問題なく成り立つ。この点では「本を読んでいると知っている」ということに問題はなさそうだ。

だが、「夢を見ていないと知っている」ための感受性条件についてはどうだろうか。「あなたが夢を見ていないのではなかったとしたら、夢を見ていないと信じなかっただろう」(~~D>~B(~D))が成り立てばよい。(「夢を見ていないのではない」(~~D)と「夢を見ている(D)」とは等しいから、~~D>~B(~D)は「夢を見ているのであれば、夢を見ていないと信じなかっただろう」(D>~B(~D))と等しい。)この反事実条件文が成り立つかどうかを考えるために、あなたが夢を見ている世界のうち最も現実

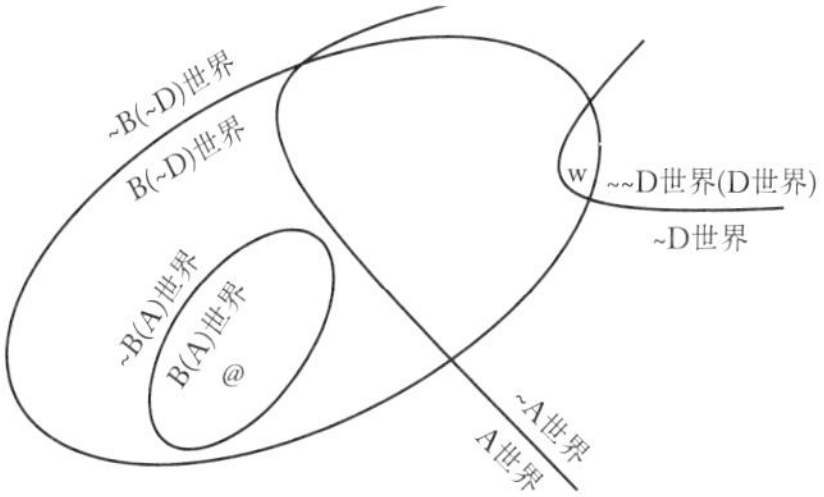

図3 「本を読んでいる(A)」については感受性条件~A>~B(A)が成り立つ一方で、「夢を見ていない(~D)」について感受性条件~~D>~B(~D)(D>~B(~D))は成り立たない。~~Dであるような世界、つまり、あなたが夢を見ている世界(D世界)のうち、最も現実世界@に近い可能世界wでは、あなたはあたかも現実と同じように本を読んでいるかのような経験をしているだろう。それゆえ、そのような可能世界では、あなたは現実世界と同じく、自分は夢を見ているのではないと信じ続ける(B(~D))だろう。だが、D>~B(~D)が成り立つためには、そのような可能世界では~B(~D)が成り立たなければならない。

世界に近い世界wを考えてみよう。wは、あなたが夢を見ていることを除けば、なるべく現実世界に似ていなければならない。現実世界では自分は夢を見ていないと信じているのだから、wでも同様に夢を見ていないと信じているはずだ。したがって、「夢を見ているとしたら、夢を見ていないと信じなかっただろう」(D>~B(~D))は偽である。

よって、感受性条件は、「本を読んでいる」については成り立つ一方で、「夢を見ていない」については成り立たない。感受性条件が知識

の必要条件であるとしよう。すると、あなたは、本を読んでいると知っているにもかかわらず、いま夢を見ていないとは知らないことになる。これは懐疑論証の前提２「本を読んでいるとあなたが知っているのならば、あなたは自分が夢を見ているのではないと知っている」の否定であり、知識閉包の反例になる。さらには、感受性条件自体は懐疑論証に対抗するためだけに作り出されたわけではない。むしろそれは、「知識をもつためには世界のあり方に応じて信念を変えられなければならない」という自然な発想を反映したものだった。それゆえ、感受性条件によって、懐疑論証の前提２を退けるとしても、それはアドホックではない。

3－2　ノージック理論の問題

感受性条件を使って前提2を退けるという、ノージックの扱いはエレガントだ。しかし、この戦略には問題がある。

知識閉包を否定するノージック流の戦略は「あなたは自分が本を読んでいると知っている」こと、そして、「あなたは自分が夢を見ていないと知らない」ことを同時に肯定する。ところが、それらは単独ではもっともらしく見えるかもしれないが、それらを連言で繋ぐと非常に奇妙にみえる（DeRose 1995, p. 28）[31]。つまり、この戦略だと、「あなたは自分が夢を見ていないと知らないが、あなたは自分が本を読んでいると知っている」（~K(~D)&K(A)）ということになる。だが、この連言は控えめに言っても奇妙である。(この問題は**厭わしい連言の問題**と呼ばれる。)

そもそも、知識閉包を否定するというのは、私たちが知識について通常考えていることと少なからず衝突するように思われる。論理的推論によって色々なことを私たちは信じるようになる。知識閉包を否定するのは、こうした論理的推論によって知識を拡張できるとは限らないと言うことに等しい。知識閉包を否定すると、知識を拡張する手段として最も重要な方法の一つが不自由になってしまう。(知識閉包を否定すること一般の問題としてはさらに、キーワード解説**「知識閉包を否定する戦略の問題」**を参照。)

4　知識についての文脈主義

これまでは、懐疑論証の前提のいずれかを否定する戦略を見てきた。懐疑論証をもう一度書いておこう。

懐疑論証

前提1　あなたは自分が夢を見ているのではないと知らない。　$\sim K(\sim D)$

前提2　あなたは自分が本を読んでいると知っているのならば、自分が夢を見ているのではな

いと知っている。　K(A) → K(~D)

それゆえ、

結論　あなたは本を読んでいると知らない。　~K(A)

これまで見たところでは、懐疑論証に対する応答として、前提1を退ける方法にも、前提2を退ける方法にもいずれも問題がある。前提1を否定する戦略は、なぜそもそも懐疑論証が説得的に見えるのかを説明していないし、論点先取に思える。前提2を否定するのはそれ自体もっともらしくない。だが、どちらの前提も受け入れるのであれば、結論も受け入れなければならないのではないか。すると、いま本を読んでいること、数年前の夏に起こったことなど、自分たちが知っていると思っていることを実際は私たちは知らない、ということになってしまう。

本節では、**知識についての文脈主義**がこの困難をどのように解決するかを見る。まずは、文脈主義一般について説明してから、ルイスの理論を導入しよう。

4－1　文脈主義とは何か

ある語についての**文脈主義**とは、「その語がどのような内容をもつかは文脈に依存する」というテーゼである。ある語の内容が文脈に依存するとは、その語の表す内容は文脈に応じて異なるということである。第1章の第4節と第5節で、現実性や対応者について説明したときにも、語の内容が文脈に依存することを説明した。ここではさらに詳しく説明しよう。

文脈に依存する語として最も典型的なのは、「私」や「ここ」などの指標詞である。次の例を考えてみよう。ドミニク・サンダが「私はカフェにいる」と言い、私は「私はカフェにいない」と言ったとしよう。このとき、一方の文が他方の文の否定であるにもかかわらず、私とドミニク・サンダが言っていることが対立していないのはなぜか。それは、ドミニク・サンダが「私はカフェにいる」という文を言ったときに表されている内容は、ドミニク・サンダはカフェにいるということであり、私が「私はカフェにいない」という文を言ったときに表されている内容は、野上志学はカフェにいないということだからだ。ひとまずは、文脈とは、ある文の内容を決定するときに使用される情報だと考えおけばよい。（一般に、文の内容とは、その文が真であるための条件（真理条件）のことだと考えておいてよい。）右の例では、誰が言ったのかに関する情報が文脈である。「私はカフェにいる」という文の内容が文脈に応じて変わるのは、文脈に依存して「私」という語の内容（「私」の場合では指示対象）が変わるからである。

一般的に言えば、ある語や文が[32]**文脈依存的**であるのは、その語や文の内容が文脈に応じて異なりうるときであり、そのときに限る。ある文の内容はその文に含まれる語の内容によって決定されるから、文脈依存的な語を含む文は自動的に文脈依存的となる。（右の例では、「私」という語が文脈依存的であるがゆえに、「私」を含む「私はカフェにいる」という文も文脈依存的になっている。）

さて、文脈依存的な文は文脈によってその内容を異にすることがあるのだから、文脈依存的な文の真偽を確かめるには、一般的には次の二つの段階を踏まなければならない[33]。第一に、文脈によってその文の内容を決定する。(「私はカフェにいる」とドミニク・サンダが言った。だから、その文の表す内容は、ドミニク・サンダがカフェにいるということだ。)第二に、もしその内容が、それが評価される世界において真であるならば、その文は真であり、もしその内容が世界において偽であるならば、その文は偽である。(ドミニク・サンダは現にカフェにいる。だから、ドミニク・サンダはカフェにいるという内容は真であり、それゆえ、その内容を表す「私はカフェにいる」は真である。あるいは、ドミニク・サンダは現にカフェにいない。だから、その内容は偽であり、それゆえ、その内容を表す文は偽である。)

どのような情報を文脈とみなすかは、どの(文脈依存的な)語について理論化するかによる。たとえば、「ここ」という語も、それが言われた場所を指示する点で、「私」と同じく文脈依存的な語だ。だが、「ここ」と「私」ではそれに内容を与えるために必要な情報は異なる。「ここ」はどこで、言ったか、「私」は誰が言ったかについての情報を必要とする[35]。

ここでやっと知識についての文脈主義を説明できる。(以下で何も断らない限り、たんに「文脈主義」と言った場合は知識についての文脈主義のことを指すものとする。)**知識についての文脈主義**とは、「SはPを知っている」という文の内容は文脈依存的であるという(意味論的ないし言語的な)テーゼである。つまり、文脈主義によれば、「SはPを知っている」という文の内容は文脈によって異なりうる[36]。後に説明するように、「知っている」の内容の文脈による変化という考えは、懐疑論証に応答

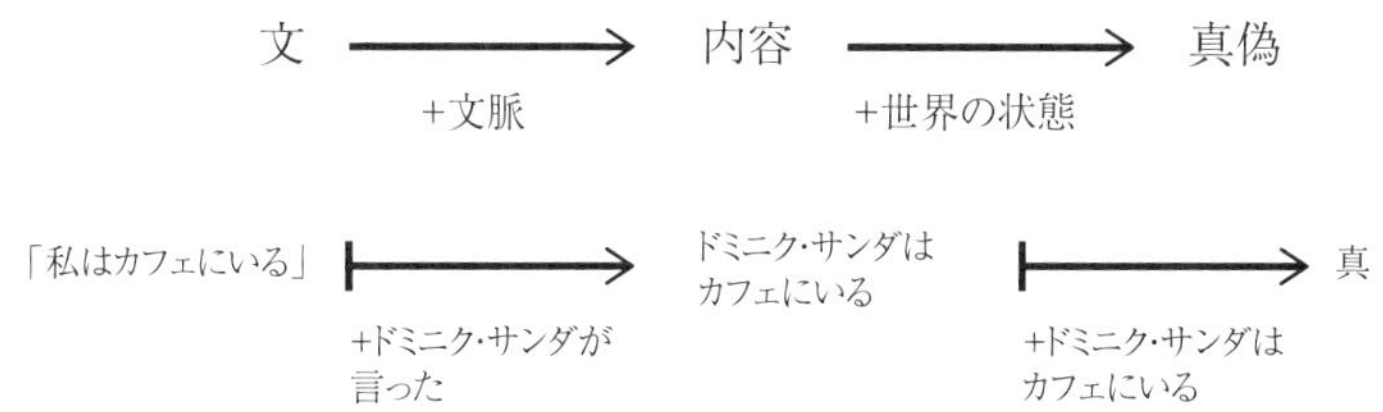

図4　文脈は文の内容を決定し、世界の状態は内容の真偽を決定することを通じて文の真偽を決定する。[34]

するための鍵になる。（以下煩雑さを避けるため、SとPが何を表すかは文脈依存的でないとしておく。）

「知っている」という語の内容が文脈に応じて異なるとはどういうことか。これを説明するために、別の文脈依存的な語「平らである」を考えてみよう。端的に言えば、何かが「平ら」だというのは、それに凹凸がないということである。「この道は平らだ」という文について考えてみよう。通常の文脈で私たちが「この道は平らだ」と言うときに表されているのは、どれほど小さい凸凹でもその道にはない、ということだろうか。そうではない。仮にそうだとすれば、私たちが「この道は平らだ」と言うとき、それで表される内容が真になることは決してないだろう。なぜなら、どのような道にも非常に小さな凹凸はあろうから。では通常の文脈で言われたとき、「この道は平らだ」という文はどのような内容を表すのか。それは、車で通ったり、歩いたりするのに邪魔なほど大きな凹凸はその道にはない、ということだろう。つまり、道が「平ら」かどうかを考える際には、小さな凸凹は無視してよい。だが、別の文脈を考えてみよう。あなたが友人を部屋に招く準備をしていて、「このテーブルは平らだ」と言うとしよう。明らかに、この文脈で問題となる凹凸は、たとえばグラスを置いて傾くような凹凸だろうし、道について話しているときに問題になる凹凸よりも小さな凹凸も問題になる。テーブルが「平ら」かどうかを考える際には、小さな凸凹も無視してはいけない。（むろん数ミクロンの凸凹はこの場合でも無視してよいだろうが。）何かが「平ら」であるというのは、凸凹がないということだ。ただし、無視してよい凹凸を除いて。どのような凸凹を無視してよいかは文脈に応じて異なる。

「知っている」も同じ発想で扱える、とルイスは考える。[37]「平ら」であるのが凹凸のないことを意味するように、「知っている」というのは、間違っている可能性が消去されていることを意味する。たとえば、目の前にあるグラスに注がれてある液体は何だろうかと緑が考えているとしよう。それはその紫色からすると、葡萄ジュースか赤ワインかのどちらかだ。緑はそれをワインだと信じているが、まだ知っていることにはならない。なぜなら、まだ、「それがジュースであり、ワインではない」という可能性が消去されていないからだ。だが、緑がその液体を嗅ぐとアルコールの匂いがしたとしよう。このとき、緑は（それがジュースであり）ワインではない可能性を消去できる。その液体を見たときの、それが紫色だという知覚経験では、ワインではない可能性を消去できなかった。だが、その液体を嗅いだときの、アルコールの匂いがするという知覚経験を証拠として、緑はその液体がワインでない可能性を消去できるようになる。そのことによって、目の前にあるのがワインだと緑は知ることができる。

一般に、「SがPを知っている」というのは、Sが何らかの証拠をもっていて、その証拠がPでない可能性を消去できている、ということだとルイスは考える。ここで「Sのもつ証拠」として考えられているのは、Sの知覚経験と記憶である。知覚経験や記憶によって、Pでない可能性をSが消去できるときに、SはPを知っていることになる。「Pでない可能性を証拠で消去している」というのをより正確に定式化してみよう。まず、Pでない可能性というのは、Pでない可能世界（~P世界）のこととする。[38]（以下では「可能世界」と「可能性」は交換可能な仕方で使う。）そして、Sのもつ証拠EがPでない可能世界を消去しているというのは、その証拠EをSがもっていることと、Pでないことが同時に成り立つのが不可能であることとする。つまり、Pでないにもかかわらず、Sがその証拠Eをもっているような世界が存在しないこととする。SがPを知っているためには、このような意味で、Sの証拠Eによって、Pでないすべての世界が消去されていなければならない。

　ただし、あることを「知っている」かどうかを考えるときには、私たちはある種の可能性を**適切に無視している**。[39]何かが「平ら」であるかどうかを考えるときに、私たちがある種の凹凸を無視しているのと同様である。前々段の例を考えているとき、緑の目の前にあるの

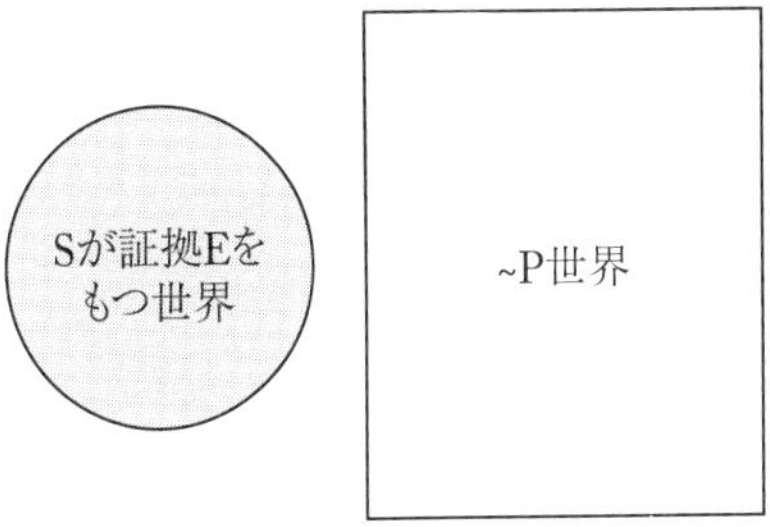

図５　お馴染みのように平面に可能世界が並べられている。Ｓは現実で証拠Ｅをもつとしよう。（それゆえ、現実世界は灰色の丸に含まれる。）ＳがＰでない可能性を証拠Ｅによって消去できているというのは、ＳがＥをもつ世界の領域と ~Ｐ世界の領域が重ならないということである。（Ｐ世界の領域にＳがＥをもつ世界の領域が含まれる、と言っても同じことである。）

がジュースである可能性とワインである可能性だけを私たちは考えていた。つまり、葡萄ジュースにウォッカと香料を混ぜて色も香りもワインに似せたカクテルが目の前にある可能性はあらかじめ無視されていたのだ。そのカクテルは紫色だろうし、ワインと同じ匂いがするだろう。それゆえ、厳密に言えば、緑のもつ知覚経験では、目の前の飲み物がカクテルであってワインでない可能性は消去されていないことになる。（カクテルであると同時にワインであることは形而上学的に不可能であると想定する。）だがある意味では、その可能性は無視してよいような可能性だろう。誰がわざわざそんな無意味なカクテルを作るのか。日常的な文脈で「目の前にあるのがワインであると緑が知っている」と言っているときには、そのような可能世界を私たちは無視してよいということになろう。

一般に、Pを知っているために消去されなければならないのは、Pでない世界（~P世界）だ。だが、~P世界のうちには私たちが無視してよいものもある。無視してはいけない~P世界だけが証拠で消去されていればよい。そうすれば、Pを知っていることになる。こうして、ルイスは「知っている」を次のように特徴づける。（簡略化のため、「S」と「P」は文脈依存的でないとする。）

「知っている」の分析

「SはPを知っている」が真であるのは、Sの証拠がPでないすべての可能世界（ただし、適切に無視される可能世界を除く）を消去しているときであり、そのときに限る。

「平ら」かどうか考えるときに無視される凹凸が文脈によって異なるように、適切に無視される可能性は文脈によって異なる。それゆえ、「知っている」は文脈依存的である。

だが、適切に無視される可能性はどのように文脈に依存するのか。あるいは、どのような情報が文脈として利用されるのか。また、文脈として使用される情報に、「知っている」の内容はどのように依存するのか。ルイスはそうした依存関係をいくつかのルールによって表現する。

4-2 文脈主義のルール

一般に、文脈依存的な文の真偽は、まず文脈によってその文の内容が決まり、次にその内容が成り立っていれば真、成り立っていなければ偽というように、二段階で決まる。「SはPを知っている」という文について言えば、まずどのような可能世界が適切に無視されるかが文脈によって決まる。そのあとで、適切に無視される世界を除いたすべてのPでない世界（~P世界）がSの証拠によって消去されているかどうかによって、「SはPを知っている」が真であるかどうかが決まる。

「SはPを知っている」が真であるかどうかを考えるとき、適切に無視されない~P世界（Pが偽であり、適切に無視されない世界）のことを、Pの**関連代替**（relevant alternative, RA）と呼ぼう。[40] すると、SがPを知っているのは、Pの関連代替の世界が証拠によって消去されているときであり、そのときに限る、ということになる。

だが、どのような世界が関連代替になるのか。ここからは、ルイスの提示した、どの世界が適切に無視され、どの世界が適切に無視されないかを文脈に応じて指定するルールを述べていく。Pの関連代替の世界とは、Pでないが適切に無視されない世界のことだから、そのルールによって同時に、関連代替も文脈に応じて指定されることになる。そして、そのルールによって、「知っている」かどうかが文脈にどのように依存するかが明らかになる。

最初の三つのルール、**現実性のルール**、**信念のルール**、**類似性のルール**は、どの可能世界が適切に無視されないかを指定するルールだ。まずは提示しておいて、後で使い方を見ることにしよう。

現実性のルール

Sの現実世界は適切に無視されない。[43][44]

信念のルール

もしwが成り立っているとSが信じているならば、wは適切に無視されない。[45][46]
もしwが成り立っているとSが信じるべきならば、wは適切に無視されない。

類似性のルール

もしwに目立って類似しているw^*があり、w^*が他の規則によって適切に無視されないことに

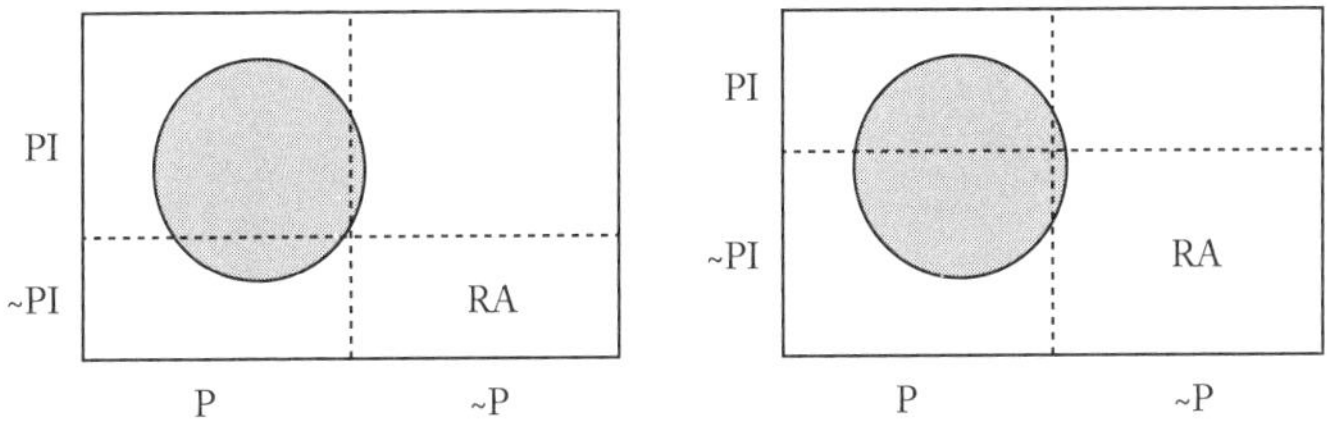

図6　左右の四角はそれぞれ全可能世界の集まりを表す。垂直の点線の左の領域はＰが真である世界（P世界）の集まりを、右の領域はＰが偽である世界（~P世界）の集まりを表す。水平の点線の上の領域（PI）は、適切に無視される世界の集まりを表す。PI以外の領域（水平の点線の下の領域）の右半分RAがＰについての関連代替の世界である[41]。また、灰色部分は、「Ｓが現実世界でもつのと同じ証拠をもっている世界」の集まりを表す[42]。それゆえ、Ｓのもつ証拠によって消去される世界とは、灰色の領域以外の世界である。もしＳがＰを知っているのであれば、適切に無視されない~P世界（関連代替の世界）が消去されなければならない。このことは、灰色の領域と右下の四角の領域ＲＡが重ならない、ということと同じである。どのような世界が適切に無視される（PIに含まれる）かは文脈に依存する。したがって、この図の水平の点線は文脈によって変わる。左右の図のうち、「ＳがＰを知っている」のは左の場合のみである。

なっているのであれば、ｗも適切に無視されない。[47]

現実性・信念・類似性の三つのルールは、どの世界が適切に無視されないかを指定する。このようにして指定された世界のうち、Ｐでない世界は、Ｐの関連代替である。Ｐを知っているためには、Ｐの関連代替の世界を証拠によって消去することが求められるので、おおまかに言えば、現実性・信念・類似性のルールによって関連代替として指定される世界が増えれば増えるほど、Ｐを知ることは難しくなる。それゆえ、右のルールの重要な使い道は、知っていないのはなぜなのかを説明することにある。私たちが知らないことは多くある。なぜそれを知らないのかを説明できるのであれば、これらのルールが「知っている」という語を適切に捉えていると考える根拠になろう。

第一に、信念のルールと類似性のルールの使い方をみるために、葡萄ジュースとワインの例を思い出そう。

緑が匂いを嗅ぐことによって、液体が葡萄ジュースであるという可能性は消去された。それがワインだと緑は知っている。ここでは、それが例のカクテルである可能性を私たちは無視してよい。だが、次のような状況を考えよう。緑はあるバーにいる。そして、色と香りではワインと区別のつかないようなカクテルをそのバーは出せるとなぜか緑は信じている。（だが、実際にそのバーにはそのカクテルはないとしよう。）緑は、「そう強くないお勧めのものを」と頼んで出てきた、色と香りではワインと区別のつかない液体を見た後にそれを嗅ぐ。緑はそれをワインだと信じる。このとき、それが実際にワインであるとしても、「緑はそれがワインだと知っている」とは言えないだろう。それはなぜか。

信念のルールを使うと次のように説明できる。「ワインと区別のつかないカクテルを出すバーにいる」と「緑に出されたのはワインである」という緑の信念が成り立つ世界wを考えよう。信念のルールより、wは適切に無視されない。ここでもう一つ、ワインもどきのカクテルを出すバーに緑がいて、さらに緑に出されたのがワインでなく、ワインもどきのカクテルである世界w^*を考えよう。wとw^*はともに、ワインもどきのカクテルを出すバーに緑がいるという点で目立って似ている。それゆえ、類似性のルールから、w^*は適切に無視されない。ここで、w^*では緑に出されたのはカクテルであり、ワインではないのだから、w^*は関連代替である。だが、緑の見た色と嗅いだ香りの知覚経験は、w^*を消去できない。それゆえ、「緑はそれがワインだと知っている」と言えないのだ。

第二に、現実性のルールと類似性のルールを組み合わせた使い方を見るために、次の状況を想像してほしい。あなたは宝くじ売り場でちょうど一枚の券を買ったところだ。当たりの発表はまだなされていない。宝くじの券の総数は一〇万枚で、当たりは一枚だ。言うまでもなく、あなたの券が当たりである確率は極めて低い。言い換えれば、その券が外れである確率は極めて高い。だが、あなたは自分の券が外れであると知っているだろうか。いや、そうではないだろう。たとえ現実世界でその券がはずれであるとしても、あなたからみると、もしかするとその券は当たりかもしれない。もしその券が外れでないかもしれないならば、あなたはその券が外れであると知っているとは言えない。

なぜ自分の券が外れであるとあなたは知らないのかを、現実性のルールと類似性のルールで説明してみよう。現実性のルールより、現実世界@は適切に無視されない。ここで、@は（類似性のルール以外のルールによって）適切に無視されないのだから、類似性のルールより、@に目立って類似している世界もまた適切に無視されない。さて、あなたの券が当たりである（外れでない）世界の少なくともいくつかは@に類似している。なぜなら、抽選のプロセスが少しだけ異なる世界であなたの券が当たる世界wがあるだろうから。したがって、wは関連代替に含まれる。そのため、外れであると知っているためには、wまで消去しなければならない。だが、あなたのもっている証拠はwを消去できない。それゆえ、あなたは自分の券が外れであると知らない。

さて、現実性・信念・類似性のルールは、どのような世界が適切に無視されないかを指定するルールだった。これだけでは、なぜ何かを知っていると言えるのかを説明するのは難しい。これから導入するルールは、これまでのルールとは逆に、適切に無視される世界を指定するルールである。（どの世界が適切に無視されるかを指定することによって、どの世界が関連代替にならないかが指定されることになる。）

まずは、**信頼性のルール**である（PME, p. 433）。たとえば、私たちは目の前の鴉《からす》を見ることによって、鴉がいると信じるようになる。あるいは、鴉がいたと記憶することで、数分後でも鴉がいたことを信じている。こうした、知覚や記憶というプロセスは私たちが何かを知るうえで欠かせないし、現にそうしたプロセスに頼っている。これらは、おおよそ真なる信念に私たちを導くという意味で信頼可能なプロセスだ。たまには、幻覚や錯覚のせいでそうしたプロセスは失敗するかもしれない。だが、あくまでそれは例外的な事例であるし、少なくとも通常の文脈では、知覚や記憶のプロセスが失敗している世界はおおよそ無視してよいだろう。

信頼性のルール
知覚や記憶などのプロセスが失敗しているwは適切に無視される。

ただし、信頼性のルールは他のルールと衝突しうるので、信頼性のルールの使い方には注意を要する。たとえば、現実世界において、緑は目の前に孔雀がいるという幻覚を見ており、知覚が上手くいっていないとしよう。このとき、現実性のルールから、現実世界は適切に無視されない。だが、信頼性のルールによると、知覚が上手くいっていない現実世界は適切に無視される。それゆえ、信頼性のルールと現実性のルールは衝突する。このように、信頼性のルールが他のルールと衝突するときには、他のルールが優先されることにしよう。なぜなら、緑が孔雀の幻覚を見ているときに、もし本当に緑の目の前に孔雀がいるとしても、緑は目の前に孔雀がいると知っていることにはならないが、信頼性のルールが現実性のルールに優先するとすれば、緑はそれを知っていることになってしまうからだ。（同様に、信頼性のルールは、信念・類似性のルール、そして後で述べる注目のルールよりも優先度が低いものとする。）

次の**方法のルール**も、信頼性のルールと同じく、どのような可能世界が適切に無視されるかを指定する。ルイスは方法のルールのアイデアを次のように説明している。

> 私たちは標本が代表的であること、そして、私たちの証拠の最良の説明が真なる説明であることを前提とする権限を［…］もっている。つまり、これら二つの標準的な非演繹的な推論方法が上手くいっていない可能性を適切に無視する権限をもっている。（PME, p. 433）

ある母集団から標本を採取して、その標本のもつ性質をその母集団のそれぞれの要素がもつことを推論することは、**帰納**（induction）と呼ばれる。蝶の性質を調べようとしても、私たちはすべての蝶を調べることはできない。だから、一定の量の蝶を採取し、それがどのような性質をもつかを見ることによって、蝶一般がどのような性質をもつかを調べるわけだ。そのような帰納が上手くいかない可能性は無視される、と方法のルールは述べる。また、私たちのもつ証拠から、その証拠を最もよく説明する仮説に推論することは、**最善の説明への推論**（inference to the best explanation）と呼ばれる。[48] あなたが帰宅すると、窓が割られていて、部屋に靴の跡があり、花瓶がなくなっていたとしよう。部屋の靴跡や花瓶の紛失という証拠は、ポルターガイストが起こったという仮説か、動物が侵入したという仮説か、泥棒が侵入したという仮説のうち、泥棒仮説によって最もよく説明される。そのゆえに、その証拠からそれを最もよく説明する泥棒仮説に推論する。このような最善の説明への推論が上手くいかない可能性も無視されると方法のルールは述べる。まとめれば、次のようなルールになる（PME, p.433）。

方法のルール
帰納と最善の説明への推論が上手くいっていないようなwは適切に無視される。

ただし、方法のルールも信頼性のルールと同じく、他のルールと衝突するときには他のルールが優先されるとする。

さらに、**保守主義のルール**のアイデアは次のように説明される。

> 私たちのまわりの人々がある特定の可能性を通常は無視しており、その人々がそうしていることは共有知であるとしよう。（…）すると、（…）このような一般的に無視されている可能性は適切に無視されうる。（PME, p. 433）

簡単にまとめると、次のようになる。

> **保守主義のルール**
> 通常無視されており、通常無視されていることが共有知であるようなｗは適切に無視される。

ただし、信頼性・方法のルールと同じく、保守主義のルールが他のルールと衝突するときには、他のルールが優先される。

信頼性・方法・保守主義のルールは、どのような可能世界が適切に無視されるかを指定するルールだった。[49] 私たちがある証拠をもっているということは、通常私たちが知っているとみなしていることを論理的に導くわけではない。それにもかかわらず、通常の文脈において、私たちが多くのことを知っているとみなせるのは、これらのルールが様々な可能世界を無視することを許してくれるからだ。

だが、いずれのルールも、適切に無視されない世界を指定するルールと衝突するときには、適切に無視されない世界を指定するルールが優先される。これまでのところ、適切に無視されない世界を指定するルールとしては、現実性・信念・類似性のルールが導入されている。次の注目のルールも同様に、どのような可能世界が適切に無視されないかを指定する。そして、ルイスの懐疑論への応答として最も重要な役割を果たすのは、この注目のルールである。[50]

> ある可能性がいかにありそうにもないとしても、あるいはまた他の文脈ではそれを適切に無視するかもしれないとしても、もしこの文脈においてその可能性を無視せず、それに注目しているのであれば私たちにとってその可能性は関連代替である。(PME, p. 434)

これをまとめると次のようなルールになる。

注目のルール

wが発話者によって無視されていないのならば、wは適切に無視されない。

4―3　懐疑論、注目のルール、知識閉包

注目のルールは、なぜ私たちが懐疑論証に接すると「夢を見ていないと知らない」と考えるだけ

でなく、「本を読んでいると知らない」とすら考えるのかを説明してくれる。懐疑論証で提示される懐疑仮説「あなたは夢を見ている」の成り立つ世界に私たちが注目しているとき、たとえば、本章の初めからずっとそうしてきたように、認識論をしているときは、この懐疑仮説の成り立つ世界は関連代替になってしまう。そして、そのような消去できない関連代替があることによって、「夢を見ていないと知っている」はもちろん、「本を読んでいると知っている」とすら言えなくなる。こうして、あなたに知識を帰属させることができなくなるのだ。

ちょっと認識論をやってみよう。そして空想に身を任せてみよう。いたるところに消去されていない誤りの可能性を見つけよう。さて私が言ったように、あなたはその誤りの可能性に注目しているのだから、適切だろうがなかろうが、あなたはもはやそうした可能性を無視していないのだ。そうして知識の帰属への潜在的な反例の、きわめて豊かな領域をもつ文脈に陥っているのだ。そのような極めて豊かな〔反例の〕領域をもつ尋常でない文脈では、知識の帰属が真になることは決して起こりえない（ほとんど起こりえない）ということになる。〔…〕このようにして、認識論は知識を破壊する。だがそれも一時的なことだ。認識論という気晴らしも、たえずそのような特殊な文脈に私たちを陥れるわけではない。残りの時間には、私たちはなお、適切に多くのことを無視できるし、多くを知ることができるし、そして多くの場合で、私たち自身や他の人に知識を正しく帰属させられるのだ。〔…〕このように、知識はとらえどころがな

いのだ。知識を吟味しよう、するとすぐにそれは消え去ってしまう。(PME, p. 434)

このようにして、注目のルールは、なぜ懐疑論証が説得的に見えるのかを説明してくれる。懐疑論証について考えるとき、私たちは懐疑仮説の可能性に注目せざるをえない。そして、注目のルールより、私たちがそれに注目するかぎり、懐疑仮説の可能性は適切に無視されない。そのような文脈で「知っている」と言えるためには、懐疑仮説の可能性までもが消去されなければならなくなる。しかし、そんなことはできない。それゆえ、懐疑論証は、それを突きつけられている限り、説得的に見えるのだ。

だが、懐疑論証に接していないときはどうだろうか。通常私たちは、夢をみている可能性に注目しているわけではない。認識論をしているのでなければ、そのような突拍子もない可能性は無視している。それゆえ、認識論のことなど忘れている通常の文脈では、外界について多くのことを「知っている」と言ってよい。

通常の文脈で「本を読んでいると知っている」が真になることは、どのような可能性が無視されるかを指定するルールからわかる。たとえば、信頼性のルールより、あなたの本の知覚が失敗している世界(これには、あなたが夢を見ている世界も含まれる)が適切に無視される。(保主主義のルールを使ってもよい。)[51] 信頼性のルールは、それが他のルールと衝突するときには、他のルールが優先される。それゆえ、現実性・信念・類似性のルールと衝突するかどうかを考えてみよう。まず、現実性のルールより、現実世界は適切に無視されない。現実世界ではあなたは夢を見ていないから、これは夢を見ている世界が適切に無視されることと衝突しない。信念のルールによると、あなたが信じている（あるいは信じるべき）ことが成り立つ世界は適切に無視されない。だが、あなたは自分が夢を見ていると信じておらず、そう信じるべきでもないだろう。それゆえ、信念のルールも、夢を見ている世界が適切に無視されることと衝突しない。さらには、現実世界であなたは夢を見ていないのだから、現実世界と夢を見ている世界は似ていないし、あなたは自分が夢を見ていると信じていないのだから、あなたの信念が成り立つ世界とも、夢を見ている世界は似ていない。したがって、類似性のルールも、夢を見ている世界が適切に無視されることと衝突しない。[52]

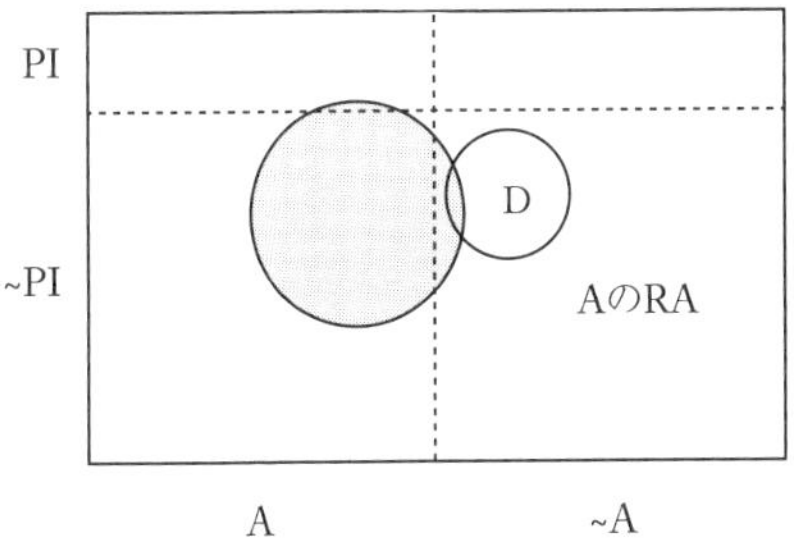

図７　小円は「あなたが夢を見ている世界（D 世界）」の領域を表す。注目のルールより、D 世界は適切に無視されないから、「本を読んでいる（A）」の関連代替に含まれる。だが、灰色の領域と A の関連代替の世界（とくに D 世界）は重なっている。（なぜなら、あなたがもっている証拠とあなたが夢を見ている（D）は両立可能であるからだ。）したがって、あなたは A の関連代替を証拠によって消去できてきないことになるから、あなたは本を読んでいる（A）と知らない（~K(A)）。

　したがって、信頼性のルールより、あなたが夢を見ている可能性に私たちが注目していないときには、その可能性は適切に無視される。そして、その可能性が適切に無視されるのであれば、「あなたは本を読んでいると知っている」と言ってよい。なぜなら、夢を見ている世界のように、知覚が失敗している世界は適切に無視されており、適切に無視されている世界を除けば、本を読んでいない世界は、あなたのもつ証拠によって消去されるからである。

ここで、知識閉包について思い出そう。知識閉包によると、あなたが何かを知っているならば、その論理的帰結も知ることができる。懐疑論で問題になる知識閉包の事例とは、「あなたは自分が本を読んでいると知っているのならば、自分が夢を見ているのではないと知っている」というものだった。（これは懐疑論証の前提2である。）この知識閉包を否定する戦略がまずいというのはすでに確認した。（第3節およびキーワード解説「**知識閉包を否定する戦略の問題**」を参照。）ルイスの文脈主義が知識閉包を否定せずに済ませていることを確認しよう。

私たちが誰かについて何かを「知っている」と言うとき、言われている内容は文脈によって異なる。たとえば、認識論をしているような「尋常でない」文脈において、「本を読んでいるとあなたは知っている」と私が言うのであれば、夢を見ている可能性を含めた様々な関連代替があなたの証拠によって消去されているときに限って、それは真になる。だが、とくに夢の可能性は、あなたの証拠によって消去されていない。それゆえ、私が言ったことは偽になる。（「夢を見ていないとあなたは知っている」と言っても偽になる。）そして、「本を読んでいるとあなたが知っているのならば、自分が夢を見ていないとあなたは知っている」という知識閉包の事例は真である。（実質条件文は前件が偽であるならば真になる（第2章第1節参照）。）

さらに、通常の文脈においても知識閉包は成り立つ。まずは、「本を読んでいるとあなたは知っ

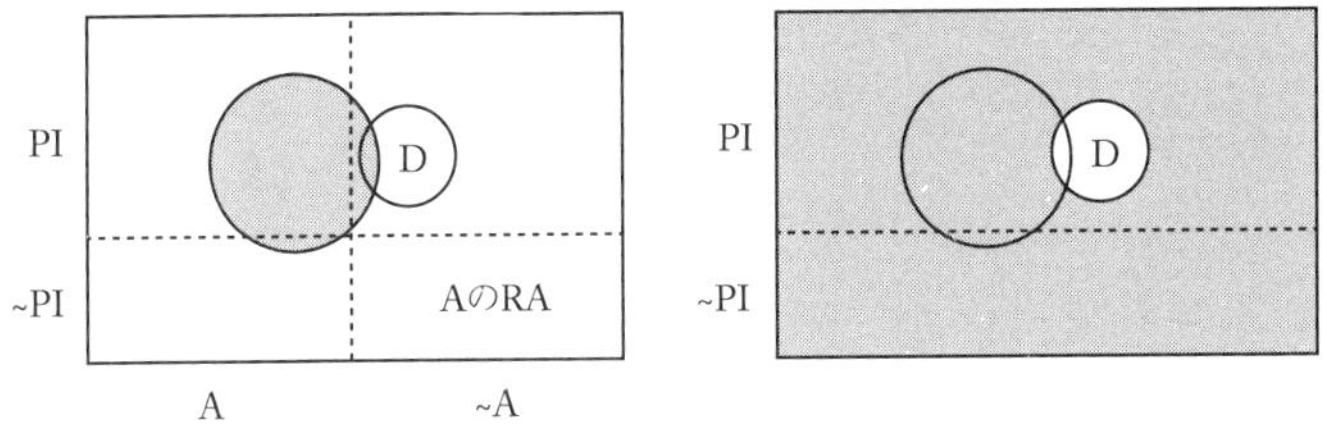

図８　あなたは本を読んでいると知っている（K(A)）。（左図）夢を見ている可能性に私たちが注目していないとき、信頼性のルールは、注目・現実性・信念・類似性のルールと衝突しない。それゆえ、あなたの知覚のプロセスが失敗している世界（とくにＤ世界）は適切に無視される。ラフに言えば、適切に無視される世界は、夢の可能性に私たちが注目していないときの方が、夢の可能性に注目しているときと比べて増加する。（それに応じて、関連代替の世界は、夢の可能性に注目しないときの方が減少する。）水平の点線が前図のそれより下がっているのは、それを表している。さらには、あなたは夢を見ていないと知っている（K(~D)）。（右図）小円以外の領域は ~D 世界の領域である。~D の関連代替は、水平の点線の下の領域と、Ｄ世界の領域の重なる部分だが、それは存在しない。（Ａの関連代替と ~D の関連代替は異なることに注意。）それゆえ、~D の関連代替はトリヴィアルに消去されている。

ている」が真になる文脈を考えよう。そのような文脈において「夢を見ていないとあなたは知っている」が真になるのであれば、知識閉包は問題なく成り立っていることになる。「本を読んでいるとあなたは知っている」はこの文脈で真になるのだから、あなたが本を読んでいない可能性のうち無視できない可能性、つまり、「本を読んでいる」の関連代替はあなたの証拠によって消去されていることになる。このとき、「本を読んでいる」の関連代替には夢を見ている可能性は含まれない。なぜなら、その可能性はあなたの証拠によって消去できないからだ。したがって、あなたが夢を見ている可能性はこの文脈では適切に無視されている。ここで、「夢を見ていないとあなたは知っている」かどうかを考えよう。夢を見ていないのではない可能性、つまり、夢を見ている可能性のうち、適切に無視されないものが消去されていれば、この知識の帰属は真である。だが、夢を見ている可能性はいまの文脈では適切に無視されるのだった。それゆえ、消去されるべき、「夢を見ていない」の関連代替はそもそも存在しない。それゆえ、「夢を見ていないとあなたは知っている」はこの文脈で真になる。したがって、知識閉包はこの通常の文脈でも成り立っていることになる。（読書や夢に関することだけでなく、ルイスの理論では知識閉包が一般的に成り立つことについてはキーワード解説「**関連代替と知識閉包**」を参照。）

まとめよう。懐疑論証に対するルイスの応答として、最も重要な役割を果たすのは注目のルールである。注目のルールによると、私たちの注目している可能世界は適切に無視されない。そのため、私たちが懐疑論証に接しているときのように、あなたが夢を見ている世界に私たちが注目しているのであれば、そのような世界は適切に無視されない。それゆえ、夢を見ている可能性は関連代替となる。だが、あなたの証拠がその関連代替を消去できない以上、あなたは自分が夢をみていないことも「知らない」ことになるし、自分が本を読んでいることも「知らない」ことになる。このことによって、なぜ懐疑論証が一定の説得力をもつように見えるのかが上手く説明される。一方で、夢を見ている可能性に注目していない通常の文脈であれば、信頼性のルールや保守主義のルールによって、あなたは自分が本を読んでいることを「知っている」ことになる。くわえて、夢を見ている世界が適切に無視されるかぎり、夢を見ていないと知るために証拠によって消去しなければならない可能世界は存在しない。それゆえ、あなたは自らが夢を見ていないことも「知っている」ことになる。懐疑論証に触れる文脈はあくまで例外的だ。それゆえ、文脈主義の諸々のルールは、なぜ私たちが多くのことを知っているように見えるのかも説明してくれる。また、どのような文脈であれ、知識閉包は破られない。こうして、ルイスの文脈主義は、「なぜ私たちが懐疑論証に一定の説得力を見いだすのかを説明する」というムーア主義には困難な課題を果たすと同時に、ノージックのように知識閉包を否定することも避けられる。ルイスの文脈主義の魅力は、こうしたいいとこどりにある。

＊

本章では懐疑論証に対する応答戦略を見てきた。第一の戦略は、私たちは結局のところ、夢を見ていないと知ることができるとする、「ムーア主義」と呼ばれる。戦略であった。第二の戦略は、「何かを知っているのであれば、その論理的帰結も知ることができる」という知識閉包を否定する戦略であった。第三の戦略は、「文脈主義」と呼ばれる、「知っている」という語の内容は文脈依存的であるとする戦略であった。およそ懐疑論への応答として哲学者の提示してきたすべての答えを列挙することはできない。しかし、多くの理論はこれら三つのうちのいずれかに分類できる。

さて、本章ではひとまず、第一と第二の戦略を退けた上で、ルイスの文脈主義を見てきた。だが、ルイスの文脈主義にも問題がないわけではない。ルイスの懐疑論証への応答の鍵は注目のルールだった。しかしながら、注目のルールは知識をあまりに容易に消してしまわないだろうか。マイケル・ウィリアムズは次のように論じている。

注目のルールは知識を保持することをあまりにも困難にしてしまう。ありそうもない懐疑的可能性――培養槽の脳や騙す悪魔――は証拠によって消去されないとひとまず認めてみると、このルールは、その可能性がある人の脳裏に浮かぶたびにその人の知識が消えてしまうことを保証する。[53]

ある日の午後あなたは上野公園を歩いていて、向こうにロダンがあるな、と思う。「あなたは向こうにロダンがあると知っている」とあなたは考えている。だが突如、あなたは私の本を午前中に読んだことを思い出し、自分が夢を見ている可能性に注目する。[54]その瞬間にあなたは、「あなたはむこうにロダンがあると知っている」を真とみなせなくなってしまう。だが、誰かに知識を帰属させられるか帰属させられないかは、そんなに容易く変わってしまうのか。

懐疑論証への鍵となるべく提案された注目のルールに問題があるとすれば、懐疑論証へ応答するには、これを何か別のルールに置き換えなければならない。[55]あるいは、第一の戦略や第二の戦略を改訂するという方法も考えられよう。いずれにせよ、哲学者たちは長きにわたって懐疑論に取り組んできたものの、いまのところ定説と言えるような答えは存在しない。こうして、懐疑論は未解決問題として残っている。しかし、懐疑論について考えることによって、知識とはどのようなものか、

「知っている」という語はどのようなものか、少しは知ることができるかもしれない。

キーワード解説

1 対応者関係

部屋の中のあなたは雨降る庭を見て「今庭に出るとしたら庭の雨蛙のように濡れるだろう」と思う。さて、あなたは別の可能世界の雨に打たれたあなたの対応者に似ている。そして、雨に打たれた対応者は庭の雨蛙に似ている。庭の雨蛙は砂漠にいるコロラドリバーヒキガエル（*Bufo alvarius*）に似ている。だが、あなたは砂漠のコロラドリバーヒキガエルには似ていないかもしれない。一般的に言って、aがbに似ていて、bがcに似ているということは、aがcに似ていることを保証しない。小難しく表現すれば、類似性関係は推移的でない。ある関係Rが**推移的**であるというのは、xとyが関係Rにあり（xRy）、yとzが関係Rにある（yRz）ことから、xとzが関係Rにある（xRz）ことが帰結するということである。（たとえば、自然数の間の大小関係「$<$」は推移的である。自然数l、m、nについて、$l<m$と$m<n$であるとき、$l<n$が必ず成り立つ。）多くの関係は推移的ではない。たとえば、「愛している（L）」という関係は推移的ではない。あなたの愛する人が、知らない別の人を愛しているとしよう。このとき、あなたが節操のない博愛主義者でなければ、あなたが恋敵を愛していることにはならない。（一般に、aLbとbLcからはaLcは導かれない。）図を見てほしい。もし矢印の表す関係が推移的ならば、必ず右図のようになるが、もし推移的でないならば左図のようになりうる。

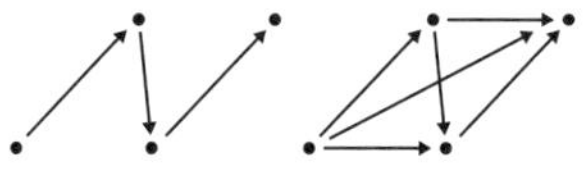

さて、対応者関係は基本的には類似性関係である。類似性

関係は愛と同様に推移的ではない。対応者関係が類似性関係を用いて定められる以上、対応者関係も推移的でないことになる（PPI, p. 28）。これは対応者理論にとって好ましいことだ。あなたが庭の雨蛙に似ているのであれば、別の可能世界の同様の雨蛙を対応者としてもつことがあるかもしれない。しかし、その対応者はまた、他の可能世界の砂漠のコロラドリバーヒキガエルを対応者としてもつかもしれない。こうして、対応者関係をたどっていくと、コロラドリバーヒキガエルに行きつく。だが、対応者関係は推移的ではないから、必ずしもそのコロラドリバーヒキガエルがあなたの対応者になるわけではない。だが、雨降る庭を見て話をしている文脈で、「あなたはコロラドリバーヒキガエルでありえた」と言うのがいささか奇妙であることを考えれば、これは好ましい結果だ。[1]

　対応者関係はそもそも、二つの可能世界にそれぞれ含まれるような同一の対象が存在しない、すなわち、「ある可能世界に含まれる対象と、別の可能世界に含まれる対象が同一である」という**貫世界同一性**がありえないことから要請されるものだった。対応者関係は事象様相を扱う際に同一性の代わりに使われる。だが、同一性が推移的である一方で対応者関係が推移的でないということなど、同一性と対応者関係はいくつかの性質を異にするということには注意が必要である。

　推移性以外にも同一性と対応者関係は**対称性**において異なる（PPI, p. 28）。Rが対称的であるのは、xRyから、yRxが導かれるときである。たとえば、友人であるという関係が対称的である一方、愛は対称的ではない。（友人だと思っているという関係と友人であるという関係を混同しないように。）同一性が対称的であるのは明らかだろう。対応者関係が対称的ではないというのは次のような例を考えればわかる。あなたが双子の片割れだとしよう。あなたはある可能世界に対応者をもつかもしれないが、その対応者はあなたの双子の兄の方により類似しているとしよう。このとき、その対応者が現実世界にもつ対応者は、あなたの双子の兄であってあなたではない。したがって、対応者関係は対称的ではない。図を見てほしい。もし矢印の表す関係が対称的ならば、必ず右図のようになるが、もし対称的でないならば左図のようになりうる。

ところで、ある文脈のもとでは、ある世界に二つの対応者をもつこともあるかもしれない。次の例を考えてみよう。

> 私が誰か別の人間だったかもしれないという可能性について考えてみよう。ここに私がいる。あそこに哀れなフレッドがいる。[…] 私はいま、私が哀れなフレッドであるという可能性について考えており、それが実現されていないことを喜んでいる。[…] この世界と全く同じようなある世界において自分がフレッドである可能性について考えているのである。（OPW, p.231, 邦訳 p.263）

この、「デイヴィッド・ルイスがフレッドだったかもしれない」という事象的可能性は、現実世界のルイスが彼と同じくこの現実世界に住まうフレッドを対応者としてもつことによって表現できよう。このとき、現実世界には少なくとも二つのルイスの対応者、すなわち、ルイス自身とフレッドがいることになる。[2]

2　持続、耐続、延続：人格の持続と身体の持続

私たちは時間を通じて存在する。少なくとも私は一九九〇年六月二四日から二〇一九年一一月一六日まで存在し続けている。こうして、時間を通じて存在することを、**持続している**（persist）と言う。だが、持続しているとはどういうことか。時間の哲学では、持続について主に二つの見解が提示されている。[3] 一方は、**耐続説**（endurantism）と呼ばれる見解だ。耐続説によれば、何かが持続するならば、それが持続するすべての時間において、その「全

体が余すところなく現れている」[4]。もう一方は、**延続説**（perdurantism）と呼ばれる見解である。延続説によれば、何かが持続するというのは、それが持続している各時点に**時間的部分**をもつということだ。いまあなたの目の前にある椿を考えよう。耐続説によれば、その椿の全体があなたの目の前に現れている。延続説によれば、その椿が空間上に広がっているのと同様に、椿は現在から過去へ、現在から未来へと時間的に広がっており、いま目の前にあるのは、時間的に広がる椿全体の一部、現在の**段階**に過ぎない[5]。ルイスは延続説を支持している[6]。延続説のもとでは、諸々の時間的部分が同じ対象の時間的部分だと言えるのは、それらが類似していること、それらが法則的な因果関係によって結ばれていることによる[7]。

延続説のもとで、身体と人格の同一性について考えてみよう。重要なのは、現在の段階と後の段階とが同じ身体の時間的部分だと言えるための条件と、現在の段階と後の段階とが同じ人格の時間的部分だと言えるための条件とは異なるかもしれない、ということだ。現在の段階が後の段階と身体として似ているかどうかと、現在の段階が後の段階と人格として似ているかは異なる。また、身体の状態に関わる典型的な法則的因果関係と、人格の状態ないし心的状態に関わる典型的な法則的因果関係が異なるとすれば、それによって身体の持続の条件と、人格の持続の条件は異なることになる[8]。今日の私の段階は、明日までに交通事故に遭って身体の状態が大きく変化したとしても、同じ人を愛しているという心的状態において明日の私の段階と類似しており、私の人格はなお持続しているかもしれない。また、今日の私の段階のもっている意図を明日の段階が果たしたり、昨日の私の段階に起こったことを明日の段階が記憶したりしているとしよう。これらは心的状態に関する典型的な因果関係で、私の人格の持続を保証するものだ。逆に、記憶や意図を完全に抹消するような薬を飲んでしまえば、身体としてはあまり変わっておらず、それゆえ身体としては持続するとしても、人格としてはもはや存在しないかもしれない。（問題：以上の点を踏まえて、人格の入れ替わりが起こりうるのはどのような条件が整っているときかを考えよ[9]。）

3　性質と自然性

様相実在論によれば膨大な数の可能者たちが存在する。こうした、可能者を措定するメリットの一つは、性質を可能者の集合と同一視できるようになることだ。たとえば、アオスジアゲハであるという性質は、この現実世界と他の可能世界に舞うあらゆるアオスジアゲハの集合と同一視できる。可能者の集合を性質とみなすことは、性質を現実に存在するものの集合とみなすことよりも次の点で優れている。たとえば、たまたま、現実に存在する対象のうち、肝臓をもつ対象と腎臓をもつ対象が完全に重なるとしよう。すると、もし現実に存在する肝臓付きの対象の集合を肝臓をもつという性質と同一視し、現実に存在する腎臓付きの対象の集合を腎臓をもつという性質と同一視するならば、これら二つの性質は同一になってしまう。（同じ要素をもつ集合は同じ集合である。）これは**偶然的等外延性の問題**と呼ばれる。[10] だがもし性質と同一視される集合に可能者まで入れていいのであれば、この問題は起こらない。（**問題**：可能者を用いて「偶然的等外延性の問題」がどう解決されるか説明せよ。）

さて、可能者たちの集合という意味での性質（これは**豊富な性質**（abundant property）と呼ばれる（OPW, p. 60, 邦訳 p. 65））は、極めて雑多なものを含みうる。たとえば、あなたと銀閣寺とプレアデス星団をちょうど含む集合も、豊富な性質だ。これらが質的に似ているとは到底言えない。一般に、豊富な性質を共有することは質的に類似することには何の関係もない。

なかには、質量や電荷といった物理的性質のように、ものがそれを共有することによって質的に類似するようになる性質もあるだろう。それらは**まばらな性質**（sparse property）あるいは**自然的性質**（natural property）と呼ばれる。自然的性質は、「実在を継ぎ目で切り分けている」という比喩で語られることがある。[11] どういうことか説明するために、左の図を見てほしい。図中の小さな四角を分類するとしよう。分類の仕方は無数にあるが、最も自然な分類の仕方は「左上から右下への対角線と左下の四角を含む集合」、そして「右上部にあるT字をなす四角の集合」、そして「それ以外の四角の集合」に分けるのが最も自然な分類だろう。

これはミニチュアの例に過ぎないが、「世界に存在する対象をこのように自然に分類できる」というのが自然的性質のアイデアだ。（自然的な性質を自然的な性質をもつ可能者たちの集合と同一視するとすれば、自然的性質は豊富な性質の特殊事例だということになる。）自然的・非自然的の区別は、一つの対象がもつような性質だけでなく、通常二つ以上の対象がもつ**関係**についても成り立つ。たとえば、**空間的関係**は典型的な自然的関係である[12]。（なお、自然性には一般に度合いがある。完全に自然的な性質や関係は**根本的**（fundamental）と呼ばれる。）自然的性質と自然的でない性質の区別は理論的にきわめて有用であり、それ以上他の概念で分析できない原始概念として受け入れる必要があるかもしれないと、ルイスは考えている（OPW, pp.63-64, 邦訳 pp. 69-70）が、**普遍者**（universal）や**トロープ**（trope）といった概念によってそれを分析するオプションについても考慮している（OPW, pp.64-69, 邦訳 pp. 70-75）[13]。「自然的性質」の概念の様々な使い道については、ルイスの記念碑的論文「普遍者理論の新しい仕事」を参照してほしい[14]。

4　現在主義と永久主義、現実主義と可能主義

時制の還元主義は時間の哲学における**現在主義**と**永久主義**の論争に関わっている。**現在主義**によれば、現在のものしか存在しない。モンゴル帝国や始祖鳥のような過去の対象、一二五八年一月のような過去の時点、火星の植民地のような未来の対象、二〇四〇年六月二四日のような未来の時点は存在しない。一方、現在主義に対立する**永久主義**によれば、それら過去の対象や時点、あるいは未来の対象や時点は存在する。それらはただ現在には存在しないだけである。さて、時制の還元主義によれば、ある人が時点tにおいて「過去にP」と言うならば、その「過去にP」が真であるのは、t以前のある時点t′が存在し、t′においてt

Pが真であるときであり、かつそのときに限る、ということだった。この時制の還元主義が過去の時点が存在することを前提としていることに注意してほしい。二〇一九年一一月一六日に私が「過去にフレグがバグダードを包囲した」と言ったとしよう。この発話は、フレグがバグダードを包囲している一二五八年一月が存在するがゆえに真になるのである。それゆえ、一二五八年一月やアッバース朝帝都のバグダードやモンゴル帝国軍を率いるフレグは、もちろん現在には存在しないとしてもなお存在する。（同様に、時制の還元主義は未来の時点や対象の存在を前提としている。二〇四〇年六月二四日が運よく五〇歳の私を含んでいるとすれば、現在には五〇歳の私が存在しないとしても、五〇歳の私はやはり存在しているのだ。）このように、時制を含む文を時点に関する文で置き換える時制の還元主義は、現在の時点や対象だけでなく、過去や未来の時点や対象の存在も認める永久主義を前提しなければならない。なお、ルイスは永久主義に与している。

時制の還元主義が永久主義を前提とするように、可能世界によって様相を説明するルイスの可能世界論も同様に、何らかの可能世界や可能者の存在を前提とする。（時制と様相とをパラレルにとらえる発想がここには表れている。）ルイスのように可能世界や可能者の存在を認めるアプローチは、**可能主義**と呼ばれる。

可能世界による様相の分析のアプローチのなかには、様相を現実の対象のみを用いて分析することを試みる、**現実主義**と呼ばれるアプローチもある。[15] 現実主義の一種である**代用主義**（ersatzism）によると、可能世界は、事態や命題といった現実に存在するものから何らかのかたちで構成される。あるいは、そもそも可能世界に訴えて様相を分析するのではなく、様相は傾向性や本質によって分析されるかもしれない。（それぞれ、**傾向性主義**（dispositionalism）、**新本質主義**（new essentialism）と呼ばれる。[16]）ルイスはOPW第3章「安上がりな楽園?」を代用主義の批判にあてている。（現実主義に興味のある読者は、Borghini 2016やDivers 2002によるサーヴェイを読んでほしい。また倉田2017bの第三講義にも簡単な解説がある。）

5　真理表

実質条件文の意味での「ならば（→）」や、「かつ（&）」や「または（∨）」や「でない（~）」といった論理結合子に関する論理は、命題論理と呼ばれる。論理結合子とより単純な命題とを用いて構成される複合的な命題の真偽が、構成要素であるより単純な命題の真偽にどのように依存するかを見るには、真理表と呼ばれる表を見るのが一番わかりやすい。真理表は、PやQがすでに（論理結合子を含むという意味で）複合的な命題であるときにも使える。

まずは、「でない（~）」の真理表を見てみよう。（「Pでない（~P）」をPの**否定**と呼ぶ。）

P	~P
真	偽
偽	真

この表は、Pが真であるときに、~Pが偽になり、Pが偽であるときに、~Pが真になることを表している。

「かつ（&）」の真理表を見てみよう。（「PかつQ（P&Q）」をPとQの**連言**と呼ぶ。）

P	Q	P&Q
真	真	真
真	偽	偽
偽	真	偽
偽	偽	偽

この表では、PとQの両方が真であるときにのみ、P&Qが真になり、そのほかの場合はいずれもP&Qは偽になることが示されている。

次に、「または（∨）」の真理表を見てみよう。（「PまたはQ（P∨Q）」をPとQの**選言**と呼ぶ。）

P	Q	PVQ
真	真	真
真	偽	真
偽	真	真
偽	偽	偽

この表から、PとQの両方が偽であるときにのみ、PVQは偽になり、それ以外の場合はすべて真になることがわかる。

（問題：真理表を用いて、PV~P、(P&Q)→Q、((P→Q)&P)→Q、((PVQ)&~Q)→P、((P→Q)→P)→P、(P→Q)→(~Q→~P)が、PやQの真偽にかかわらず真であることを確認せよ。）

6 自然法則

第2章第3節の世界間の類似性基準において、自然法則およびその侵犯（奇跡）という概念が用いられていた。だが、自然法則とは何か。世界にはさまざまな個別的な事実の規則性が見いだされる。自然法則に関する哲学的見解は、自然法則と規則性の間の関係についてどう考えるかによっておおまかに二つに分けられる[17]。

一方の見解によると、自然法則はいかなる規則性とも同一視できない。個別的な事実のなす規則性の背後にあって、個別的な事実を支配しているようなある種の一般的な事実が自然法則なのかもしれない。たとえば、デイヴィッド・アームストロング（Armstrong 1983）の考えでは、自然法則が成り立っているということは**普遍者**の間に**必然化関係**が成り立っているということにほかならない[18]。あるいは、法則性は規則性にも普遍者間の関係にも還元できない基礎的なものだと考える論者もいる（Maudlin 2007）。

他方の見解、**規則性説**によると、自然法則とはある種の規則性にほかならない[19]。だが、規則性を何でもかんでも法則と認めてしまうのはまずい。たとえば、あなたの友人はみな、二十歳になった瞬間に睫毛の数が偶数だったとしよう。だが、この規則性は明らかに自然法則ではない。（これは**偶然的規則性**の問題と呼ばれる。）[20] 規則性説は何らかのかたちで、法則と同一視される規則性と、そうでない規則性とを区別する必要がある。そうした試みの一つに、**ミル＝ラムジー＝ルイス（ＭＲＬ）説**がある（CF第３章第３節、PPII, pp. 121-131, PME, pp. 231-233, Lewis 1983 第６節）。（ＭＲＬ節は、最善体系説とも呼ばれる。名前から明らかだが、この説はジョン・スチュアート・ミル（Mill 1843）とフランク・ラムジー（Ramsey 1928）に起源をもつ。）個別的な事実のなす規則性を、単純でありながら情報量をもつように理論化するとしよう。[21] もちろん、この理論は真でなければならない。理論に情報量がある（理論が強い）というのは、その理論が真になる可能世界が少ないということである。（理論が真になる世界が少なければ少ないほど、その理論は私たちがどのような世界にいるのかを教えてくれるということだ。）また、理論が単純であるというのは、書かれた文字列としての理論が（構文論的に）単純であるということである。情報量が多いことと単純であることは、一般にはトレードオフの関係にある。たとえば、現実に起こるあらゆる個別的な出来事について一つ一つ列挙していく理論というのは、それがおおよそ現実世界でしか真にならないという意味で、情報量があると言えようが、まったく単純な理論ではない。逆に、非常に短い一つの文で書かれた理論、たとえば、ある特定の規則性についてだけ語る理論は、たしかに単純であろうが、その理論が多くの可能世界で真になりかねないという意味で、情報量は少ないと言えよう。しかし、情報量の多さと単純さという条件のどちらも完全には満たさないものの、それらの条件をバランスよく、ある程度は満たしている理論はおおよそ定まるはずである。その理論から導かれる規則性が自然法則にほかならない、というのがＭＲＬ説だ。

その定理すべてが真であるような、あらゆる演繹体系を取ってこよう。そのうちのいくつかはほかのものより単純で、よりよく体系化されている。いくつかはほかのものより強く、情報量が多い。これらの美点は競合する。情報量のない体系は非常に単純でありうるし、雑多な情報の、体系化されていない一覧は非常に情報量が多い。最善の体系とは、真理が許すかぎり、単純性と強さとの間のバランスがよいもののことだ。

（PME, p. 231）

残念ながら、あなたの友人たちの睫毛の本数についてはその理論には書かれていないだろうし、その理論から導くこともできないだろう。それゆえ、MRL説によれば問題の規則性は法則とみなされない。このようにして、MRL説は、「自然法則とはある種の規則性にすぎない」という立場を保持しつつ、偶然的規則性の問題を解決するのだ。（MRL説についての検討としてはさらにHall 2015を参照。

7　出来事

ルイスの因果の分析はトークン因果の分析である。トークン因果の関係項は個別の出来事である。（ある関係について、その関係で結ばれている、あるいは結ばれうるもののことを**関係項**と呼ぶ。たとえば、友人であるという関係の関係項は動物であり、マグカップではない。）だが、そもそも個別の出来事とは何だろうか。ルイスは論文「出来事」（Lewis 1986c, PPII 所収）において出来事について詳細に論じている。

ルイスによれば、出来事とは時空領域の性質と同一視できる（PPII, pp. 243-247）。一般に、ルイスの理論では、性質は**可能者**たちの集合であった。出来事は特定の時空領域で起きるので、性質としての出来事はそれが起きている（他の可能世界のものを含む）**時空領域の集合**と同一視することができる。たとえば、第一次世界大戦という出来事は、それが現実で起こった時空領域と他の可能世界の第一次世界大戦が起きている時空領域の集合である。[22] あるいは、私の金魚鉢の転倒という出来事は、現実世界において私の金魚鉢が転倒したその時間と場所に対応する時空領域と、他の可能世界において私の金魚鉢が転倒した時空領域の集合である。[23]

私が金魚鉢を倒すという出来事は、今日私によって私の部屋で起こされたというように、起こった出来事はおよそ特定の時点で、特定の位置で、特定の行為者によってなされる。[24] こうした位置や時点や行為者は出来事にとって本質的だろうか。別の言葉で言えば、その出来事が別の位置や時点で別の行為者によってなされるということは可能だろうか。ルイスによると、出来事を因果関係項とみなす限りは、そう考えるべきではない（PPII, p. 249）。（問題：第3章第4節を読んだ上で、なぜ位置や時点や行為者は因果関係項となる出来事に本質的とすべきでないのか理由を説明せよ。）

8　付随性

付随性（スーパーヴィーニエンス、supervenience）という概念は分析哲学で頻繁に使われる。付随性とは、ある性質群(A, B, C, …)と別の性質群(F, G, H, …)との間に成り立ちうる関係である。（付随性は、性質群の間の関係であって、第一義的には性質同士の関係ではない。[25]）第一の性質群が第二の性質群に付随するというのは、第二の性質群に関する違いなしに、第一の性質群に関する違いがありえない、ということである。たとえば、xがAであり、yがBである（第一の性質群に関して異なる）にもかかわらず、xとyのいずれもがGである（第二の性質群に関して同じである）ということがありえない、ということだ。モザイクの壁面装飾を思い浮かべよう。その壁面が全体としてどのような模様になっているか（第一の性質群）は、（タイルの大きさは決まっているとして）どのような色のタイルが並べられているか（第二の性質群）よって決まる。ある壁面が別の壁面と別の模様であるのに、並べられているタイルの色がまったく同じであることはありえない。こうして、壁面の模様はタイルの色の配置に付随する。

哲学ではたとえば、心的性質（群）が物理的性質（群）に付随するかどうか、ものの持続はそれが各時点にもつ性質に付随するかどうか、どのような自然法則が成り立っているかが個別的な事実の規則性に付随するかどうか、といったことが問題になる。[26]（第1章第5節、キーワード解説「**持続、延続、耐続**」、キーワード解説「**自然法則**」を参照。）ここでは、ルイスの哲学の背景にある、**ヒューム的付随性**という作業仮説について紹介しよう。[27]

作業仮説としてのヒューム的付随性のテーゼは次のよう

な二つの部分からなる。第一に、私たちの世界、そしてそれによく似ている世界には、個体としてはせいぜい、時空点や点サイズの対象だけが存在する。[28] そして、完全に自然的な性質としては、それらの内在的性質だけが存在する（PME, pp. 225-226）。（点や点サイズの内在的性質は明らかに局所的な性質である。）そして、完全に自然的な関係としてはただ、時空点や点サイズの対象の間に成り立つ、ある種の**時空的関係**があるだけだ。[29] この、ヒューム的付随性テーゼの第一の部分は、世界にどのようなものが存在するか、どのような自然的な性質が存在するかに関するテーゼである。

そして、ヒューム的付随性テーゼの第二の部分によれば、時空点や点サイズの対象がどのような内在的で自然的な性質をもつか、そして、時空点や点サイズの対象がどのような自然的関係にあるかということに、そのような世界内のすべてのことが付随する。[30] たとえばミニチュアのモデルとして、世界の歴史が次のようなモザイク状になっているとしてみよう。（小さな四角は点サイズで、左は右に時間的に先行すると思ってもらいたい。）それぞれの四角がどのような色であるか（点や点サイズの対象の内在的性質）ということ、

それぞれの四角がどのような位置関係にあるか（点や点サイズの対象間の時空的関係）ということの二つに、このミニチュア世界のすべては付随している。このモザイク世界には規則性が見いだされる（ように私はこの図を作った）。そして、この規則性は単純な理論で表すことができる。ルイスによると、自然法則とはそのような理論から導かれることにほかならない。（キーワード解説「**自然法則**」参照。）自然法則は、タイルの内在的性質とタイルの位置関係のなす規則性に付随するということになる。もし現実世界がこのミニチュア世界に類比的なのであれば、自然法則やものの持続、心的性質は点や点サイズの対象の内在的で自然的な性質とそれらの時空的関係に付随することになろう。これがヒューム的付随性のテーゼである。

ルイスは作業仮説としてヒューム的付随性のテーゼを採用しているだけで、実際には、このテーゼが現実世界で成り立つ、ということを主張しているわけではない（PPII, p. xi）。物理学によって点サイズの対象やそれに内在的な自然的な性質というものが存在しない、あるいは、点サイズより大きな対象がもつ内在的な自然的な性質で、点サイズの対象の特徴に付随しないものがあることがわかるかもしれないからだ。では、それならば作業仮説としてヒューム的付随性のテーゼを検討することにどのようなポイントがあるのか[31]。

> ［…］私がヒューム的付随性の哲学的な妥当性を擁護するのであれば、そうした擁護は疑いなく、よりよい物理学から生じるよりより付随性テーゼに当てはめられるだろう。（PME, p. 226）

哲学で問題になるような心や法則性の付随性は、そうした物理学の進歩によってわかることとは独立であるとルイスは考えていると思われる（Whetherson 2010）。つまり、心に関する哲学的なテーゼは、もしヒューム的付随性の第一の部分が成り立つ世界とそれが成り立たない現実世界ではその妥当性において変わらないということである。物理学は進歩するかもしれないが、ヒューム的付随性が哲学的に擁護できる限り、物理的な対象や性質とまったく同一視できないような心的な対象や性質や、規則性にも付随しないような必然化関係（Armstrong 1983）としての自然法則などを仮定する学説を排除できるだろう、というのがヒューム的付随性を擁護するポイントだ（PPII, pp. xii-xiv）。

9　出来事の説明

二日酔いから戦争の勃発まで私たちは様々な出来事を説明する。だが、出来事を説明するというのはどういうことだろうか。論文「因果的説明」（Lewis 1986b）においてルイスはこの問いに非常に明瞭な答えを提示している。「出来事を説明するとは、その出来事の因果史についての情報を与えることである」（PPII, p. 217）。ある出来事の因果史とは、その出来事の原因、さらにその原因、さらにまたその原因、といった諸々の出来事のなす構造である。下図では、黒丸が出来事を表し、矢印が因果関係を表し、全体として右端の出来事の因果史を表している。

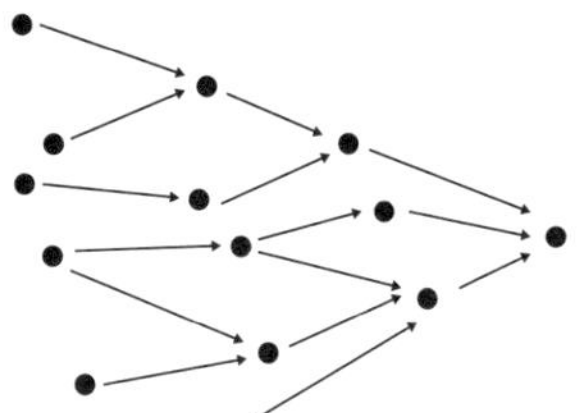

この因果史に含まれる出来事を挙げること、どのようなタイプの出来事が含まれるか、あるいは含まれないかを示唆することなどが「因果史についての情報を与える」ことに相当する（PPII, pp.217-221）。

フォードルの死体を見かけたとしよう。フォードルの死という出来事について、たとえば、それは撲殺だという情報を与えること、つまり、「フォードルの死の因果史に殴るというタイプの出来事が含まれる」と言うこともフォードルの死の説明であるし、より具体的に、「スメルジャコフによる殴打という特定の出来事が含まれる」と言うことももちろん説明になる。あるいは、「イワンがスメルジャコフを唆した」と言うこと、「ドミートリィはフョードルを殴ったのでない」と言うことも説明になる。

　こうした個別的出来事の説明のモデルは、**一般的説明**、すなわち、ある一般的なタイプの出来事の説明のモデルに拡張できる、とルイスは考える（PPII, pp. 225-226）[32]。（お互いに類似しているために）あるタイプとしてまとめることのできる出来事たちの因果史には、何らかの共通点があるかもしれない。そうした共通点についての情報を与えることが、出来事のタイプの一般的説明である。

> なぜ一般に擦られたマッチに火が着くのかを説明することは、特定の擦られたマッチになぜ火が着いたのかを説明することとそう変わらない。一般に、そして、その個別の事例においても、その因果史は摩擦、小さな熱い場所、熱されたときに化合物が分解されて酸素が遊離し、この追加の酸素によって燃焼が促進され、それからこの燃焼からさらなる熱が生じる、等々。
>
> （PPII, p. 225）

こうして、ルイスは単称因果（トークン因果）によって個別的な出来事の説明を与え、個別的な説明のおおまかな一般化として一般的説明を捉えるアプローチをとっている。これが一般因果（タイプ因果）や一般的説明という概念から出発するアプローチと対照をなしていることに注意されたい[33]。どちらのアプローチが正しいのかは重要な未解決問題である。

10　知識閉包を否定する戦略の問題

懐疑論証への応答として知識閉包を否定する戦略には、第5章第3節で論じた問題以外にも深刻な問題がある。この戦略は一般に、知識をもつための必要条件を何らか課すことによって、「本を読んでいる（A）と知っている」を認めつつ、「夢を見ていない（~D）と知っている」を退けることができると論じることによって、知識閉包を拒絶して通常の知識を保存する。（ノージックは感受性条件を知識の必要条件として提示していた。）この戦略には深刻な問題が発見されている（Hawrhorne 2004, 2013）。

まず、「PとQが同値である」というのを「必然的に（PならばQ）であり、必然的に（QならばP）である」こととしよう。[34]（これは、P⥽QとQ⥽Pが同時に成り立つこと、あるいは、P世界の集合とQ世界の集合が完全に一致することとも言っていい。）さて、次の原理は極めてもっともらしい。

同値原理

もしSがPとQが同値であるとアプリオリに疑いの余地なく知ることができ、SがPを知っていて、SがPからQを正しく推論して信じるとき、SはQを知るようになる。[35]

たとえば、「鴉は美しい」というのは、「美しくないものは鴉でない」と論理的に同値である。[36] 私はこの同値性をアプリオリに（つまり、世界に何が転がっているか調べたり、実験したりすることなく）論理的に推論することで、疑いの余地なく知っている。そして、「鴉は美しい」と私が知っているとして、それから、「美しくないならば鴉でない」と推論したとき、私は「美しくないならば鴉でない」と知っているのである。同値原理はもっともらしくみえるだけでなく、ノージックの感受性条件によって同値原理を否定することは原理的にできない。（**問題**：なぜか説明せよ。）

次にもう一つ極めてもっともらしくみえる原理を考えよう。

分配原理

もしあなたがP&Qを知っているならば、Pを知ることができる。

もしあなたがP&Qを知っているならば、Qを知ることができる。

たとえば、鴉は黒く、そして美しいと私が知っているとしよう。そのときに私がたんに鴉は黒いと知ることができないことなどありえようか。

さて、懐疑論証で問題になっている命題「本を読んでいる（A）」と「夢を見ていない（~D）」を考えよう。本を読んでいるならば、夢を見ていることはありえないから、必然的に（AならばD）である。それゆえ、必然的に（AならばA&~D）である。逆に、必然的に（A&~DならばA）でもある。よって、AとA&~Dは同値である。これはアプリオリにわかる。また、この同値性について疑いの余地をもたないで欲しい。ここで、あなたは本を読んでいると知っている、つまり、あなたはAを知っている。だが、あなたはAとA&~Dが同値であることをアプリオリに知っていて、疑いの余地をもっていない。たびたびお願いして悪いが、ここで、AからA&~Dを推論してほしい。すると、同値原理より、あなたはA&~Dを知っていることになる。だが、分配原理より、あなたは~Dを知ることができる、つまり、夢を見ていないと知ることができる！

このように、同値原理と分配原理は、あなたが本を読んでいると知っているかぎり、夢を見ていないと知ることができる、ということを導く。これは、「本を読んでいると知っている」を受け入れつつ「夢を見ていないと知っている」を退けるという、知識閉包を否定する戦略と衝突するが、極めてもっともらしい同値原理と分配原理のいずれかを否定するのは困難であるし、せいぜいアドホックだろう。

11　関連代替と知識閉包

ルイスの理論では、固定された文脈内では知識閉包のあるバージョンが一般に成り立つ。このことを確認しよう。煩雑さを避けるために、知識閉包を最も単純に「PからQが論理的に導かれるとき、SがPを知っているならば、SはQも知っている」と定式化しよう。さらに、簡潔のため、「PからQが論理的に導かれる」ことを「PならばQが必然的に成り立つ（P⥽Q）」ことと同一視しよう[37]。PからQが論理的に導かれるというのは、「P世界の集合がQ世界の集合に部分集合として含まれる」ことになる（第2章第1節参照）。よって、この単純なバージョンの知識閉包は次の原理になる。

単純な知識閉包
P世界の集合がQ世界の集合に部分集合として含まれるとき、SがPを知っているならば、SはQを知っている。

さて、一般に、P世界の集合がQ世界の集合に部分集合として含まれるとき、Qの関連代替の集合は、Pの関連代替の集合の部分集合になる。理由は簡単だ。P世界の集合はQ世界の集合の部分集合であるから、~Q世界の集合は~P世界の集合の部分集合である。Qの関連代替とは、~Q世界の集合から適切に無視される世界を抜いたもので、Pの関連代替とは、~P世界の集合から適切に無視される世界を抜いたものだから、Qの関連代替の集合は、Pの関連代替の集合の部分集合になる。

ここで、SがPを知っているのは、Sの証拠によってPの関連代替が消去されているときであり、SがQを知っているのは、Sの証拠によってQの関連代替が消去されているときである。Qの関連代替の集合がPの関連代替の集合の部分集合であるとき、Pの関連代替を消去することは、Qの関連代替を消去することを導く。よって、P世界の集合がQ世界の集合に部分集合として含まれるとすると、Pを知っているならば、Qを知っているということになる。したがって、単純な知識閉包が成り立つ。

読書案内と問題

ここではルイスの哲学をさらに理解するための文献を挙げるとともに、いくつかの問題を出している。

第1章

言語哲学が分析哲学のすべてというわけではもちろんないが、言語哲学は分析哲学の重要な基礎理論であり続けている。**飯田隆『言語哲学大全Ⅲ　意味と様相（下）』**（勁草書房、一九九五年）は言語哲学への極めて優れたシリーズ『言語哲学大全』の第三巻であり、おおよそ他の巻と独立して読める。第1章で詳細に触れることのできなかった、様相と言語の意味の関係に関する問題が詳しく解説してある。是非まず初めにこの本を読んでほしい。また**八木沢敬『分析哲学入門』**（講談社選書メチエ、二〇一一年）、**『意味・真理・存在　分析哲学入門・中級編』**（講談社選書メチエ、二〇一三年）**『神から可能世界へ　分析哲学入門・上級編』**（講談社選書メチエ、二〇一四年）は分析哲学への三巻本の入門書である。第三巻は主に様相の哲学に焦点を絞っており、ルイスの「アンセルムと現実性」を中心的に扱っている箇所も含まれる。

デイヴィッド・ルイスの主著**『世界の複数性について』**（出口康夫監訳、佐金武、小山虎、海田大輔、山口尚訳、名古屋大学出版会、二〇一六年）（D. Lewis, 1986, *On the Plurality of Worlds*, Oxford: Blackwell Publishers.）は、可能世界に関する問題について最も集中的に論じている本である。様々な哲学者から寄せられた様相実在論への反論についてもルイスは詳細な応答を与えている（第二章）。第一章は主にこの本へのガイドとなるように意図して書いた。また、ルイスの**『第一論文集』**（未邦訳）（D. Lewis, *Philosophical Papers*, Volume I, Oxford University Press, 1983）は**「対応者理論と量化様相論理」**や**「人格の対応者とそれらの身体」**など本章で触れた存在論に関する論文だけでなく、心の哲学や言語哲学における重要論文が収められている。ただし、この本のプリントの文字の小ささには閉口する。（論文集第二巻の文字サイズが第一巻のサイズより大きい理由は察しが付く！）

ルイス哲学の概観としては**D. Nolan, *David Lewis*, Acumen, 2005**がよい。膨大な範囲に及ぶルイスの業績をコンパクトにまとめている。心の哲学や言語哲学といった本書で扱う紙幅のなかったトピックに割かれた章もある。また、入門的ではないが、様々な哲学者がルイス哲学について論じている論文集として、F. Jackson and G. Priest ed., *Lewisian Themes: The Philosophy of David K. Lewis*, Clarendon Press, 2004 と B. Loewer and J. Schaffer ed., A Companion to David Lewis, Wiley-Blackwell, 2015 がある。

様相に関する哲学の見取り図をえたければ、A. Borghini, *A Critical Introduction to the Metaphysics of Modality*, Bloomsbury, 2016 をお勧めする。この本は様相に関する哲学的理論の歴史的な概観を与えたうえで、ルイスを含め様々な様相の理論を紹介している。よりレベルの高い本としては J. Divers, *Possible Worlds*, Routledge, 2002 がある。ルイスの可能世界論だけではなく、他の哲学者達の提示した別種の可能世界論についても幅広くカバーされている。

分析哲学で可能世界が論じられるようになった嚆矢の一つ、カルナップの『意味と必然性』（永井成男、紀伊国屋書店、一九九九年）によると、可能世界論はライプニッツに由来する。ライプニッツの著作としては、『単子論』（河野与一訳、岩波文庫、一九五一年）、『形而上学叙説 ライプニッツ―アルノー往復書簡』（橋本由美子監訳、秋保亘、大矢宗太朗訳、平凡社ライブラリー、二〇一三年）、『ライプニッツ著作集［6］［7］宗教哲学［弁神論…上・下］』（佐々木能章訳、工作舎、一九九〇、一九九一年）などがある。現代的な文脈でライプニッツ哲学を取り扱うものとしては、石黒ひで『ライプニッツの哲学――論理と言語を中心に 増補改訂版』（岩波書店、二〇〇三年）と松田毅「現代形而上学とライプニッツ」（酒井潔、長綱啓典、佐々木能章編『ライプニッツ読本』（法政大学出版局、二〇一七年所収）がある。

ルイス『反事実的条件法』（吉満昭宏訳、勁草書房、二〇〇七年）（D. Lewis, *Counterfactuals*, Blackwell, 1973）は第二章で紹介する反事実条件文の分析についての本である。この本の一部ではルイスの可能世界についての考えが最初にまとまって提示された。第2節の冒頭で引用したのもこの本の有名な箇所である。引用箇所がどのような議論であるかを考える際には、W・V・O・クワインの論文「何があるのかについて」（『論理的観点から――論理と哲学をめぐる九章』（双書プロブレーマタ）』（飯田隆訳、勁草書房、一九九二年所収）（W. W. O. Quine, *From a Logical Point of View*, Harvard

University Press, 1953）を読むといい。問題：その上で引用箇所を読み返してどのような議論なのかを考えてみよう。（「何があるのかについて」および形而上学の方法論に関する話題についてはさらに、**倉田剛『現代存在論講義Ⅰ――ファンダメンタルズ』**（新曜社、二〇一七年）の第二講義を参照。このあたりの話題に興味をもつ読者はさらに、A. Thomasson, *Ontology Made Easy*, Oxford University Press, 2014）のとくに導入部と第1章とをいわゆる「クワイン流」存在論への批判として参照してほしい。）

ソール・クリプキ『名指しと必然性――様相の形而上学と心身問題』（八木沢敬、野家啓一訳、産業図書、一九八五年）（S. Kripke, 1980, *Naming and Necessity*, Cambridge, MA: Harvard University Press）は、ルイスとともに様相を二〇世紀後半の分析形而上学の主要な問題に押し上げたクリプキの主著である。クリプキの哲学はルイスの哲学とは非常に多くの点で対立している。様々な対立点について、ルイスが正しいのか、クリプキが正しいのか（あるいは両方とも間違っているのか）を考えることは極めて良い訓練になる。（『名指しと必然性』への優れたガイドとしては、H. Noonan, *Routledge Philosophy GuideBook to Kripke and Naming and Necessity*, Routledge, 2013がある。）まずは、「ハンフリー反論」というルイスの対応者理論に対する有名なクリプキの反論を挙げておこう。

> ある別の可能世界における対応者は、その物自身と同一であることは決してない。かくして、もし「（かくかくのことをしてさえいたなら）ハンフリーは選挙に勝っていたかもしれなかった」と言うとすれば、われわれはハンフリーにではなく、別の誰か、「対応者」に起こっていたかもしれない事柄について語っていることになるのである。しかしながら、いかに自分と似ていようと、別の誰かが別の可能世界で勝利を収めていたかどうかなどは、ハンフリーにはおそらくどうでもよいことだろう。（Kripke 1980, 邦訳 pp. 209-210, 傍点は引用者による。）

クリプキの反論は、ルイスの対応者理論に関する誤解から生じているかもしれない。問題：「ハンフリーは選挙に勝っていたかもしれなかった」を対応者理論で書き直してみて、それがどのような誤解か考えよ。（傍点部に注意。）（ハンフリー反論に対するルイスの答えとしては、OPW第4章第1節を参照。また、「ハンフリー反論」のさらに詳細な議論としては J. Divers, 2002, *Possible Worlds*, London: Routledge の第8章も参照。）

次に、心身問題に関するクリプキの議論を挙げておこう。

> デカルトや彼に従う人々は、心は身体がなくとも存在しうるのだから、人ないし心はその身体から区別される、と議論した。［…］さて、私が明らかに容認しがたいと見なす反応は、デカルトの〈心は身体がなくとも存在しうる〉前提を喜んで受け入れながら、デカルトの結論を否定するような反応である。「デカルト」を特定の人の名前、すなわち、固定指示子とし、「B」を彼の身体の固定指示子としよう。すると、もしデカルトが事実Bと同一であったとすれば、そこで想定される同一性は、二つの固定指示子の間の同一性であるから必然的であろうし、そしてデカルトはBなしには存在しえず、またBはデカルトなしには存在しえなかったということになろう。（Kripke 1980, 邦訳 pp. 170-171）[1]

「人がその身体から区別される」というのは、人と身体が同一でないということだ。「固定指示子」とは「あらゆる可能世界において同じ対象を指示する」タームのことである。[2] 問題：対応者理論でクリプキの議論に応答できるかどうか考えよ。[3]

セオドア・サイダーの『四次元主義の哲学――持続と時間の存在論』（中山康雄、小山虎、齋藤暢人、鈴木生郎訳、春秋社、二〇一七年）（T. Sider, *Four-Dimensionalism*, Oxford University Press. 2003）は第1章で簡単に触れた、時間の哲学についての研究書である。ルイスは様相と時制を類比的に捉えており、『四次元主義の哲学』を読むことはルイスの理論の理解にも資する。さて、この本の第2章では永久主義が擁護されているが、その過程で、アーサー・プライアー（A. Prior, 1959, "Thank Goodness That's over", *Philosophy*, 34(128): 12-17）が現在主義を擁護すべく提示した「終わってよかった論法」が検討されている。

私がある苦痛を経験し、その後、「あれが終わってよかった」と述べたと想定してほしい。もし実在が〔「過去」や「現在」などの時制を用いずに表現される〕無時制の事実で尽くされるとすれば、事実の総体はこの経験の後でも以前と同じだろう。このことから、次のように論じられる。私が何かに対してよかったと述べているのかはまったく明らかでない。私がよかったと述べているのが、この苦痛の経験が一九九八年十月二十日午後五時二十三分に終わるという事実でないことは明らかである。なぜなら、私はこの苦痛の経験が終わる正確な日時を前もって知っていたかもしれないが、そうだとしても、そのときには何に対してもありがたいとは思っていなかったからである。現在主義者であるプライアーは、このことから得られる教訓は、過去や未来の苦痛が存在すると信じるべきではない、ということだと考えている。つまり、私は苦痛がもう存在しないという事実に対してよかったと述べているのである。（Sider 2001, 邦訳 p.49）

問題：時制と様相の類比を用いて、「終わってよかった論法」を「現実でなくてよかった論法」に書き換えよ。そして、それぞれの議論が正しいか検討せよ。さらに、これらの論法と「ハンフリー反論」の共通点について考えてみよ。

第2章

デイヴィッド・ルイス『反事実的条件法』（吉満昭宏訳、勁草書房、二〇〇七年）（D. Lewis, 1973, *Counterfactuals*, Oxford: Blackwell Publishers and Cambridge, MA: Harvard University Press, 1973. Reprinted with revisions, 1986）はタイトル通り、反事実条件文の分析を詳細に提示した、ルイスの記念碑的作品である。ルイスの**『第二論文集』**（D. Lewis, 1986, *Philosophical Papers*, Volume II, Oxford University Press）には**「反事実条件文と比較的な可能性」**と**「反事実的依存と時間の矢」**など、第2章で扱ったルイスの有名な論文が収められている。単著を含め、ルイスの出版した本の中で私が一番好きなのはこの論文集だ。第3章で扱う「因果」を含め、この論文集から学んだことは計り知れない。

ポール・ホーウィッチ『時間に向きはあるか』（丹治信春訳、丸善、一九九二年）（P. Horwich, 1987, *Asymmetries in Time*, Cambridge, Mass: MIT Press）の第10章にはルイスの類似性基準への反論が含まれる。ルイスの類似性基準は「わざわざ作られた」という印象を与えるかもしれない。反事実条件文が真であるかどうかを私たちが考えるときにこのような複雑な基準を実際に用いているということはまったく信じがたい。ホーウィッチはこのような異議を次のように表明している。

> たしかにこのような類似性の基準からは、それぞれの場合について、正しい結果が得られるであろう。しかしながら、そのような基準は前理論的な信憑性をもっておらず、ただ、ある種の条件法を真にし、他の条件を偽にする必要性だけに由来している、ということが問題であるように私には思われる。なぜなら、われわれはなぜ反事実的依存についてのそのような奇怪な概念をもつことになったのかが、いまや全く不可解だからである。たとえば、なぜわれわれは、反事実的依存という概念の基礎に、われわれの通常の類似性の概念を置かなかったのであろうか。［…］反事実条件法に関するわれわれの考えについてのその叙述は、心理的に非現実的である、と考えざるをえない。（Horwich 1987, 邦訳 pp. 274-275）

問題：第一に、ルイスの類似性基準は、因果の反事実条件文による分析のためにわざわざ作られたとしか思えず、第二に、反事実条件文の真偽を考える上で私たちはルイスの類似性基準のような複雑な基準を用いていることはありえない、とホーウィッチは論じているわけだ。だが、因果の分析を与えるために類似性基準をわざわざ作ることは不当だろうか、また、私たちの多くがそのような基準を用いていないということは反論になるだろうか、この二点について考えてみよ。

D. Manley, and R. Wasserman, 2008, 'On Linking Dispositions and Conditionals', *Mind*, 117(465): 59–84 は反事実条件文に関する問題を考える上で非常に興味深い例を提

示している。この論文で出てくるアキレス腱事例と逆アキレス腱事例はルイスの反事実条件文の分析に問題をもたらすかもしれない。[4] まずはアキレス腱事例から。

> 伝説によると、スクテュス川に浸されたアキレスの〔踵を除いた〕あらゆる部分は不死身になり、アキレスの踵だけが無防備のまま残った。さて、アキレスと同様に、ほとんどまったく傷を受けつかないような、頑丈なコンクリートブロックを考えよう。何度も、そのブロックは床に落とされてきたし、トラックにひかれ、ハンマーで殴られてきた。しかし、すり減る気配もない。だが、アキレスと同じように、そのブロックには弱点がある。もしそれが、正確に適切な力で、ちょうど適切な角度で、特定の角に落とされるとしたら、驚くべき連鎖反応によってそれは壊れることになる。（Manley and Wasserman 2008, p. 67）

問題：アキレス腱事例のことを考慮すると、ルイスの分析案を「そのブロックを落としても、壊れないだろう」という反事実条件文に適用すると問題が起こるかもしれない。〔引用中の反事実条件文とは異なる反事実条件文であることに注意。〕どのような問題か考えよ。

逆アキレス腱事例は次のような事例だ。とても脆いグラスを考えよう。

> このグラスを指で軽くたたくと粉々になる。まっすぐ息を吹きかけるとそれにひびが入る。だが、このグラスには逆アキレス腱がある。正確に適切な角度で正確に適切な点に極めて強い力をかけたとしたら、その力をこのグラスは〔壊れずに〕耐えるとしよう。この逆アキレス健があるにもかかわらず、このグラスは脆いのである。（Manley and Wasserman 2008, p. 69）

問題：逆アキレス腱事例のことを考慮すると、「そのブロックをたたいたら、割れるだろう」という反事実条件文について問題が起こるかもしれない。それはどのような問題か考えよ。また、アキレス腱事例と逆アキレス腱事例は特殊な事例に見えるが、本当にそうか。身の回りにある様々なものを考えてそれにアキレス腱や逆アキレス腱があるかどうか考えてみよ。[5]

第3章

スティーヴン・マンフォード、ラニ・リル・アンユム『因果性』（塩野直之、谷川卓訳、岩波書店、二〇一七年）は、分析形而上学における因果論の簡潔な入門書である。**ダグラス・クタッチ『現代哲学のキーコンセプト　因果性』**（相松慎也訳、岩波書店、二〇一九年）も概説的な教科書である。**L. A. Paul and N. Hall,** *Causation: A User's Guide*, Oxford University Press, 2013 はルイス以降の因果の形而上学の議論をまとめた教科書で非常にクリアだ。ルイスの理論だけでなく、様々なライバル理論の比較検討を行っている。分析形而上学の因果論の入門書としてお勧めできる。**J. Woodward,** Making *Things Happen: A Theory of Causal Explanation*, Oxford University Press, 2003 は影響としての因果という考えと関連する、因果についての介入主義を展開した影響力のある研究書。ルイスの理論の批判的検討を含む。**J. Collins, N. Hall, and L. Paul, L. (eds.)** *Causation and Counterfactuals*, MIT Press, 2004 は、因果と反事実条件文の関係について論じた論文が収められている論文集。ルイスの「影響としての因果」も収められている。他にもルイスによって先鞭をつけられた単称因果の分析の伝統に属する論文が多く収められている。

ヒューム『人間知性研究』（斎藤繁雄、一ノ瀬正樹訳、法政大学出版局、二〇一一年、新装版または、神野慧一郎、中才敏郎訳『人間知性研究（近代社会思想コレクション）』京都大学学術出版会、二〇一八年）（D. Hume, 1748, *An Enquiry concerning Human Understanding.*）は因果の哲学に決定的な影響を与えたヒュームの作品。ヒュームの因果論について関心をもった読者は読んでみてほしい。**萬屋博喜『ヒューム――因果と自然』**（勁草書房、二〇一八年）は日本語で読める貴重なヒュームの因果論についての研究書。ヒュームに興味をもったら合わせて参照してほしい。

ともあれ、因果論に関心があれば、ルイスの『第二論文集』（*Philosophical Papers*, Volume II）は避けて通れない。「因果」や「出来事」など、本書で扱ったルイスの有名な論文が収められている。『第一論文集』（*Philosophical Papers, Volume I*）と合わせて、ルイスの哲学や現代形而上学に関心のある人にとっては必読書である。さて、『第二論文集』の「因果」の後記に出てくる、次の例を考えよう。

> 誰かに職を手に入れさせるような強い推薦状を私が書いたとしよう。それゆえ、それとは別の誰かはその職を手に入れることができず、別の職についた。その彼は第三の休職中の人に取って替わった。この第三の求職者は別のところに行き、誰かに会って結婚した。私の行為がなければ、彼らの子供とその子孫は、そもそも未来永劫生まれることも決してなかっただろう［…］（PPII, p. 184, 強調は引用者による。）

問題：ルイスの第一の因果分析で、ルイスが推薦状を書いたという出来事（r）が、話に出て来る子孫の誕生という出来事（b）の原因となることを確認せよ。[6]

さて、出来事rが出来事bの原因であるとして、この因果関係は状況が少しでも異なっていたとしたら成り立たないだろう。たとえば、少し状況が違えば「第三の求職者」が現実に結婚した人に出会わなかったかもしれないし、その子供も現実に結婚した人に出会わなかったかもしれないし、等々。この事例のような因果は、敏感因果（sensitive causation）と呼ばれる。（敏感でない因果は、鈍感因果（insensitive causation）である。）問題：第二の因果分析（第3章第7節）の因果分析ではどうなるか考えよ。

J. Woodward, "Sensitive and Insensitive Causation", *Philosophical Review*, 115(1): 1-50 は敏感因果と鈍感因果について詳しく論じている。さて、ある種の出来事が起こらないことを、不在（absence）ないし脱落（omission）と呼ぶ。たとえば、庭の朝顔に水をやらないというのは、水やりの不在である。出来事の不在それ自体を出来事とみなすべきかどうかは論争の余地があるが、出来事の不在が原因となっているような因果関係があることは否定しがたい。[7] たとえば、緑が庭の朝顔に水をやらずに数日放置して朝顔が枯れたとき、「緑が庭の朝顔に水をやらなかったことが、朝顔が枯れた原因だ」と言うのはまったく理にかなっている。こうして、こうして、何らかの出来事の不在によって別の出来事が引き起こされることを、不在因果（causation by absence）とか脱落因果（causation by omission）と呼ぶ。[8] こうした不在因果はありふれている。だが、次のような例を考えてみよう。[9]

> 金持さんは先進国のお金持ちの市民で、慈善事業にすでに多額の寄付をしている。彼女は小切手帳の置いてあるデスクのところに座っている。目の前には二つのパンフレットがある。ひとつは評判のいい国際援助組織からのもので、ひとつは彼女の地域の劇団からのものだ。劇場のチケットを買うにも、慈善事業に寄付するにも十分なお金があるのだが、両方に寄付をするには十分でない。演劇を愛しているので、彼女はチケットを買った。慈善事業にお金を送ったとしたらそのお金はずっとよいことに使われると知っていたにもかかわらず。（Mulgan 2001, p. 4）

このとき、慈善事業の援助対象になっている人がその後死んでしまったとしよう。さらに、金持さんが慈善事業にお金を送ったとしたら、その人は死ななかっただろう、としよう。金持さんがお金を送るという出来事をsとし、その人の死をdをおくと、反事実条件文 $O(s) > \sim O(d)$ が成り立つ。問題：お金を送らなかったことはdの原因だと言うべきか考えよ。[10] また、仮に因果だとしてもその因果は敏感因果であるが、その理由を説明せよ。

門脇俊介・野谷茂樹編『自由と行為の哲学』（春秋社、二〇一〇年）所収の、**ハリー・フランクファート**の「**選択可能性と道徳的責任**」には次のような有名な事例が出てくる。

> ある誰か――ブラックと呼ぼう――が、ジョーンズ4にある行為をやらせたい、ということにしよう。ブラックは、自分の思い通りにするためなら、相当なことをやってのける覚悟があるが、不必要に自らの手の内を見せることは避けたい。だから、ジョーンズ4が何をするか心を決めるそのときまで、ブラックは待つ。そして、ジョーンズ4が決意しようとしている行為が、ブラックの望んでいるのとは別のものであること

とが明らかにならない限り（ブラックはそういうことに関する卓越した判定者だ）、ブラックは何もしない。もしジョーンズ４が別の行為を決意しようとしていることが明らかになれば、ブラックは効果的な手段を用いて、ブラックがジョーンズ４にやらせたいことを確実にジョーンズ４が決意し実行するようにする。ジョーンズ４のもともとの好みや傾向がどんなものであれ、ブラックは自分の思い通りにしてしまうだろう。（邦訳 p. 91）

ジョーンズ４が実際に自分で決意した後で何か悪いことをしたとして、ブラックはジョーンズ４に悪いことをやって欲しいと思っていたので、ブラックは何もしなかったとしよう。このとき、ジョーンズ４の決意はその悪行の原因であると思われよう。なお、ブラックはジョーンズ４が悪いことをすまいと決意したら、脳を弄って悪いことをするように決意させるとする。問題：ルイスの第一の分析では、ジョーンズ４の決意と悪行の間に反事実的依存関係はないにもかかわらず、因果関係はあることになる。反事実的依存がない理由と、それにもかかわらず因果関係が成り立つ理由を説明せよ。問題：第二の因果分析では、決意と悪行の間に影響関係がないにもかかわらず、因果関係があることになる。影響関係がない理由と、それにもかかわらず因果関係が成り立つ理由を説明せよ。

第４章

ケンダル・ウォルトン『フィクションとは何か――ごっこ遊びと芸術』（田村均訳、名古屋大学出版会、二〇一六年）（K. L. Walton, *Mimesis as Make-Believe: On the Foundations of the Representational Arts*, Harvard University Press, 1990）は、ごっこ遊びという観点からフィクションを理解しようとする、分析哲学におけるフィクション論の記念碑的作品。ウォルトンは様々な作品の引用をしていることもあり、面白さは抜群である。フィクション内の真理の問題は主に第４章で扱われている。**清塚邦彦『フィクションの哲学［改訂版］』**（勁草書房、二〇一七年）はフィクションに関する様々な哲学的問題が包括的に扱われている優れた本である。フィクション論に興味がある方はぜひ読んでもらいたい。第6章ではフィクション内の真理についてのルイス以降の発展も扱われている。なお、ルイスのフィクション論はジャンルでいえば分析美学に含まれるが、**ロバート・ステッカー『分析美学入門』**（森功次訳、勁草書房、二〇一三年）は日本語で読める数少ない分析美学の教科書である。フィクション論だけでなく分析美学の様々なトピックが扱われている。ルイスの『第一論文集』（*Philosophical Papers*, Volume）には「フィクション内の真理」とその後記が収められている。『現代思想』一九九五年四月号には**ルイス**の「**フィクション内の真理**」の邦訳（樋口えり子訳、ただしPPIに収められている後記は訳されていない）が収められている。

藤川直也『名前に何の意味があるのか——固有名の哲学』（勁草書房、二〇一四年）の第6章では、本章で扱えなかったフィクション名に関する言語哲学的問題とフィクションのキャラクターの存在論が扱われている。

安藤宏『「私」をつくる——近代小説の試み』（岩波書店、二〇一五年）は語り手や「私」のあり方という観点から日本の近代小説のテクニックに迫っていて、フィクション内の真理を考える際にも非常に参考になる。

夏目漱石『吾輩は猫である』は私のとても好きな本だ。この作品には次のような場面が出てくる。

> 吾輩は猫である。猫の癖にどうして主人の心中をかく精密に記述し得るかと疑うものがあるかも知れんが、このくらいな事は猫にとって何でもない。吾輩はこれで読心術を心得ている。いつ心得たなんて、そんな余計な事は聞かんでもいい。ともかくも心得ている。人間の膝の上へ乗って眠っているうちに、吾輩は吾輩の柔かな毛衣をそっと人間の腹にこすり付ける。すると一道の電気が起って彼の腹の中のいきさつが手にとるように吾輩の心眼に映ずる。せんだってなどは主人がやさしく吾輩の頭を撫で廻しながら、突然この猫の皮を剥いでちゃんちゃんにしたらさぞあたたかでよかろうと飛んでもない了見をむらむらと起したのを即座に気取って覚えずひやっとした事さえある。怖い事だ。当夜主人の頭のなかに起った以上の思想もそんな訳合で幸にも諸君にご報道する事が出来るように相成った

のは吾輩の大に栄誉とするところである。

問題：このパッセージがルイスのフィクション分析にどのような問題を引き起こすかを考えよ。

第5章

ルネ・デカルトの**『省察』**（三宅徳嘉、所雄章、小池健男訳『方法叙説――省察（イデー選書）』白水社、一九九一年）は懐疑論を考えるには避けて通れない。**バリー・ストラウド『君はいま夢を見ていないとどうして言えるのか――哲学的懐疑論の意義』**（永井均、岩沢宏和、壁谷彰慶、清水将吾、土屋陽介訳、春秋社、二〇〇六年）（B. Stroud, 1984. *The Significance of Skepticism*, Oxford: Clarendon Press）の原題は『哲学的懐疑論の意義』であり、名前の通り懐疑論を分析することにどのような意味があるのかについて極めて深く論じている名著である。カントやカルナップなど哲学史上のスターが懐疑論にどのように応答しようと試みたのかも紹介されている。**ジョージ・バークリー**の**『人知原理論』**（宮武昭訳、ちくま学芸文庫、二〇一八年）と**『ハイラスとフィロナスの三つの対話』**（戸田剛文訳、岩波文庫、二〇〇八年）は、物質が存在しないとするバークリーの議論に興味があるならば読んでほしい。**J・アナス、J・バーンズ『古代懐疑主義入門――判断保留の十の方式』**（金山弥平訳、岩波書店、二〇一五年）では、アグリッパのトリレンマなど（本章で扱った以外の）懐疑論についての古代懐疑主義の議論が紹介されている。

ロバート・ノージックの認識論は**『考えることを考える（上・下）』**（坂本百大訳、青土社、一九九七年）（Nozick, R., 1981, *Philosophical Explanations*, Harvard, MA: Harvard University Press）で展開されている。認識論だけではなく、形而上学のさまざまなトピックが扱われている。

戸田山和久『知識の哲学』（産業図書、二〇〇二年）は日本語で書かれた数少ない認識論の教科書。とくに第7章ではノージックの理論が検討されている。

D. Pritchard, *Epistemology*, 2nd ed., Palgrave Macmillan, 2016は、懐疑論の権威であるダンカン・プリチャードによる認識論のコンパクトな教科書。認識論における様々な原理について明瞭かつ簡潔にまとめられている。最初の一冊としていいかもしれない。

M. Blome-Tillmann 2014, *Knowledge & Presuppositions*, Oxford: Oxford University Press はルイス流の文脈主義を受け継ぎつつ、問題含みの注目のルールを別のルールで置き換えることによって第5章の末尾で紹介したウィリアムズの反論に応答する野心的な試みである。ルイスの文脈主義に関心があるならば読んでみるとよい。

第5章で立ち入ることはできなかったくじのパラドクスと呼ばれる問題がある。J. Hawthorne, *Knowledge and Lotteries*, Oxford University Press, 2004 はくじのパラドクスについての研究書である。（くじのパラドクスは認識論における非常に重要な未解決問題である。）くじのパラドクスとはたとえば次のようなものだ。あなたがエゴン・シーレのある作品を欲しがっているが、あなたは「一年後あなたがその作品を手に入れていることはない」と思っている。実際、シーレを買うような資金はもっていないので、あなたはそのことを知っているようにみえる。だが、あなたは先日宝くじを買ったが、その賞金はシーレを買うには十分である。ところで、あなたは熱烈なシーレのファンで、宝くじに当たったらシーレの作品を買うだろう。すると、シーレの作品を一年後に買っていないならば、宝くじに外れているということになる。だが、「一年後あなたがその作品を手に入れていない」とあなたが知っているのであれば、「宝くじに外れる」と知ることができる、ということが知識閉包から導かれる。だが、自分が宝くじに外れることを当選者の発表の前に知ることはできないのではないか。これが「くじのパラドクス」である。

問題：ルイスの文脈主義でくじのパラドクスが解決できるかどうか考えよ。[11]

追加の読書案内

以下は各章で扱った以外のルイス哲学のトピックに関する読書案内である。ルイスの重要論文のほとんどが未邦訳であり、今後翻訳が進むことを願う。

心の哲学について。痛みのような心的状態と物理的状態の関係についてもルイスは重要な業績を残している。ただし、ラムジー化（Ramsification）と呼ばれる技術的な話題に踏み込まずにはそれを精密に紹介できないので本書では避けた。ルイスの心の哲学の論文としては、「**同一説の論証**（An argument for identity theory）」、「**狂人の痛みと火星人の痛み**（Mad pain and martian pain）」、「**理論的タームをどう定義するか**（How to define theoretical terms）」（いずれもルイスの『第1論文集』*Philosophical Papers*, Volume.I 所収）、「**心理物理学的同一視と理論的同一視**（Psychophysical and theoretical identification）」、「**心の還元**（Reduction of mind）」（いずれも D. Lewis, *Papers in Metaphysics and Epistemology*, Cambridge University Press, 1999 所収）を参照。ラムジー化についてはさらに、「**ラムジー的謙虚**（Ramseyan humility）」（D. Braddon-Mitchell and R. Nola, R. eds., *Conceptual Analysis and Philosophical Naturalism*, MIT Press, 2008 所収）を参照。心の哲学の入門書としては、D. Braddon-Mitchell and F. Jackson, *Philosophy of Mind and Cognition: An Introduction*, 2nd ed., Wiley-Blackwell, 2006 を参照。

性質論について一部は D. Lewis, *Papers in Metaphysics and Epistemology*, Cambridge University Press, 1999 中の「**普遍者理論の新しい仕事**（New Works for Theory of Universals）」と『世界の複数性について』の第1章がある。性質論については（ルイスと毛色がだいぶ異なる立場から書かれており、本人は普遍者理論を擁護している）デイヴィッド・マレット・アームストロング『**現代普遍論争入門**』（秋葉剛史訳、春秋社、二〇一三年）D. Armstrong, *Universals: An Opinionated Introduction*, Westview Press, 1989 とルイスの可能世界実在論の枠組みで類似性唯名論を擁護する G. Rodriguez-Pereyra, *Resemblance Nominalism: A solution to the problem of universals*, Clarendon Press, 2002 がある。性質論自体に興味のある読者は参照してほしい。

意外かもしれないが、ルイスの著作の中にはメタ倫理においての論文「**価値の傾向性理論**（Dispositional Theories of Value）」もある。この論文は（ラフに言って）「何かに価値があるのは、それを私たちが理想的な状況では価値があるものとみなすという傾向をもつということだ」という価値についての傾向性理論を擁護している。これは D. Lewis, *Papers in Ethics and Social Philosophy*, Cambridge University Press, 2000 に収められている。

またテクニカルな議論はできるだけ避けるという方針から、本書ではルイスの形式認識論や意志決定論における業績に触れられなかった。プリンシパル・プリンシプルと呼ばれる、形式認識論において非常に重要な原理は、D. Lewis, *Philosophical Papers*, Volume II, Oxford University Press, 1983 所収の「**客観的チャンスへの主観主義者のガイド**（A subjectivist's guide to objective chance）」において提示され、*Papers in Metaphysics and Epistemology* 所収の「**バグを取り除いたヒューム的付随性**（Humean supervenience debugged）」においてさらに議論されている。形式認識論の入門的な本としては D. Bradley, *A Critical Introduction to Formal Epistemology*, Bloomsbury, 2015 がある。ルイスの意思決定論におけるもっとも有名な業績は「**因果意志決定論**（Causal decision theory）」（『第二論文集』*Philosophical Papers*, Volume II 所収）である。

おわりに

人生ではしばしば問題は放埒から起こる。哲学ではたいてい問題は自制から生じる。だが、もし喜びのない人生に価値がないと言うなら、慎みがなければ哲学はおよそ存在しえないのだ。

——ネルソン・グッドマン『事実・虚構・予言』第二章「可能的なものの死」

可能性概念は哲学者から疑いのまなざしを向けられてきた。これは故なきことではない。哲学者の責務の一つが概念の明晰化であるとしても、あまりに混乱していて、救いようのない概念もあるのだ。結局のところ、およそ目にしうるものはすべてただ現実の出来事でしかなく、さらには可能的なものたちが等しくもつ特徴などない。かくして、これまで葬られてきた概念と同様に、可能性概念は哲学的イコノクラスムの標的となる。

しかしながら、可能性概念を放棄する際に悩ましいのは、可能性概念と接続する概念の存在だ。反事実条件文はもちろん、因果やフィクション、さらには知識といった概念と可能性概念は分かちがたく結びついているように見える。それゆえ、可能性概念が去るとすれば、それはこれらの概念の去るときでもあろう。

　デイヴィッド・ルイスの様相実在論は、こうした可能性概念を救済しようとする試みの一つだった。たしかに、触れられるのは現実のものでしかないし、現実性と可能性を分ける特徴などない。だが、そもそも現実世界とは、ただたんに私たちが触れている世界であるにすぎないのだ。それはちょうど、現在とはただたんに私たちがいる時点にすぎず、太陽系の終わりや死者といった、現在ではない時点、つまり未来や過去の時点にあるものと現在にあるものを区別する特徴が存在しないというのと同じだ。私たちの触れていない世界があるとすれば、そうした世界のいくつかでは、現実に起こっていないが、起こりえたであろう出来事が起こっているだろう。ロベルト・ムージルが『特性のない男』を書き上げることもありえた。ならば、たとえ私たちが手に取れないとしても、完成した『特性のない男』の置かれている書棚もどこかにあるにちがいない。青く美しい鴉《からす》が存在することもありえた。それならば、青い鴉の鳴く可能世界が存在するだろう。アレクサンドロスが西方遠征をすることもありえた。ならば、現実のアレクサンドロスその人ではないが、アレクサンドロスによく似た男がローマを攻めていることだろう。莫大な数の可能性を私たちは列挙していける。それらのどの可能性も、この現実世界のものと同様に存在する可能者や可能世界によって表現されるのだ。

　こうして可能性を莫大な数の「可能的なもの」で置き換えるというのは、ただ可能性概念の理解に資するだけではない。本書で見てきたように、可能世界を用いることで私たちは、反事実条件文や知識という、可能性概念に劣らず悩ましい概念を明晰化できるようになる。さらには、反事実条件文の分析を通じて、因果やフィクションといった概念を厳格に分析することもできる。「桜がなければ、春の人の心は穏やかだっただろう」ということは、桜の存在しない世界のうち、現実世界によく似た世界では春の人の心が穏やかであるということだ。サラエボ事件が第一次世界大戦の原因であるのは、サラエボ事件が起きなかったならば、第一次世界大戦も起きなかっただろうということだ。『檸檬』で檸檬が爆《は》ぜなかったのは、『檸檬』が事実として語られているとすれば、そこでは檸檬は爆ぜていないということだ。いま本を読んでいると知っているならば、それはあなたの証拠が適切に無視されない可能世界を消去しているということだ。ただし、適切に無視してよい可能世界は文脈によって変わる。

こうして、可能世界論を用いることによって不明瞭な概念についての厳格で明晰な理論を組み上げられるようになる。これこそが、ルイスが可能世界の領域を「哲学者の楽園」と呼んだ所以であった。可能世界論とくに様相実在論はまず、可能性とは何かを説明することを目指す。さらに、可能世界は様々な概念を明晰化する道具となる。本書では、ルイスの哲学を体系的かつ明瞭に紹介することを狙った。その成否はむろん読者の判断にゆだねられる。むろん、本書の随所で示唆してきたことだが、これまでのあらゆる哲学理論がそうであるように、ルイスの理論も無傷ではない。これはルイスの理論に意味がないということではない。およそ古典が、現在から見たときの価値の問題だとすれば、ルイスの理論は間違いなく古典である。明晰性と厳格性にすぐれたルイス哲学のスタイルは分析哲学のスタンダードであるというだけでなく、ルイスの理論は現在の分析哲学における分野の基礎となっている。とくに、反事実条件文やそれを用いたルイスの分析は、因果の哲学において不可欠の部分となっている。もちろん、ルイスの理論が手放しで受け入れられているわけではない。言うまでもなく、様相実在論はルイスの理論のうち、最も論争的で、最も支持者の少ない理論だろう。本書ではこうした様相実在論の論争的な側面に踏み込むことは避けた。これは、ルイスの理論の魅力はむしろ様相実在論の応用分野にあるというのが理由だが、別の理由もある。それは、たしかに可能世界論を用いることによって、様々な概念を明晰化することができるが、可能世界について特定の見解を採ることが、そうした明晰化に厳密に必要なのかは明らかではないからだ。何かを分析する際に、可能なパターンを用いてモデル化するということは何も、哲学でだけではなく、物理学や経済学でしばしば行われていることである。たとえば、ゲーム理論では行動の合理性を分析すべく、プレイヤーの可能な選択についてのモデルが作られる。だが、こうしたモデルを使うとき必ずしも、ルイスの言うような具体的で私たちと同じように存在する「可能的なもの」を使っているわけではない。もし認識論や因果の哲学がこのような仕方で「可能的なもの」を用いることができるのであれば、論争の余地のある様相実在論それ自体を支持することなく、様相実在論の多大な応用分野を享受することができる。楼閣が楽園から移築できるとすれば分析哲学者にとってこれほど好ましいことはない。すなわち、様相についての哲学と、「可能的なもの」を用いて何かを分析するということは切り離せるということだ。知識や因果に関心をもつ哲学者は、経済学者と同様、様相の哲学をひとまずは脇に置いておくことができる。むろんこういったスタンスを取ることが様相の哲学それ自体に対する答えではないとし、様相という謎が残ったままになるとしても。本書ではルイス哲学の紹介に集中し、とくに様相それ自体についての私の見解を述べることは避けてきた。哲学書にはしばしば論証を省いた信仰告白が含まれる。それなしには哲学書たりえないと言うならば、可能性についての錯誤論が私の好みだ。むろん錯誤論の厳密な論証は未だ発見できていないから、これを主張するべきではなかろう。

＊

本書を執筆する上で私を様々に助けてくれた多くの人々に深く謝意を表したい。大幅に書き換えたとはいえ、本書の第1章から第4章は数年前に雑誌『フィルカル』ミュー（二―二号・二〇一七年九月、三―一号・二〇一八年三月、三―二号・二〇一八年九月、四―一号・二〇一九年三月）で連載していた、ルイス哲学への入門記事を元にしている。普段から色々とお世話になっているだけでなく、『フィルカル』の記事の使用を快く承諾してくれた株式会社ミュー社長の櫨山雄二博士に感謝する。『フィルカル』編集長の長田怜博士には、本書の第1章から第4章の元となった記事の連載時の様々なコメントによって大いに助けられた。東京大学の飯塚瞬氏、片山光弥氏、高崎将平氏、畑中直之氏は原稿の一部について有益な示唆を与えてくれた。なお私の我儘でたんなる可能者にしてしまったが、本書の一部には元々ライプニッツの可能世界論についての簡単な紹介が含まれていた。その原稿の執筆は東京大学の三浦隼暉氏に助けられた。友人の舛本菜津美氏は「はじめに」を読んで的確な指摘をしてくれた。東京大学の松本将平氏は第3章と第5章について、駒澤大学の葛谷潤博士は第5章について専門的なコメントをくれた。名古屋大学の次田瞬博士は本書全体について非常に有益な示唆と助言を与えてくれた。次田博士と葛谷博士は生意気な学部生だった私に議論と明晰性を重視する分析哲学の基本スタンスを教えてくれた研究者であり、この場を借りて謝意を表したい。また、連載記事の書籍化を紹介してくれた東京女子大学の大谷弘博士に感謝する。さて、編集者の加藤峻氏には、本書が出来上がるまでのすべての過程において大いに世話になった。遅延する原稿と乱舞する赤字によって迷惑をかけたことを詫びるとともに、非常に楽しく仕事ができたことを深く感謝する。また一緒に仕事ができればと思う。最後に、私が本を書くことを十年以上前に予言していた友人の安堂純平について。彼の予言がなかったならば、いかなる本も書かれなかったかもしれない。それゆえ、本書は彼に捧げられる。

二〇二〇年一月

野上志学

注

はじめに

1 『ローマ建国以来の歴史』第9巻、17章、毛利昌訳。強調は引用者による。もちろんローマ人らしく、続く箇所でリウィウスはローマの勝利まで夢想している。その正当性については措く。

第1章

1 このような論法は、**最善の説明への推論**と呼ばれる。最善の説明への推論については、Harman 1965 および Lipton 1991を参照。ルイスの論法の検討としては野上2018を参照。

2 ルイス哲学における様相論や可能世界論の重要性は、彼の業績に共通するテーマとして彼自身が挙げているリストにも現れている。

> 多くの現実化していない可能的個体があり、現実の個体は現実化していない個体と種において異ならないという、極端な様相実在論。
> 空間、時間、様相の類比の利用。
> 唯物論、それによれば物理科学は成功するならば完全に私たちの世界を記述するであろう。
> 心的なものとしての心的状態は常識的心理学において特定される役割を実現するものであるという、広義の心の機能主義理論。
> 形式意味論を社会的相互作用における私たちの言語使用のより広範な説明に統合すること。
> 思考と様相実在論の分析において言語を出発点にすることを拒むこと。(PPI, p.xi)

このうち、主に最初の三項目と第六の項目の一つが本章と関係する。まさに本章のテーマそのものである最初の項目は言うに及ばないが、第二の項目は第四節で、第三と第六の項目は、第5節でそれぞれ重要になる。

3 この世界が決定論的でなければ、3が出る確率は0より大だろうが、第一の問題が残る。

4 むろん3の目が出ること自体は、この世界の自然法則とは矛盾しないという意味で**物理的に可能**である。この世界の自然法則と矛盾しないことは、この世界からみて物理的に可能である。たとえば、タトリンの「第三インターナショナル記念塔」を建てることは物理的に可能かもしれないが、私が光速度を超えてジョギングすることは物理的に可能でない。

5 第5節で導入する用語法によれば、これは言表様相の分析である。

6 こうした疑義については、Shalkowski 1994 参照。

7 OPW, p.71, 邦訳 p. 78. ルイスは時空的関係を一般化して、次のように説明している。

> それぞれの世界の部分は、「時空的関係」と呼ぶのが正しくない場合であっても、少なくともそれに類比的な関係が織りなすシステムによって相互に関係している(そして世界はその極大である)。よって、私の課題はこの類比を詳しく説明することである。類比点のいくつかは以下のようなものでなければならない。(1)その関係

は自然的である。すなわち、グルーのようなゲリマンダー的性質ではないし、わずかに選言的であることさえない。（2）その関係は浸透的である。すなわち、その関係が織りなすシステムにおいて関係が連鎖することによって、あるものが別のものと結びついているときはほとんど、あるいはひょっとすると例外なく、その二つのあいだでその関係が直接的に成り立つ。（3）その関係は識別的である。すなわち、その関係によって相互に関係しているものからなる大きな集まりで、それに含まれるどの二つをとっても、その関係が織りなす構造上の位置に関してまったく同じであることはないという条件を満たすものが存在することが、少なくとも可能である（その関係があるすべての世界でそうなっているかどうかはどちらでもよい）。（4）その関係は外的である。すなわち、別々に考えられた関係項をひとまとめにしたものの内在的本性には付随せず、関係項をひとまとめにしたものの内在的特徴に付随する。［…］関係が織りなすシステムが（いわば厳密な）時空的関係と類比的であるときは、その関係は類比的に時空的であると呼ぶことにしたい。（OPW, pp.75-76, 邦訳 pp. 82-83）

8
メレオロジーの古典的な研究としてはLeonard et al. 1940を、包括的な研究としてはSimons 1987を参照。入門としてはVarzi 2016を参照。倉田 2017aにも簡単な説明がある。なお、ルイスは、「あらゆるものたちの集まりはメレオロジー的和を構成する」という**無制限的メレオロジー的和**というテーゼを支持している（OPW, p. 241）。好むと好まざるとにかかわらず、あなたと私とアンドロメダの和が存在するということだ。

9
ルイスは、Lewis 1971の後記Bにおいて、人格に関する延続説（キーワード解説「**持続、耐続、延続**」参照）を擁護すべく組み換え原理に相当する「パッチワーク原理」を使用している（PPI, p. 77）。

10
ルイスは「複製」を次のように定義している。「二つのものが複製であるのは、（1）両者がもっている完全に自然的な性質がまったく同じであり、（2）両者の部分のあいだで、対応する部分のもつ完全に自然的な性質と完全に自然的な関係がまったく同じであるような対応関係が成り立つときそしてそのときに限る。」（OPW, p.61, 邦訳 p.67-68, なおここでの「対応関係」は第五節で出てくる「対応者関係」とは関係ない。）要するに、二つのものの部分が同じ自然的な関係にあり、その部分同士は同じ自然的性質をもち、全体同士も自然的性質を共有しているときに、それらは複製になるのである。（図を参照してほしい。小さな四角の色が自然的な性質を表し、大きな四角のうちで色のついた小さな四角がどのような位置関係にあるかが自然的な性質を表す。右上と左下は複製関係にあるが、右下は他のどれとも複製関係にはない。）自然的な性質についてはキーワード解説「**性質と自然性**」を参照。

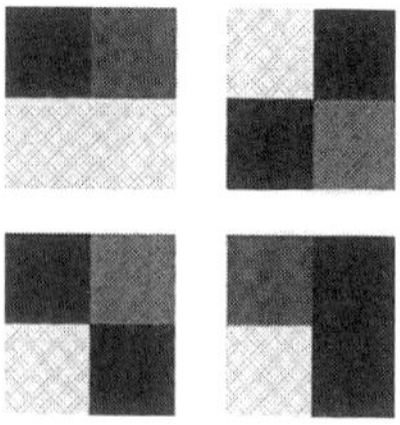

11　ここで「隣接」するという条件を入れるのは次の理由による。仮に組み換え原理によって存在が保障されるのが、たんにある複数のものが一緒に部分として含まれる世界であるのならば、喋るロバが存在する世界は組み換え原理によっては保障されない。というのも、喋るための身体器官があなたの部屋に転がっていて、ロバの残りの部分が私の部屋に転がっている世界が存在するだけで、そのような原理は満たされるからである。必要なのは、喋りに要る身体器官とロバの残りが適切な時空的関係にあるということである。

12　おそらく、すでに現実世界にあるだろうが。

13　Adams 1974を参照。

14　現在と過去の絶対的な区別を主張する立場も論理的には可能である。キーワード解説「**現在主義と永久主義、現実主義と可能主義**」を参照。

15　Sider 2001, 邦訳p.41。ここでは「未来に」や「過去に」を時制演算子として扱う。

16　発話時点と評価時点を区別し、「現在」のような指標詞と現在時制、過去時制、未来時制をはっきり区別する立場もあるが、ここでは立ち入らない。詳しくは、飯田隆1995, pp. 304-314を参照。

17　Kaplan 1989の用語を使えば、**内容**（content）は文脈に依存するが、**意味特性**（character）は文脈に依存しない、ということである。意味特性については、飯田1995, pp. 304-314を参照。

18　オッカムの剃刀の歴史的経緯の有益な解説としては、Sober 2015 第1章を参照。

19　「言表」様相と呼ばれるのは、「dictum（命題）に対して必然性や可能性を帰属させる」からである（飯田1995, p. 38）。なお、「命題」は文で表される内容と思っておいてよい。

20　「事象」様相と呼ばれるのは、「res（もの）に対して必然的あるいは可能的な性質を帰属させる」からである（飯田1995, p. 38）。

21　煩雑になるのを避けるため、対応者理論に関しては、事象様相を表す文の真理条件を与えるのではなく、たんに双条件文を挙げた。また、対応者となりうる対象は何らかの世界に含まれるから、「ある世界wが存在し、wにおけるxの対応者x′がFである」というのは、たんに「xのある対応者x′がFである」と言い換えられる。

22　対応者関係の多様性の応用としてはさらに、Lewis 1983bを参照。

23　ここでは「本質」と「本質的性質」を区別せずに用いる。必然性による本質の分析の批判としては、Fine 1994を参照。本質に関する日本語の議論としては、倉田2017aの第一講義を参照。

24 『青銅時代』の石膏原型ではなく、西洋美術館にあるブロンズ像を念頭に置いている。

25 本質は文脈依存的でないと考える論者としては、ソール・クリプキがいる。クリプキによると、たとえば「私たちが誰から生まれたか」は文脈から独立して必然的（本質的）である（**起源の必然性**）。クリプキの議論の批判的検討としては、OPW 第4章第5節を参照。Noonan 2013 も有用である。本質的性質の包括的な研究としては Mackie 2006 を参照。

26 心的状態と物理的状態についての関係についてもルイスは重要な業績を残している。読書案内を参照。

27 唯物論の特徴付けは次の通り。「唯物論とは、おおまかにいえば、物理学——いくつかの点で改良されることがありうるにしても、今日の物理学からそれほど異ならない物理学——が世界についての一つの包括的な理論であり、正しいだけでなく、完全でもある、というテーゼである。つまり、それによると、世界は物理学が述べる通りにあるのであって、それ以上に述べることはできない。物理学の言語によって書かれる世界の歴史は世界の歴史のすべてである。」（Lewis1983c, 邦訳 pp.177-178）

28 あるテーゼを仮定し、そこから矛盾を導くことによって、そのテーゼが偽であることを論証することを**背理法**と呼ぶ。背理法が成功しているかどうかは、矛盾を導く過程に問題がないかどうか、また、矛盾を導くときに問題となっているテーゼ以外の何らかの仮定が用いられているとすれば、その別の仮定が正しいかどうかにかかっている。

29 煩雑になるので、「すべてのx、tについて、時点tにおいてxはxと同一である」という仮定と「xとyの入れ替わる可能世界wのうち、xの身体のwにおける対応者がただ一つしか存在しないものがある」という仮定を省いた。

30 ルイスによると、様相を表す語の現れる文は、その文において対象がどのようなタームで指示されるかということに真偽が依存しうる。その意味では、ルイスはかつてクワインがそうしたように、「対象は、どのような名前のもとであろうが、また、名前がなかろうが、それ自体で、ある特徴は必然的にもち、他の特徴は偶然的にもつとみなされねばならない」という**アリストテレス的本質主義**（Quine 1953, 邦訳 p.242）を否定していることになる。（これは、ルイスが分析性によって事象様相を説明していることを意味しない。）様相についてのクワインの議論については、Quine 1953 第8章および飯田 1995 第4章を参照。

31 同一性の必然性を支持する議論については Kripke 1971 を参照。

32 さらに、同一性の必然性を否定し、偶然的同一性を支持する古典的な例としては、Gibbard 1975 の「ランプルとゴリアテの例」がある。また、OPW 第4章第5節にも類似の議論が見いだされる。Noonan 2013 第4章も参照。

第2章

1 英語の文法では反実仮想とも呼ばれる。なお、業平の歌に出てくる、古語の助詞「まし」は文法的に反事実条件文ないし反実仮想を表すものだが、現代日本語において文法的に反実仮想に相当するものがあるのかどうかは寡聞にして知らない。

2 反事実条件文の記号として「□→」の代わりに「>」が使われることの方が多い。ここで「>」を選択したのはたんに美的な問題である。

3 というよりも、歴史的にはそもそも実質条件文を含む論理学の体系は、数学で行われている推論を体系化すべく作られたという方が正しいと思われる。

4 厳密条件文だけでなく、実質条件文でもこれらの推論は妥当になる。

5 これは実際に反事実条件文についてだけでなく、多くの概念の分析でルイスが採用している方法である。第4章のフィクション内の真理の分析もその一例である。

6 Pが真であるときにも、P>Qは真でありうることに注意せよ。Pが現実世界で真であるとき、現実世界に最も近いP世界は現実世界である。それゆえ、P>Qは現実世界でQが偽であるときには偽である。だが、反事実条件文P>Qは通常Pが偽であるときに使われると言った。それゆえ、P>QはPが偽であるときには偽になるようにした方がいいのではないかと思われるかもしれない。だが、そうすべきではない。「アンナが列車に身を投げたとしたら、アンナは死ぬだろう」という反事実条件文について考えよう。この反事実条件文を受け入れているとして、私がアンナが実際に列車に身を投げたことを知ったとしよう。このとき、私はこの反事実条件文とアンナの投身から、アンナの死を推論するだろう。だが、もし前件が偽である反事実条件文が偽であるならば、この推論は理解不能になってしまう。

7 前件Pが不可能である、つまり、P世界が存在しないときに、P>Qはトリヴィアルに真とすべきなのだろうか。この問題については、Yagisawa 1988を参照。Yagisawa 1988は不可能世界の導入に理論的なメリットがあると論じている。さらに、Yagisawa 2009を参照。

8 ルイスの形而上学において類似性が果たす役割は大きい。前章の反事実条件文の分析だけでなく、対応者理論でも重要な役割を果たしている。

9 一つここで注意しておくが、本章を通じて用いられる類似性概念は、「現実世界に対してこちらの可能世界よりあちらの可能世界の方が近い」という概念であって、「現実世界に対してこちらの可能世界よりあちらの可能世界の方がこれぐらいの度合いで近い」という概念ではない（これについてはCF第2章第4節参照）。経済学の**序数効用**と**基数効用**の区別と類比的に、前者を**序数類似性**、後者を**基数類似性**と呼んでよい。基数類似性が意味をなすのかは論争の余地があろう。道徳哲学で問題となる「運」や認識論で出てくる「安全性」という概念を可能世界で用いて分析する試み（Pritchard 2004, 2014）は基数類似性を用いている。

10 この例はクワインに由来する。Quine 1960, 邦訳三七二頁参照。

11 唯一性想定は、ルイスが「ストルネイカーの想定」と呼んでいるものに相当する（CF, p. 126）。

12 この例はQuine 1950, p. 15に由来する。

13 この種の反論に対するストルネイカーの応答としては、Stalnaker 1981, 1988を参照。

14 ルイス自身の例は、CF, p. 32を参照。

15 「すべてのP&Q世界がすべてのP&~Q世界よりも現実世界に近いとき」という条件にしてはいけない理由は、w_5のような世界があるためである。

16 ルイスはこの例をDowning 1959に帰属させている。

17 ある世界からみてPが**物理的に可能**であるということは、その世界で成り立っている法則と同じ法則をもつある可能世界が存在し、その可能世界でPが成り立っているということである。（自然法則については、キーワード解説「**自然法則**」を参照。）

18 Lewis 1976b, p. 73. ルイスはこの論文で、外的時間（external time）と個人的時間（personal time）とを区別した上で、**祖父殺しのパラドクス**と呼ばれるタイムトラベルに関するパラドクスは解決できると論じ、タイムトラベルは形而上学的に可能であると主張している。タイムトラベルの孕む哲学的問題についてはさらに、Baron and Miller 2018の第8章を参照。

19 「類似性について直観に頼ってはならない」と言っているのではない。反事実条件文は文脈依存的であり、逆行反事実条件文を認めるような文脈があること自体はかまわない。（第2節で述べたように、そのような文脈依存性を反映できることは、ルイスの分析の強みでもある。）ただその文脈のもとでの反事実条件文を因果の分析に使うことがまずいのである。

20 自然法則についてはキーワード解説「**自然法則**」を参照。

21 このような説明については、Jackson 1977, Bennett 1974, Maudlin 2010第一章を参照。ストレートな説明は自然法則に訴えているが、反事実条件文の分析で因果概念に訴えるものもある。因果モデルを用いる分析はGalles and Pearl 1998とBriggs 2012を参照せよ。後者はルイスの分析との比較を詳しく行っている。こうした代替の説明の存在は、反事実条件文が先か、あるいは自然法則（と時間の向き）や因果が先かという重要な問題をあらためて思い起こさせる。

22 ちなみに、これはヒュームの『人間知性研究』に由来する由緒正しい「奇跡」の定義である。

23 ルイスの分析だと、現実世界の自然法則とは、現実世界の真理の単純かつ強力な理論から導かれるものだから、現実世界で奇跡は起こらない。（キーワード解説「**自然法則**」を参照。）

24 これはt以前ではw_2のどの部分も現実世界と一致しないという意味ではない。w_2はニクソンがボタンを押していることを除けば、現実世界と同様である。それゆえ、t時点においてニクソンから遠く離れている地点、たとえば、アンドロメダ銀河でのw_2の状態は、tから遡ってもしばらくは現実世界と一致したままだろう。また、同様にt以降もしばらくはw_2のアンドロメダ銀河の状態は、地球上の核戦争にもかかわらず現実世界のものと同じままだろう。図中のw_2においてtの前後に白い部分（現実世界と同じ部分）があるのはそのためである。

25 w_2はw_1と同様、Hが真になる世界である。そのため、ルイスの類似性基準がw_2を選び出したとしても、なおB>Hは真になる。では、なぜw_2ではなくw_1を選ばなければならないのか。それは、w_2を選び出してしまうと、現実世界のt以前の過去の歴史が、t時点の状態に依存していることになるからである。eを現実世界でt以前に起こった過去の出来事としよう。ここで、w_2ではeが起こっていない（~O(e)）とすれば、B>~O(e)が真になる。（w_2では自然法則の侵犯が起こらないので、w_2では起こらないeのような出来事は必ず存在する。）だが、ニクソンがボタンを押すか押さないかという、eからすると未来のことにeが依存しているとは奇妙な話だろう。

26 可能世界間の類似性を用いる、ストルネイカー＝ルイス流の反事実条件文の分析は分析哲学の他分野においてある種「スタンダード」な地位を獲得している。だが、反事実条件文「業界」では様々な問題が提出されてきた。Elga 2001は熱力学の事例を用いてルイスに反論を試みている。この世界が決定論的でない場合に関する問題としては、Hawthorne 2005を参照。また、Fine 2012にも興味深い事例がある。さらには、Alan Hajekは「ほとんどの反事実条件文は偽である」という**反事実条件文錯誤論**を提唱してきた。（彼のホームページによると、錯誤説についての単著が準備されているらしいが、いつ公刊されるのか不明である。）

第3章

1 実際は、「言い換え」の前後はまったく別のことを言っているように見える。言い換えの前は、因果についての**規則性説**と呼ばれる見解を表しているように読める。（因果についての規則性説と、自然法則についての規則性を混同しないように注意。）規則性説の古典としては、Davidson 1967を、近年のサーベイとしてはPsillos 2009を参照。

2 私が二度も金魚鉢を倒すかもしれない。この場合でも、個別の出来事としては、一度目の転倒と二度目の転倒は別の出来事だ。したがって、個別の出来事は、ある可能世界でそれが起きているのであれば、ただ一つの時空領域で起きているようなものである。ある世界において複数回起こるのは、出来事のタイプであって、個別の出来事ではない。

3 単称因果と一般因果の関係に関してまず問題になるのは、そもそもそれらが関係しているのか否かである。また、仮に単称因果と一般因果に関係があるとして、どちらからアプローチすべきなのかという問題がある。Lewis 1973aがもっぱら単称因果に照準を絞っている一方、Woodward 2003は一般因果によって単称因果を特徴づけるという方策をとっているように思われる。単称因果と一般因果の関係については、Sober 1984も参考になる。

4 ただし、Lewis 1986b第4節の「一般的説明」を参照。（また、キーワード解説「**出来事の説明**」も参照。）Woodward 2003, pp. 74-75によると、科学哲学ではタイプ因果が中心に論じられ、形而上学ではトークン因果が中心に論じられてきた傾向がある。

5 なお、本章では決定論的なシステムにおける因果しか扱わず、非決定論的な事例は措く。cが起こらなかったら、eは起こらなかったとまでは言えないが、ほぼ確実に起こらなかっただろう。このときも、多くの場合にはcはeの原因であると言えるだろう。打たなければ全く回復の見込みはないが、打てば大抵回復するような注射でも例に考えればよい。非決定論的なシステムに関しては、ルイスは、cがなければ、eの確率が実際そうであったよりもずっと低くなるであろうときに、eはcに因果的に依存していると論じている。ここでも確率についての反事実条件文が使用されている。PPII, pp. 175–184を参照せよ。

6 「緑の石によって花瓶が割れるという出来事eは直子の石によって花瓶が割れるという出来事とは別の出来事なのだから、緑が石を投げないなら、eは起こらないのだ」と言われるかもしれない。ここでは、それらの出来事が同じ場所で非常に時間的にも近く、また起こっている仕方というのもほとんど同じであるから、同じ出来事とみなすのが自然であると指摘しておきたい（詳しくは第4節参照）。もちろん、花瓶が割れるという出来事が時間的にも空間的にも離れているときは、同じ出来事だとみなすことはできないこともあろう。たとえば、緑が石で壊そうが、直子が石で壊そうが、その花瓶はいずれにせよ三週間後にゴミに出される予定だったとしよう。そのとき、ごみ処理場でその花瓶が壊れるという出来事をeと同じ出来事だということはできないだろう（cf. PPII, pp. 193–194.）。

7 ここで、m, m′, m″, eという出来事の因果的依存について考えるときに、次のように考えてはいけない。（これは前章で紹介した、逆行反事実条件文の禁止の一例である。）たとえば、~O(m″)□→~O(e)という反事実条件文の真偽を考える際に、次のように考えてはいけない。~O(m″)である状況を考えよう。ここで、出来事″mが起きなかったのならば、それは′mが起きなかったということだろう。それならば直子の石は邪魔されずに飛んでいるであろうから、″nも滞りなく進行し、直子の石が花瓶に当たっただろう。したがって、″mが起こらなかったからといって、eが起こらなかっただろうということはない。すなわち、eは″mに因果的に依存してはいないのである。

8 遅い先取りの他の種類の例については、PPII, pp. 202–203を参照。

9 様相的に脆い出来事についてはさらに、PPII, pp. 196–199を参照。

10 OPW, p.61, 邦訳p. 67. おおよそ、内在的性質とは、**複製**同士のあいだで必ず共有され、一方の複製がもち、他方の複製がもたないことがありえない性質だと思っておけばいい（複製については第1章注10を参照）。（右下と左上の四角は複製である。それらは、右上の四角とどのような関係にあるか（外在的性質）において異なるが、どのような模様か（内在的性質）は変わらない。（なお、ある対象の内在的性質は、その対象の部分の性質に付随する。（付随性についてはキーワード解説「**付随性**」を参照。）たとえば、右上の四角がどのような模様か（内在的性質）は、その四つの部分の小さな四角形がどのような色であるかによって決まる。）

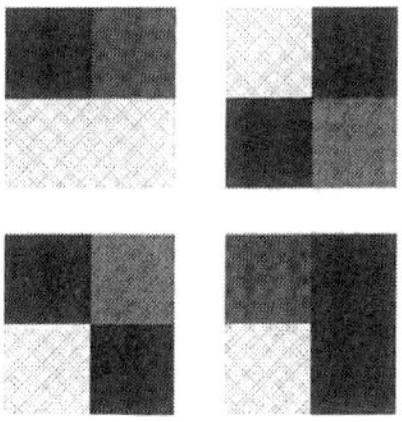

ただし、内在的性質の精密な定義は面倒である。ルイスは Lewis 1983, 1998a, 2001 で試行錯誤している。サーベイとしては Marshall and Wheatherson 2018 を参照。

11　この例は Hall and Paul 2013, p. 175 による。

12　打ち負かしの事例は Schaffer 2000 において見出された。少佐と軍曹の例はファンフラーセンによる。この事例が伍長の心理的な過程を含んでいるのが問題に感じられるかもしれない。それならば、次の例を考えればよい。障子の同じ位置に向かって同時に到着するように、垂直に両側から二つの鉄球ＡとＢを放つとしよう。ただし、ＡはＢよりもずっと重い鉄球であるが、Ｂだけでも障子を破るには十分であるとする。この場合、ＡとＢが反対側から同じ位置に同じ時点で到着するから、Ａが障子を破って、ＢはＡによって跳ね返り、Ａと同じ方向に運動することになる。このとき、障子を破ったのはＡであってＢではない。

13　内在性アプローチについてはさらに Hall 2004, p. 244-246, pp. 249-252 を参照。

14　遅延に関する影響関係を因果分析に用いるというのは、Paul 1998 に由来する。

15　この発想に、操作や介入といった観点から因果にアプローチする、介入主義的な因果観を見てとることもできようが、介入主義は因果を還元できない（還元しようとしていない）点で、ルイスのアプローチと異なる。（介入主義の基本文献としては、von Wright 1971, Menzies and Price 1993, Woodward 2003 を参照。）Lewis 1973a であれ、Lewis 2004 であれ、どちらも一貫して還元的なアプローチを採る。（因果は反事実条件文に還元され、反事実条件文は世界間の類似性に還元される。）還元主義的アプローチのサーベイとしては、Hall and Paul 2015 を参照。非還元主義的かつ介入主義的なアプローチでの実り豊かな業績としては Woodward 2003 を参照。

16　代替という新たな対象を融通無碍に導入していいのか、と考えられるかもしれない。だが、出来事と同様（キーワード解説「出来事」参照）、代替は時空領域の集合と同一視できる。時空領域の集合をあらかじめ認めているのであれば、代替は新たに仮定される対象ではない。（ルイスは任意の対象の個別者たちを要素としてもつ集合の存在を認めている（Lewis 1983c, p. 9, 邦訳 p. 142）。）

17　ルイスの代替の定義にはやや不明瞭なところがある。Lewis 2004, p. 88 の書き方だと、ｅの代替はｅに似ていなければならないのかどうかはっきりしない。Menzies and Beebee 2019 はｅの代替はｅに似ていなければならないと解釈しているようだ。だが、ｃに関する些細な変化が、ｅに関する重大な変化をもたらす場合、ｃとｃの影響関係を定義する際に、ｅの代替がｅに似ていなければならないとすると奇妙なことになる。ｃを極めて不安定なところに花瓶を置くという出来事だとして、ｅがある後の時刻ｔに花瓶がそこに置いてあるという出来事ないし状態だとしてみよう。明らかに、ｅの代替はｅに似ていなければならないとすると、ｃはｅの原因でなくなってしまう。なぜなら、ｃの些細な変化が、時刻ｔにおける花瓶の状態に大きな変化をもたらすからだ。少しでもずれた置き方をしてしまうと、時刻ｔで花瓶は落ちて割れているかもしれないが、その状態はまったくeに似ていないからだ。ルイスがこの単純なポイントを見逃すはずがないので、おそらくeの代替はeに似ていなくともよいとすべきであろう。

第4章

1 『高慢と偏見』富田彬訳（岩波文庫、一九九四年）p. 9。

2 このような場合についてはウォルトンが議論している。（Walton 1990 第4章第4節）

3 興味のある読者はLewis 1978bとその後記にあたってほしい。

4 作品に明示的に書かれていないことを読み込むことを嫌う批評家に反対する議論としてさらに、Currie 1990, pp. 59-60を参照。「たんに知られるべきことがないために、幕が上がる前のハムレットの人生について私たちが知ることのできないことはたくさんある。…だが、その劇で真であることが、劇の明示的な内容という境界を時間的にもテキスト的にも超えているということに疑いの余地はほとんどない。冒頭のシーンの一〇分前のハムレットが生きて息をする人間であったというのがその劇で真であることを誰が疑うというのか。（Currie 1990, p. 60）」

5 これは、モーパッサンに使われている「ジュール」が抽象的対象（あるいは具体的であるものの現実世界の部分でない対象）を指示対象としてもつかどうかとはひとまず別の問題である。いずれにせよ、抽象的対象は現実世界で牡蠣の殻を剥いていないだろうし、現実世界の部分でない対象が（むろん現実の）牡蠣の殻を剥くこともできない。（一般に、フィクション作品に現れる名前がそのような指示対象をもつかどうか、さらには、その指示対象があるとしてどのような対象かという難問にここで立ち入ることはできない。「ジュール」のような虚構名がある種の抽象的対象を指示対象としてもつという考えについてはThomasson 1999およびPriest 2005を参照。ただし、とくにそうした指示対象がどのような対象かという点について両者の理論は大きく異なる。両者の理論の紹介と、その批判的検討としては藤川2014第6章を参照。）

6 この議論はクリプキの『名指しと必然性』における次のような議論に由来する。

シャーロック・ホームズのような手柄を立てた探偵が実際にいたという発見だけでは、コナン・ドイルはこの男について書いていた、ということを示すことにはならない。実際にはとてもありそうにもないことだが、ドイルは純粋に架空の話を書いており、それが偶然の一致から実在の男に似ていたにすぎない、ということは理論的には可能である。（「この作品の登場人物は架空のものであり、現存あるいは過去の人物へのいかなる類似も、純粋に偶然的なものである」という典型的ことわり書きを見よ）。同様に私は、シャーロック・ホームズが存在しないことを認めるならば、いかなる可能な人物についても、彼が存在したならシャーロック・ホームズであっただろうと言うことはできない、という形而上学的見解をもっている。（Kripke 1980, p.157-158 邦訳一八七頁）

7 『ジュール叔父』では「ジュール」が誰かを指示するこ

とは真だが、現実ではその「ジュール」は牡蠣の殻を剥くことのできる誰かを指示しない。なお、現実の対象にのみ言及する文は、それがフィクション作品中の文であろうと真でありうる。たとえば、歴史小説に含まれる文のうち、現実の具体的な対象を指示する名前だけを含む文は真でありうる（Currie 1990, p. 9）。『戦争と平和』ではナポレオンがロシアを侵略するが、それについて記述した文は真でありうる。

8　正確に言えば、このような可能世界で『ジュール叔父』を書いたのはモーパッサンの対応者であって、モーパッサン本人ではない。（第1章第4節「対応者理論」参照。）

9　ただし訳は一部変えさせていただいた。

10　分析1は、Walton 1990, 第4章第3節の「現実性原理」におおよそ対応する。

11　工藤 2012 によれば、平安時代の婚姻制度が一夫多妻だとして『源氏物語』を読むことは誤りである。源氏物語で描かれる時代は法律上一夫一妻で、妾が公然と存在することが社会的に認められているというだけであり、妻と妾の間には社会的な地位の差が歴然と存在する。

12　実際は、メルヴィルは（間違って）『白鯨』第32章「鯨学」でそう書いている。メルヴィル『白鯨』（中）八木敏雄訳（岩波文庫、二〇〇四年）p. 344。八木による注124（p. 485）も参照。

13　メルヴィル『白鯨』（中）八木敏雄訳（岩波文庫、二〇〇四年）、p. 344。

14　ルイス自身は、コナン・ドイルや同時代の人々が密かに「紫色のグノームがいる」と信じているという例を用いている（Lewis 1978b, p. 272, 邦訳 p. 174）。ここでの例では、「無神論」が「紫色のグノームがいる」に対応する。

15　杉山 2013 p. 344-352 に収められている「イエスがラザロを蘇らせたときの聖史劇」（一四六五年）から採らせていただいた。（ただし、一四六五年のイタリアは密かな無神論者ばかりではなかったはずだが。）

16　公然の信念に関連する概念「相互知識（mutual knowledge）」については、CV 第2章第1節を参照。

17　分析2は Walton 990（第4章第3節）の「共有信念原理」におおよそ対応する。

18　先に述べたように、単に共有されている信念ではなく、公然の信念を分析2に用いることを動機づける際に、（「紫色のグノーム」が真にならないだけではなく、）「紫色のグノームがいない」ということが『緋色の研究』（のようなシャーロック・ホームズ作品）で真にならなければならない、とルイスは述べていた。『ラザロの蘇生』のケースと同様の仕方、すなわち、フィクション間の影響を用いてこのケースを扱えるだろうか。私の考えでは、答えは否である。というのも、一体『緋色の研究』が属するような探偵小説や推理小説といったジャンル内の作品やシャーロック・ホームズ物で、「紫色のグノームがいない」が真になるような作品は存在するのだろうか。あるいは、存在するとしても『緋色の研究』における真理に影響を与えるほどの数があったり、知名度ないし文学史的重要性をもつそのような作品は存在したりするのだろうか。当然、答えは否である。それならば、ルイスの言うように、『緋色の研究』において「紫色のグノームがいない」がフィクション間の影響によって真になることはないだろう。（探偵小説や推理小説においては、紫色のグノームのような突飛な生き物は存在しないことが前提となっているし、その前提はこういったジャンルにおいては一般的に真であるのだと言う人には、ポーの『モルグ街の殺人』に出てくる狒々を思い出してもらいたい。）

19 ヴァージニア・ウルフ『ダロウェイ夫人』丹治愛訳（集英社文庫、二〇〇七年）。

20 さらには、そもそも事実の語りとしては理解しえない文章をどう扱うかも問題である。精神疾患を抱える人間の意識を記述した、フォークナー『響きと怒り』第一部を考えるとよい。

第5章

1 論理学で定義される厳格な意味では論理的に帰結しないが、必然的に、本を読んでいるならば夢を見ていないという厳密条件文が成り立つと考えてよい（第2章第1節）。つまり、あなたが本を読んでいるすべての世界で、あなたは夢を見ていない。

2 哲学には様々な（第一の意味での）懐疑論が登場する。この懐疑論は、**道徳についての錯誤論**（Mackie 1977, Joyce 2001）など、**錯誤論**（error theory）と呼ばれることもある。

3 この種の懐疑論についてはBenacerraf 1973とField 1989を参照。

4 第一の意味での外界についての懐疑論は、**観念論**と呼ばれる。ジョージ・バークリー（George Berkeley, 一六八五―一七五三）はBerkeley 1710, 1713で観念論を支持して議論している。観念論と第二の意味での懐疑論が関連しないわけではない（注15参照）が、本章では観念論は取り上げない。

5 本章で扱う懐疑論証とは異なり、知識だけでなく正当化された信念について当てはまるように一般化された懐疑論証を定式化して議論する論者もいる（Pryor 2000）。そう定式化された論証は、前提1 ~K(~D)には頼らない。また、知識閉包（前提2）に依存しない論証についてはPrichard 2016 第2章を参照。

6 この形式は**モードゥス・トレンス**（modus tollens）と呼ばれ、P→Qと~Qという二つの前提から、~Pという結論を導く。「今朝の天気予報は雨だった（P）」かどうかを確かめるために、窓から通りを見下ろして、歩いている人々が傘を手に持っている（Q）か持っていないか（~Q）を確かめるとしよう。通りを見下ろしてみると見てみるとはたして、通りの人々は傘を持っていない（~Q）。今朝の天気予報が雨だったのなら、通りの人々は傘を持っているはずだ（P→Q）。この二つの前提から、「今朝の天気予報は雨ではなかった（~P）」という結論が導かれる。

7 「本を読んでいる」ことと「夢をみている」ことが両立不可能であることに注意してほしい。

8 この点についてはデカルトが『省察』の第一省察で論じている。「［…］けっして確実な標識によって覚醒は睡眠から区別されえていないということが、私にははっきりと判り、私は唖然とするのであるが、このように私を驚かせたまさにこのことは私に、夢であるという意見を、ほとんど裏づけてくれそうである。」（デカルト『省察』所雄章訳、p.118）

9 一般に、$\sim P \rightarrow Q$ から $P \rightarrow \sim Q$ が導くのは、前件否定の誤謬と呼ばれる。クリストファー・ノーランの『インセプション』では、主人公が自分の今見ているのが夢かどうかを判定するために独楽を使っている。主人公が前件否定の誤謬を犯していないといいのだが！

10 この例については、Russell 1924, p. 159 を参照。

11 最も古典的な懐疑仮説はもちろん、『省察』の第一省察におけるデカルトの**邪悪な霊の仮説**である。「私はそこで、真理の源泉たる最善の神が、ではなくて、或る邪意にみちた守護霊――この上なく能力があるとともに狡知にたけたその守護霊――が、すべての彼の才覚を傾けて、私を欺こうとしてかかってきている、と想定《かんが》えることとしよう。」（デカルト『省察』所雄章訳、pp. 122-123）なお、邪悪な霊の仮説を論じる前にデカルトは夢仮説についても論じており、夢仮説では、感覚に基づく知識しか懐疑が及ばないが、邪悪な霊の仮説では、数学的知識のような感覚に基づかない知識にまで懐疑が及ぶ。

Putnam 1981 以来、分析哲学でよく使われてきた懐疑仮説は、**培養槽の脳仮説**である。「ある人」（あなた自身と考えてもよい）が邪悪な科学者による手術を受けたと想像せよ。その人の脳（あなたの脳）は身体からとりはずされ、脳を生かしておくための培養液のはいった巣層に入れられている。神経の末端は超科学的コンピュータに接続され、そのコンピュータによって、脳のもちぬしはすべてがまったく平常通りだという幻想をもたされる。[…] しかし、本当は、その人（あなた）の経験しているものはみな、コンピュータから神経末端に伝わる電子工学的インパルスの結果なのだ。（Putnam 1981, 邦訳 pp. 7-8）」

12 実際のところ、ムーアがこの意味で「ムーア主義」であったのかどうかは不明瞭である。「外界の証明」の解釈の困難な個所において、ムーアは次のように述べている。

さてどのようにして「ここに手がありもう一つここにある」を証明することができるだろうか。私はそれができるとは思わない。そうするためには、デカルトの指摘したように、私は一つには、私が今夢を見ているのではないことを証明しなければならないはずだ。だがどうすれば私が夢をみているのではないことを証明することはできるのか。疑いようもなく、私は私が今夢を見ているのではないということを主張する決定的理由をもっているし、私が起きているということの決定的証拠をもっている。しかし、このことはそれを証明することができるということとは非常に異なったことである。私のすべての証拠が何なのかをあなたに伝えることはできないし、証明を与えるとすれば少なくともこのことができなければならない。（Moore 2004, p. 149、強調は引用者による）

もしムーアの方法で外界の存在を証明できているのだとすれば、それがなぜ「ここに手がありもう一つここにある」が証明できないのか理解しがたい。たとえば、「ここに白い手がありもう一つここにある」から「ここに手がありもう一つここにある」は論理的に導かれる。そしてムーアの基準で言えば、「ここに白い手がありもう一つここにある」を知っているのであれば、これは証明になるだろう。

13 ある前提からある結論への議論が証明になるための条件として、ムーアは「前提と結論が異なること」、「前提が知られていること」、そして「結論が前提から導かれること」という三つの条件を挙げている（Moore 2004, p. 146）。

14 P→Qと~Qから、~Pを推論するモードゥス・トレンスの代わりに、P→QとPから、Qを推論する**モードゥス・ポネンス**（Modus Ponens）を行っていることになる。

15 ムーア論証とムーアの外界証明は異なる議論であることに注意されたい。ムーアの外界証明は「外界が存在する」や「夢を見ていない」という結論をもつのであって、「外界が存在するとあなたが知っている」や「夢を見ていないとあなたは知っている」という知識に関する結論をもっていない。もちろんムーア論証と外界証明のそれぞれの前提も異なる。それにもかかわらず、ムーア論証と外界証明は次のような仕方で連関すると考えるのがよい。つまり、外界「証明」が本当に証明だという主張は、ムーア論証の前提（と結論）が成り立つことを主張することを導くという意味でムーア論証と外界証明は関連している。外界「証明」が証明であるためには、前提Aは知られていなければならない。さらに、知識閉包を前提とする限り、外界「証明」が証明であるならば、その知られた前提から導かれる結論~Dが知られる。（ムーア主義と懐疑主義者の係争点は知識閉包ではないことを考えれば、ここで知識閉包を前提とすることに問題はない。）

なお、ムーアは後年になって自身の議論は観念論、つまり、外界についての第一の懐疑論に向けられたものであり、第二の懐疑論に向けられたのではないと明言している（Moore 1942, p. 668）。ムーアの実際の議論がどのようなものであったかは歴史的興味をそそる問題ではあるがここでは立ち入らない。ムーアの議論の簡潔なまとめとしてBaldwin 2010 を参照。ムーアに関する優れた論考としては Stroud 1984 第3章を、より近年の研究としては Coliva 2010 を参照。

16 この種の反論については Wright 2002 を参照。

17 次の例は、Dretske 1970 に出てくる例を改変したもの。

18 目が正常に機能していることを知らずとも知識は獲得可能と考える議論としては Dretske 1970, p. 17 を参照。こうした立場は**外在主義**（externalism）と呼ばれ、**内在主義**（internalism）と区別される。この区別それ自体が問題となるが、まずは Feldman et al. 2004 を参照。教科書的紹介としては Pritchard 2016 第5章がよい。

19 ムーアの外界証明にはいかなる問題があるのかを精密に分析することは、認識論において重要な、そしてかなり難しい問題である。第一に、前段のプロジェクションマッピングの推論とムーアの外界証明が類比的であるかどうか争うことができよう（Pryor 2000）。第二に、それらが類比的であるとして、それらには具体的にどのような問題があるのか。「壁面に植物の装飾がある」や「ここに手があり、ここにもう一つ手がある」を知るためにはそれぞれ、「平面の壁面にプロジェクションマッピングをやっているのではない」や「外界が存在する」に反するような証拠や理由をもっていてはならない、ということは、あらかじめプロジェクションマッピングの不在や外界の存在を支持する証拠や理由をもっていなければならない、ということとは論理的に異なる。実際、とくにムーアの外界証明に関してこれらを区別することによって懐疑論の問題に応答しようとする哲学者もいる（Pryor 2000, 2002）。（このような試みの批判としては、Wright 2007, Neta 2008）。本章ではひとまずムーアの外界証明には問題があり、少なくともムーア論証だけで懐疑論証に応答することはできないというスタンスでこれ以降の話を進める。

20　本節では、知覚によって得られた知識に基づいて「夢をみているのではない」という結論を導く方策をみた。だが、これ以外にも「夢を見ているのではない」を論証する方策が考えられるかもしれない。Bonjour 1985, Ch. 8 や Vogel 1990 などは、何らかの「最善の説明への推論」によって外界を証明する方策について議論している。また近代の哲学者で言えば、デカルトの『省察』に含まれる議論も外界の証明とみることができるかもしれない。あるいは、信頼性主義や安全性理論などの知識についての外在主義をとると、外界の存在を（必ずしもムーア風の証明に頼らずに）知ることができると考えられるかもしれない（Sosa 1999, Pritchard 2005）。また、外界の存在が証明できないとしても、ある意味で我々は「我々は夢をみていない」ということを受け入れる権限（entitlement）をもつかもしれない（Wright 2004）。

21　ムーア主義に対するこの反論については Pritchard 2007, pp. 72-73 を参照。

22　Williamson 2000 第5章を参照。

23　知識閉包の様々な定式化とそれについての議論としては、David and Warfield 2008, DeRose 2018 補遺Ｄ, Alspector-Kelly 2019 を参照。

24　この知識閉包は推論の前提を一つにしているが、より一般的な知識閉包は、すでに知られている複数の前提から結論を導き出す場合にも結論を知ることができる、という形で定式化される。多くの論者に参照される、スタンダードな定式化は Williamson 2000, p. 117 を参照。

25　ただし、知識閉包を否定する論者も、演繹によって知識を拡張できる場合があること自体は否定できない。それゆえ、そういった論者はそれが可能な場合と不可能な場合を理論的に区別しなければならない（Kripke 2011, p. 200）。ノージックは選言導入（「P」から「PまたはQ（P∨Q）」を導く推論）と存在汎化（「aはFである」から「Fであるものが存在する」を導く推論）については知識は閉じているとする。この区別の問題点については Kripke 2011 を参照。

26　Nozick 1981, p. 178, 邦訳, p. 278. 実際のところ、ノージックは感受性条件だけでなく、もう一つの条件「もしPが真であったならば、SはPを信じたであろう」（安全性条件 (safety condition) と呼ばれることもある）も加えて成り立っている状態のことを「世界を追跡」している状態だとみなしているのだが、簡便のためここでは省略する（注28も参照）。

27　「信念」というと、信じられている内容（や命題）ことか、その内容を信じているという心的状態のいずれかを指す。（「知識」という語にも同様の多義性がある。）両者はまったく別物で、本来はそれぞれに「信念内容」と「信念状態」という別々の語をあてるべきだろうが、ここでは慣習に従う。

28　実際は、ノージックはさらに二つの条件「Pは真である」、「SはPを信じている（$B_S(P)$）」、「もしPが真であったならば、SはPを信じたであろう（$P > B_S(P)$）」を加えることによって知識の必要十分条件を与えることを試みているが、ここでは立ち入らない。（その後で、ノージックは知識を、それを獲得する方法に相対化した上で、諸々の方法の重要度に基づいて端的な知識の分析を与えるという、かなり複雑な分析を与えているが、ここでは省略する。ノージック理論の批判としてはKripke 2011を参照。）ルイスの与えた反事実条件文の分析（第2章参照）を理解している読者は、Pと$B_S(P)$が真であるときには$P > B_S(P)$は自動的に真になるから$P > B_S(P)$を入れる意味はないのではないかと思うだろうが、ノージックは前件が真なる反事実条件文についてルイスとは異なった考えをもっている（Nozick 1981, 第3章注11）。

29　Pが不可能でありどの世界においても真でないときには、$P > Q$はトリヴィアルに真になる。

30　ただし、感受性条件は知識の必要条件に過ぎないから、感受性条件それ自体が「気温は少なくとも二〇度以上はあると知っている」ことを説明するわけではない。

31　DeRose 1995にはさらなる批判も含まれる。Kripke 2011, p. 203にも似た議論がある。

32　すなわち、ある二つの文脈C_1とC_2が存在し、C_1のもとでのその語の内容が、C_2のもとでの内容と異なるときである。

33　もちろん、「私はカフェにいるかいないかのどちらかだ」というのは、誰がそれを言ったのかを知らなくともそれが真であるとわかるのだが、これは特殊事例である。

34　より正確に言えば、ある文にはデイヴィッド・カプラン（David Kaplan）が「意味特性（character）」と呼ぶ、文脈から内容への関数が結びついていることになる。「意味特性」については、Kaplan 1989を参照。解説としては飯田1995, pp. 304-314を参照。

35　なお、第一章四節で論じた「現実」も「現在」も文脈依存的な語である。

36　ここで考えられている文脈は、Sのいる状況ではなく、「SはPを知っている」が真であるかどうか考えている人（すなわち、Sに知識を帰属する人）のいる文脈である。それゆえ、ルイスの理論は、**帰属者文脈主義**（attributor-contextualism）と呼ばれる理論の一種である。本章ではルイス以外の帰属者文脈主義を扱うことはできない。帰属者文脈主義の代表的な論文としてはDeRose 1995とCohen 1988を参照。DeRose 1995は**文脈化された安全性理論**を提示している。（一般に、知識の安全性条件（Sosa 2000, Williamson 2000第5章、Pritchard 2005）とは、「信念Pが知識であるためには、現実世界に近い（ほとんど）すべての可能世界においてPが真でなければならない」とする条件である。DeRose 1995は「どれくらい近くのすべての可能世界でPが成り立っていなければならないか」が文脈によって変わる、としている。（DeRose 1995はノージックの理論の文脈主義化であると自称しているがこれはミスリーディングである。DeRose 1995の明晰な再定式化としてはBlome-Tillmann 2009を参照。）Cohen 1988は「文脈によって知識に必要な証拠の強さが変わる」という理論を提示している。

37 もともとの発想は、Dretske 2000(1971) に由来する。

38 ここで可能性を可能世界と同一視することは認識論を展開する限り、厳密に言って理論的に必要なわけではない（PME, p. 423）のだが、その方が定式化もわかりやすいのでそう同一視することにする。それらを同一視することの問題点についてはHawthorne 2002を参照。私はその議論は説得的だと思わないが些細な点であるしここでは措く。

39 ある可能世界を適切に無視しているのは一般にはSではなく、「SはPを知っている」と述べる人（Sとは限らないことに注意）とそれを聞く人である。（Lewis 1996, p. 436）

40 なお「関連代替」はドレツキによる用語である。ドレツキの理論について詳しく紹介する紙幅はないが、「何かを知るためにはこの関連代替を消去しなければならない」というアイデアはドレツキの理論（Dretske 2000(1971)）に由来する。（実際、ドレツキは「平ら」と「知っている」の類比を用いて自らの理論を説明している（Dretske 2000(1981), pp. 50-52）。なおこの類比はUnger 1975に由来する。）ドレツキの理論はルイスと異なり知識閉包原理を否定している。（Dretske 2000(1970), 2013）ドレツキは自らの立場を文脈主義に近いかたちで表現している箇所（Dretske 2000(1971), p. 45）があり、文脈主義の起源の一つになっているが、彼は文脈主義を採用していないと自ら述べている（Dretske 2013, p. 33, p. 38）。文脈主義者でないとすると、一体何に相当するのかをきちんと定式化するのは難しいが、Schaffer 2004の**対比主義**（contrastivism）に近いものと思われる。

41 ある文脈中のRAはSとPの両方に依存するのでRA(S,P)とでも書くべきだが、簡略のために単にRAと書く。「SはPを知っている」の真偽を考えるときのRAと「SはQを知っている」の真偽を考えるときのRAとは一般的には異なることに注意。

42 灰色部分は、Sのもつ証拠によって定まるのであって、文脈によって定まるのではない。また、Sの現実世界は必ず灰色の部分のどこかにあることに注意。すぐ後で述べる現実性のルールによると、現実世界はそのうちでさらに水平の点線の下の部分に含まれる。

43 PME, p. 426. なお、ルイスの理論の枠内では、「Sの現実世界」はたんに「Sの含まれる世界」と言って構わない。なぜなら、ルイスの理論ではどの通常の個体も複数の可能世界に含まれることはないからである。（第1章第5節参照。）

44 厳密に言えば、現実性のルールは「SはPと知っている」の内容が文脈に依存することを反映するルールではない。なぜなら、現実性のルールで問題になっているのは、Sの現実世界であって、「SはPを知っている」の話し手や聞き手のいる世界とは必ずしも一致しないからだ（Cohen 1998, p. 294）。

45 PME, p. 428. 世界wが成り立っているとSが信じているのは、Sが信じているすべての命題がwで真であるときであり、そのときに限る。（Sによって成り立っていると信じられている世界は通常複数存在する。）同様に、可能世界wが成り立っているとSが信じるべきなのは、Sが信じるべきすべての命題がwで真であるときであり、そのときに限る。（Sによって成り立っていると信じられるべき可能世界は通常複数存在する。）なお、以下ではSが信じていることすべてが真であることが形而上学的に可能であると前提する。

46 厳密に言えば、信念のルールも現実性のルールと同様、「SはPと知っている」の内容が文脈に依存することを反映するルールではない。（注44参照。）

47 PME, p. 429. なお「他の規則によって」という但し書きが加えられている理由は、たんに「もしwに目立って（saliently）類似しているw^*があり、w^*が適切に無視されないということになっているのであれば、wも適切に無視されない」としてしまうと次のような不都合が生じるからだ（p. 429）。どの二つの世界w^*とw^{**}をとっても、「w^*はw_1に目立って類似しており、w_1はw_2に目立って類似しており、w_2はw_3に目立って類似しており……、w_{n-1}はw_nに目立って類似しており、w_nはw^{**}は目立って類似している」という条件をみたす可能世界の列$w_1, w_2, \ldots, w_n$をとることができる。w^*として現実世界をとれば、現実性のルールより、現実世界は適切に無視できないのだから、すべての可能世界が適切に無視されないことになってしまう。

48 最善の説明への推論については、Harman 1965とLipton 1991を参照。

49 信頼性のルール、方法のルール、保守主義のルールはいずれかがいずれかに還元されるかもしれないが（PME, pp. 433-434）、ここでの議論には関わらない。

50 Cohen, 1998, pp. 106-111.

51 非常に精巧な、本を読んでいるような夢を見ている世界が無視されており、それが共有知になっているとしよう。すると、保守主義のルールから、夢を見ている世界は適切に無視される。

52 類似性のルールの扱いには多少の注意が必要である。というのも、問題になっている類似性は「目立っている」類似性であり、何が目立っているかは文脈に依存するからである。

53 Williams 2001, p. 15. 関連する議論として、Hawthorne 2004, pp. 63-64とBlome-Tillman 2014, p. 19を参照。

54 この文脈では、あなたが自分自身に知識を帰属させられるかどうか考えている。

55 そうした試みとしてはBlome-Tillmann 2014を参照。

キーワード解説

1 これは、「あなたはコロラドリバーヒキガエルでありえた」ということが真になることがありえない、ということではない。対応者関係において求められる類似性の基準がとても低いような文脈では、あらゆるものがあらゆるものの対応者になるようなこともあるかもしれない（PI, p. 43）。対応者関係の推移性についてはさらに、OPW第4章第4節を参照。

2 ルイスは最初期の論文Lewis 1968では「どの対象もある同じ世界に二つの対応者をもつことはない」と仮定している（p. 27）が、後の著作ではこの仮定を落としている。

3 持続に関する対立の明瞭な整理としては鈴木2017を参

照。耐続説と延続説とも異なる、超続説（transdurantism）については、Baron and Miller 2018 の第七章を参照。

4 耐続説の説明では「全体が余すところなく現れている（wholly present）」という表現が使われる。この表現は理解しづらいが、要するに延続説に反対して、時間的部分の存在を否定していると考えておいてよい。

5 この意味での延続説は**ワーム説**と呼ばれる。正確に言えば、ワーム説以外の延続説も提唱されており、**段階説**と呼ばれる（Sider 2001 第5章）。

6 なおルイスは一貫して延続説を支持しているが、Lewis 1971 では、ルイスはOPWなど後の著作において「延続（perdurance）」と呼ぶ持続のあり方に「耐続（endurance）」という言葉を当てている。ルイスが延続説を支持するために与えた議論は主に二つある。第一は、組み換え原理と**ヒューム的付随性**を用いて延続説を論証する積極的な議論である（PPI, pp. 76-77）。第二は耐続説に対する「決定的な反論（OPW, p. 232）」とされる**一時的内在的性質の問題**による消極的な議論だ。この問題は簡単に言うと例えば次のような問題だ。あなたの目の前にある椿はやがて老いてその真っすぐな幹を曲げるだろう。だが、耐続説の言うように、すべての瞬間に椿の全体が現れており、各時点の椿が厳密に同一なのであれば、ある時点でその椿が真っすぐ、別の時点でそれとまったく同じ椿が曲がっていることがどのようにしてありうるのか。（延続説ではこの問題は起こらない。なぜなら、真っすぐであるのは今の時点の椿の時間的部分であり、曲がっているのは後の時点の椿の時間的部分であり、それらの時間的部分は同一ではないからだ。）

7 「私の現在の経験、思考、信念、欲求、性格特性は適切な未来の継続者をもつはずだ。私の現在の心的状態全体は、心的状態が連続的に継続するときの一つの瞬間的な段階にすぎない。こうした継続する状態たちは二つの仕方で互いに結びついていなければならない。第一は、類似性という結びつきによって。変化は突然でなく、徐々に起こるものでなければならず、そして、（少なくともある観点では）全体を通じてあまりに多くの変化があってはならない。第二に、法則的な因果的な依存関係によってである。そのような変化の大半は、心的状態の継起に関わる法則的な規則性にしたがっていなければならない［…］」Lewis 1976, pp. 55-56, cf. Lewis 1976b, p. 72.

8 人格の持続に関する心理的基準はジョン・ロック（1632-1704）の『人間知性論』第2巻第27章に由来する。ロックの議論については、Noonan 2003 第2章を参照。

9 人格の持続に関する明瞭で簡潔な解説としては、鈴木他 2014 の第一章を参照。

10 この例はクワイン（Quine 1953, 邦訳 p. 47）に由来する。

11 この比喩はプラトンの『パイドロス』に由来する。

12 第1章注7の引用も参照。

13 「普遍者」を説明するのは難しい。倉田 2017a の説明を引用しておく。「普遍者というのは、個々のものが共有しうる同一の何かであり、反復可能な何かだとされる」（倉田 2017a, p. 3）。また、「トロープ」とは「個別者としての性質」とされる（倉田 2017a, p. 155）。普遍者とトロープについてはさらに、Armstrong 1989 および鈴木他 2014 第5章を、トロープについては秋葉 2014 を参照。また哲学史においてトロープのような個別的性質がどのように現れてきたかについて、Mulligan et al. 1984は極めて有用な議論を与えている。

また、（ルイスと同様）普遍者やトロープを受け入れることはないものの、自然性概念の代わりに類似性概念を原初的とみなす、**類似性唯名論**と呼ばれるアプローチ（Rodriguez-Pereyra 2002）も存在する。Rodriguez-Pereyra 2002は様相実在論を用いて類似性唯名論を展開している。

14　Lewis 1983c. くわえて、Lewis 1984dも参照。自然的・非自然的の区別の近年の（論争の余地のある）発展としてはSider 2011を参照。

15　現実主義者としては、Plantinga 1974, Armstrong 1989, Vetter 2015, Borghini and Williams 2008などを参照。現実主義の理論のサーベイとしては、Divers 2002第三部を参照。

16　傾向性主義については、Borghini and Williams 2008とVetter 2015を参照。新本質主義については、Fine 1994を参照。

17　ただし、そもそも自然法則の存在を疑う立場（van Fraassen 1989）を除けばだが。

18　アームストロングと類似の見解としてTooley 1977とDretske 1977を参照。「必然化関係」についての疑義としてはLewis 1983, 邦訳p. 189, cf. PPII, p. xii）を参照。

19　しばしば、規則性説はデイヴィッド・ヒューム（David Hume, 一七一一―一七七六）に帰属される。自然法則についてのヒュームの見解の解釈としては萬屋2018第5章を参照。

20　Armstrong 1983 第2章。

21　ただし、理論に含まれる語彙は自然的な性質を指示するものでなければならない（Lewis 1983c第6節）。（自然性についてはキーワード解説「**性質と自然性**」を参照。）

22　第3章で、緑が石を投げるという出来事が例として出てくるが、これまでの章を読んでくれている読者はここで次のように疑問に思うかもしれない。緑はルイスの可能世界論によれば、現実世界にしか存在しないのだから、一体どうやって他の可能世界で緑が投石するなんてことができるのだ、と。もちろん、この疑問は、他の可能世界で石を投げているのは、現実世界の緑に似た対応者であるのだ、ということ（対応者理論）によって答えられる（PPII, p. 248）。

23　ただし、すべての時空領域の集合が何らかの出来事と同一視できるわけではない（PPII, p. 262-266）。アンドロメダ銀河の時空領域と、別の可能世界での私の部屋の時空領域の集合には何らの出来事も対応しない。なぜなら、それらの時空領域は何ら類似していないからである。

24　ここでの行為者は無生物を含む広い意味で考えてもらいたい。

25　もちろん、「Aである」と「Aでない」という第一の性質群と「Fである」と「Fでない」という第二の性質群の間の付随性を考えるのであれば、「性質Aは性質Fに付随する」と言うことができようが、これはあくまで派生的な事例である。

26　さらに、意味論的な事実が「言語共同体で支配的な相互の期待」に付随するという考えをルイスは支持している（CV, Lewis 1974, 1975, cf. PPII, p. xiii-xiv）。

27　ヒューム的付随性については、PPII序文、Lewis 1994,

Lewis 1980 の後記Cを参照。

28　ルイスは、時空点とそれを占有する対象が同一であるかどうか判断を避けている。

29　Lewis 1994, pp. 265-226.

30　第二の部分は、Lewis 1994a において**アプリオリな還元主義**と呼ばれる立場の帰結である。「この世界、あるいはどの世界であれ、根本的な性質を例化するもの、二つ組や三つ組等になって根本的な関係を例化するものからなる。[…] すべての偶然的な真理と言うのは、根本的性質および関係の共例化のパターンによって、何らかの仕方で真にされねばならないというのを、アプリオリな原理として私は主張する。(Lewis 1994a, pp. 291-292, cf. Lewis1992, pp. 206-207)」(ここで、**根本的性質**とは完全に自然的な性質のことである。)

31　ヒューム的付随性については、Whetherson 2010 および 2015 から多くを学んだ。

32　科学的説明についての簡潔なサーベイとしてはさらに、Woodward 2014 を参照。

33　Woodward 2003 はこのアプローチを採用しているように思われる。(だが、Woodward 2003 はそもそも因果についての還元主義を採用していないので、対照はより複雑になる。)

34　同値性をこうに定めるのは便宜上のことである。どう特徴づけるにせよ、AとA&~D が同値になり、かつ、同値原理が成り立つような同値性の特徴づけであれば何でもよいい。

35　ただし、推論の過程でPの知識を失うことはないとする。

36　ここではもちろん、古典論理のことを考えている。

37　論理的帰結関係をこのように捉えるのは単純化のためである。

読書案内と問題

1　この種の議論に対応者理論で応じられること自体は、対応者理論に問題ないことを示すだけであって、「デカルトや彼に従う人々」の議論の結論の誤りを示すことにはならないことに注意。なお、ここでのデカルトの議論とは、『省察』の第六省察の議論のことだと思われる。

2　「固定指示子」については、飯田 1995 のとくに二七六—二八二頁を参照。

3　なお、ルイスの枠組みでは、固定指示子は存在しない。(問題:この理由を説明せよ。)それゆえ、「固定指示子」の代わりに、「準固定指示子」、つまり、「別の世界では、この世界で名指している事物の、その世界での対応者を名指す」名前(OPW, p. 290)を用いて考えてほしい。

4　なお、Manley and Wasserman 2008 はアキレス腱事例と逆アキレス腱事例を反事実条件文に関する問題としてではなく、脆さのような**傾向性**を反事実条件文で分析する際の問題として提示している。反事実条件文を傾向性によって分析するプログラムは現在ではかなり複雑になってしまったので、本書で紹介することは避ける。(もちろん、ルイスも傾向性に関する影響力のある論文 Lewis 1997 を書いている。)傾向性の分析については、Choi 2018 を参照。

5　アキレス腱事例と逆アキレス腱事例は脆さに関すること

でなくともよいことに注意してほしい。一般に、P>Qという反事実条件文を考えるとき、Pが真になるようなある特定の状態に続く状態ではQが真になり、それ以外の状態に続く状態ではQは偽になるのであれば問題がおこる。これは、Pがマクロな状態に関して述べていくときにとくに起こりうる。なぜならそのとき、Pが真になるような状態には様々なミクロな状態が対応するからだ。（あなたが珈琲を飲んでいるというマクロな状態にどれほど多くのミクロな状態が対応するかを考えてみるといい。）その様々なミクロな状態にアキレス腱や逆アキレス腱がまったく含まれないことを保証しなければ、P>Qが真である保証はない、というのが問題なのである。（錯誤論へようこそ!?）

6　ルイスの第一の因果分析では、O(c)>O(e) は、O(c) と O(e) が成り立っているときにはトリヴィアルに満たされる条件だった。（反事実条件文「P>Q」は、現実世界においてPとQが真であるときは、自動的に真になるからである。）現実世界に最も似ている世界が現実世界であると考えられるならば、これは避けられない。ただし、CF 第1章第7節を参照。）

7　ルイスは不在それ自体を出来事とはみなさない。それは、ルイスは、出来事は通常、**選言的**であってはならない、と考えているからである（PPII, p. 190, pp. 266-269）。つまり、ルイスによると、出来事 f_1, f_2, f_3……が様々に異なる出来事であるとき、f_1かf_2かf_3か……が起こる、という出来事は存在しない。それは、選言的な出来事が何かを引き起こすというのが奇妙だからだ。「フレッドが喋り、フレッドの喋りはテッドが笑うことを引き起こす。フレッドの喋りのほかにさらに別の出来事、フレッドの喋りあるいは歩きという〔選言的な〕出来事があるとしてみよう。それならしでは。フレッドの喋りは起きなかったであろうし、テッドの笑いも起きなかったであろう。それゆえ、「フレッドの喋りに加えて」この選言的な出来事もまたテッドが笑うことを引き起こしている。だが、これは直観的に奇妙だ。」（PPII, p. 267）（なお、選言的出来事の否定はクリプキの「熱が分子の運動であることは必然的である」というテーゼ（Kripke 1980）の否定を導く。この点については、PPII, pp. 267-268 を参照。これはルイスの機能主義と関連して興味深い話題なのだが、ここで深入りすることはできない。）

8　不在因果についてはさらに、Lewis 2004b を参照。

9　Woodward 2006, p. 28 は似たような例について論じている。

10　不在因果を認めることの問題点としては、Beebee 2004 と一ノ瀬 2018 第3章を参照。

11　ルイスはくじのパラドクスは文脈主義によって解決できると考えている（PME, pp. 443-444）。Hawthorne 2004 第2章では、文脈主義による解決法が批判的に検討されている。文脈主義の批判的検討としては、Stanley 2005 も参照。

記号表

P, Q, R, A, B, D, M, Fなどの大文字アルファベットは多くの場合命題を表す。

P&Q　連言「PかつQ」
~P　否定「Pでない」
P∨Q　選言「PまたはQ」
P→Q　実質条件文
◊P　「可能的にP」、「Pであることは可能的」
□P　「必然的にP」、「Pであることは必然的」
P⥽Q 厳密条件文「必然的に、PならばQ」
P>Q　反事実条件文「PとしたらQだろう」
K_S(P)　「SはPを知っている」
B_S (P)　「SはPを信じている」
O(e)　「出来事eが起きる」
P世界「Pが成り立つ世界」、「Pが真である世界」
~P世界「Pが成り立たない世界」、「Pが偽である世界」
S 任意の主体
@ 現実世界
w, w_0, w_1, w_2,…（可能）世界

索引

あ行

か行

さ行

た行

な行

は行

ま行

や行

ら行

人名

参考文献

デイヴィッド・ルイスの著作

（以下では *Philosophical Papers, Volume I* を PPI、と *Philosophical Papers, Volume II* を PPII、*Papers in Metaphysics and Epistemology* を PME、*Papers in Ethics and Social Philosophy* を PES と略す。）

1966, An Argument for the Identity Theory," *Journal of Philosophy*, 63(1): pp. 17–25. Reprinted in PPI, pp. 99-107.

1968, "Counterpart Theory and Quantified Modal Logic," *Journal of Philosophy*, 65(5): pp. 113–126. Reprinted with postscript in PPII, pp. 26-46.

1969, *Convention: A Philosophical Study*, Cambridge, MA: Harvard University Press.（＝瀧澤弘和訳『コンヴェンション　哲学的研究』慶応義塾大学出版会, 2021）

1970, "Anselm and Actuality", *Noûs*, 4(2): pp. 175–188. Reprinted with postscript in PPI, pp. 10-25.

1970a, "How to Define Theoretical Terms," *Journal of Philosophy*, 67(13): pp. 427–446. Reprinted in PPI, pp. 78-96.

1971, "Counterparts of Persons and Their Bodies," *Journal of Philosophy*, 68(7): pp. 203–211. Reprinted in PPI, pp. 47-54.

1972, "Psychophysical and Theoretical Identifications", *Australasian Journal of Philosophy*, 50(3): 249–258. Reprinted in PME, pp. 248-261.

1973, *Counterfactuals*, Oxford: Blackwell Publishers and Cambridge, MA: Harvard University Press, 1973. Reprinted with revisions, 1986.（＝吉満昭宏訳『反事実的条件法（双書現代哲学 6）』勁草書房, 2007）

1973a, "Causation," *Journal of Philosophy*, 70(17): pp. 556–567. Reprinted with postscript in PPII, pp. 159-213.

1973b, "Counterfactuals and Comparative Possibility," *Journal of Philosophical Logic*, 2(4): pp. 418–446. Reprinted in PPII, pp. 3-31.

1976c, "Survival and Identity," in Amélie O. Rorty (ed.), *The Identities of Persons*, Berkeley: University of California Press, pp. 17–40. Reprinted with postscript in PPI, pp. 55-77.

1976d, "The Paradoxes of Time Travel," *American Philosophical Quarterly*, 13(2): 145–152. Reprinted in PPII, pp. 67-80.

1978b, "Truth in Fiction," *American Philosophical Quarterly*, 15(1): 37–46. Reprinted with postscript in PPI, pp. 261-280.（＝樋口えり子訳「フィクションの真理」『現代思想』1995 年 4 月号, pp.163-179, 青土社）

1979, "Counterfactual Dependence and Time's Arrow," *Noûs*, 13(4): 455–476. Reprinted with postscript in PPII, pp. 32-65.

1979a, "Attitudes *De Dicto* and *De Se*," *Philosophical Review*, 88(4): 513–543. Reprinted with postscript in PPI, pp. 133-160.（＝野矢茂樹訳「言表についての態度と自己についての態度」『現代思想』1995 年 7 月号, pp. 134-163）

1979b, "Scorekeeping in a Language Game," *Journal of Philosophical Logic*, 8(1): 339–359. Reprinted in PPI, pp. 233-249.

1980, "A Subjectivist's Guide to Objective Chance," in Richard C. Jeffrey (ed.), *Studies in Inductive Logic and Probability, Volume II*, Berkeley: University of California Press, pp. 263–293. Reprinted with postscript in PPII, pp. 83-132.

1980a, "Mad Pain and Martian Pain," in Ned Block (ed.), *Readings in Philosophy of Psychology, Volume I*, Cambridge, MA: Harvard University Press, pp. 216–32. Reprinted with postscript in PPI, pp. 122-132.

1980b, "Veridical Hallucination and Prosthetic Vision," *Australasian Journal of Philosophy*, 58(3): pp. 239–249. Reprinted with postscript in PPII, pp. 273-290.

1981, "Causal Decision Theory," *Australasian Journal of Philosophy*, 59(1): 5–30. Reprinted with postscript in PPII, pp. 305-339.

1983, *Philosophical Papers, Volume I*, Oxford: Oxford University Press.

1983a, "Extrinsic Properties," *Philosophical Studies*, 44(2): pp. 197–200.

1983b, "Individuation by Acquaintance and by Stipulation," *Philosophical Review*, 92(1): pp. 3–32. Reprinted in PME, pp. 373-402.

1983c, "New Work for a Theory of Universals," *Australasian Journal of Philosophy*, 61(4): pp. 343–377. Reprinted in PME, pp. 8-55.（＝柏端達也、青山拓央、谷川卓訳「普遍者の理論のための新しい仕事」柏端達也、青山拓央、谷川卓編訳『現代形而上学論文集』勁草書房, 2006, pp. 141-228 所収）

1984d, "Putnam's Paradox," *Australasian Journal of Philosophy*, 62(3): pp. 221–236. . Reprinted in PME, pp. 56-77.

1986, *On the Plurality of Worlds*, Oxford: Blackwell Publishers.（＝出口康夫監訳、佐金武、小山虎、海田大輔、山口尚訳『世界の複数性について』名古屋大学出版会, 2016）

1986a, *Philosophical Papers, Volume II*, Oxford: Oxford University Press.

1986b, "Causal Explanation" in PPII, pp. 214–240.

1986c, "Events" in PPII, pp. 241–269.

1989, "Dispositional Theories of Value," *Proceedings of the Aristotelian Society*, Supplementary Volume 63: 113–137. Reprinted in PES, pp. 68-94.

1992, "Critical Notice of Armstrong, *A Combinatorial Theory of Possibility*", *Australasian Journal of Philosophy*, 70(2): 211–224. Reprinted in PME, pp. 196-214.

1994, "Humean Supervenience Debugged," *Mind*, 103(412): pp. 473–490. Reprinted

in PME, pp. 224-241.
1994a, "Reduction of Mind," in Samuel Guttenplan (ed.), *A Companion to Philosophy of Mind*, Oxford: Blackwell Publishers, pp. 412–431. Reprinted in PME, pp. 291-324.
1996, "Elusive Knowledge," *Australasian Journal of Philosophy*, 74(4): pp. 549–567. Reprinted in PME, pp. 418-446.
1997, "Finkish Dispositions," *Philosophical Quarterly*, 47(187): 143–58. Reprinted in PME, pp. 133-151.
1998, *Papers in Philosophical Logic*, Cambridge: Cambridge University Press.
1998a (with Rae Langton), "Defining 'Intrinsic'," *Philosophy and Phenomenological Research*, 58(2): pp. 333–345.
1999, *Papers in Metaphysics and Epistemology*, Cambridge: Cambridge University Press.
2000, *Papers in Ethics and Social Philosophy*, Cambridge: Cambridge University Press.
2001, "Redefining 'Intrinsic'," *Philosophy and Phenomenological Research*, 63(2): pp. 381–398.
2004, "Causation as Influence" unabridged version, in J. Collins, N. Hall, and L. A. Paul (eds.), *Causation and Counterfactuals*, Cambridge, MA: MIT Press, pp. 75–106.
2004a, "Void and Object," in J. Collins, N. Hall, and L. A. Paul (eds.), *Causation and Counterfactuals*, Cambridge, MA: MIT Press, pp. 277–290.
2009, "Ramseyan Humility" in David Braddon-Mitchell and Robert Nola (eds.), *Conceptual Analysis and Philosophical Naturalism*, Cambridge, MA: MIT Press, pp. 203–222.

欧文文献

Adams, R., 1974, "Theories of Actuality" *Noûs*, 8(3): pp. 211–231.
Alspector-Kelly, M., 2019, *Against Knowledge Closure*, Cambridge University Press.
Armstrong, D. M., 1980, "Identity Through Time", in P. van Inwagen (ed.), *Time and Cause*, Dordrecht: D. Reidel, pp. 67–78.
———, 1989, *A Combinatorial Theory of Possibility*, Cambridge: Cambridge University Press.
———, 1989, *Universals: An Opinionated Introduction*, Boulder, CO: Westview Press.（＝秋葉剛史訳『現代普遍論争入門』春秋社, 2013）
Baldwin 2010, "Moore," in J. Dancy, E. Sosa, and M. Steup (eds.), *A Companion to Epistemology* , 2nd ed., Wiley-Blackwell, pp. 529-531.
Baron, S. and Miller, K., 2018, *An Introduction to the Philosophy of Time*, Polity.
Beebee, H., 2004, "Causing and Nothingness," in Paul. Hall, and Collins 2004, pp. 291–308.

Beebee, H., Hitchcock, C., and Menzies, P. (eds.), 2009. *The Oxford Handbook of Causation*, Oxford: Oxford University Press.

Benacerraf, P., 1973, "Mathematical Truth", *The Journal of Philosophy*, 70(19): pp. 661–679.

Bennett, J., 1974, "Counterfactuals and Possible Worlds", *Canadian Journal of Philosophy*, 4(2): pp. 381–402.

Berkeley, G., 1710, *A Treatise Concerning the Principles of Human Knowledge*.（＝宮武昭訳『人知原理論』ちくま学芸文庫, 2018）

———, 1713, *Three Dialogues between Hylas and Philonous*.（＝戸田剛文訳『ハイラスとフィロナスの三つの対話』岩波文庫, 2008）

Blome-Tillman, M., "Contextualism, Subject-Sensitive Invariantism, and the Interaction of 'Knowledge'—Ascriptions with Modal and Temporal Operators", *Philosophy and Phenomenological Research* 79 (2): pp. 315-331.

———, 2014, *Knowledge & Presuppositions*, Oxford: Oxford University Press.

Borghini, A., and Williams, N. E., 2008, "A Dispositional Theory of Possibility", *Dialectica* 62(1): pp. 21–41.

Braddon-Mitchell D. and Jackson, F. 2006, *Philosophy of Mind and Cognition: An Introduction*, 2nd ed., Wiley-Blackwell.

Braddon-Mitchell, D., and Nola, R. eds., 2008, *Conceptual Analysis and Philosophical Naturalism*, MIT Press.

Bradley, D., 2015, *A Critical Introduction to Formal Epistemology*, Bloomsbury.

Briggs, R., 2012, "Interventionist Counterfactuals", *Philosophical Studies*, 160(1): pp. 139–66.

Brueckner, A., 2018 "Skepticism and Content Externalism," in *Stanford Encyclopedia of Philosophy* (Spring 2018 Edition), E. N. Zalta (ed.),（URL=https://plato.stanford.edu/archives/spr2018/entries/skepticism-content-externalism, 2019 年 12 月 27 日閲覧）

BonJour, L., 1985, *The Structure of Empirical Knowledge*, Cambridge, MA: Harvard University Press.

Borghini, A., 2016, *A Critical Introduction to the Metaphysics of Modality*, Bloomsbury.

Carnap, R., 1947, *Meaning and Necessity*, Chicago: University of Chicago Press.（＝永井成男訳『意味と必然性——意味論と様相論理学の研究』紀伊國屋書店：復刊版, 1999）

Carter, J. A., 2012, "Recent Work on Moore's Proof", *International Journal for the Study of Skepticism*, 2: pp. 115–144.

Choi, S., 2018, "Dispositions" in *Stanford Encyclopedia of Philosophy*, E. N. Zalta (ed.)（URL=https://plato.stanford.edu/entries/dispositions, 2019 年 12 月 27 日閲覧）

Cohen, S., 1988, "How to be a Fallibilist", *Philosophical Perspectives*, 2: pp. 91–123.

———, 1998, "Contextualist Solutions to Epistemological Problems: Skepticism,

Gettier, and the Lottery," *Australasian Journal of Philosophy*, 76(2): pp. 289–306.
Collins, J., Hall, N., and Paul, L.(eds.), 2004, *Causation and Counterfactuals*, Cambridge, Mass: MIT Press.
Coliva, A., 2010, *Moore and Wittgenstein: Scepticism, Certainty, and Common Sense*, Palgrave Macmillan.
Conee, E. and Feldman, R., 2004, *Evidentialism. Essays in Epistemology*. Oxford: Oxford University Press.
Currie, G., 1990, *The Nature of Fiction*, Cambridge: Cambridge University Press.
David, M. and Warfield, T. A., 2008, "Knowledge—Closure and Skepticism," in Q. Smith (ed.), *Epistemology: New Essays*, Oxford: Oxford University Press, pp. 137–187.
Davidson, D. 1967, "Causal Relations," *Journal of Philosophy*, 64(21): pp. 691–703; reprinted in his *Essays on Actions and Events*, Oxford: Clarendon Press, 2nd ed.
DeRose, K., 1995, "Solving the Skeptical Problem," *The Philosophical Review*, 104(1): pp. 1–52.
――――, 2018, *The Appearance of Ignorance: Knowledge, Skepticism, and Context, Volume 2*, Oxford: Oxford University Press.
Descartes, R., 1641, *Meditationes de prima philosophia*.（＝三宅徳嘉、所雄章、小池健男訳『方法叙説；省察（イデー選書)』白水社, 1991）
Divers, J., 2002, *Possible Worlds*, London: Routledge.
Downing, P. B., 1959, "Subjunctive Conditionals, Time Order, and Causation," *Proceedings of the Aristotelian Society*, 59(1): pp. 125-140.
Dretske, F., 1970, "Epistemic Operators," *The Journal of Philosophy*, 67(24): 1007–1023. Reprinted in Dretske 2000, pp. 30–47.
――――, 1971. "Conclusive Reasons," *Australasian Journal of Philosophy*, 49(1): 1–22. Reprinted in Dretske 2000, pp. 3-29.
――――, 1977, "Laws of nature", *Philosophy of Science* 44(2): pp. 248-268.
――――, 1981, "The Pragmatic Dimension of Knowledge," *Philosophical Studies*, 40(3): pp. 363–378. Reprinted in Dretske 2000, pp. 48–63.
――――, 2000, *Perception, Knowledge and Belief: Selected Essays*, New York, NY: Cambridge University Press.
――――, 2005, "The Case against Closure," in M. Steup and E. Sosa (eds.), *Contemporary Debates in Epistemology*, Malden, MA: Blackwell, pp. 13–25.
Elga, A., 2001. "Statistical Mechanics and the Asymmetry of Counterfactual Dependence," *Philosophy of Science*, 68(3): pp. 313–24.
Field, H., 1989, *Realism, Mathematics & Modality*, Oxford: Basil Blackwell.
Fine, Kit, 1975, "Critical Notice of *Counterfactuals*," *Mind*, 84(335): pp. 451–458.
――――, 1994, "Essence and Modality," *Philosophical Perspectives*, 8: pp. 1–16.
――――, 2012, "Counterfactuals Without Possible Worlds," *Journal of Philosophy*, 109(3): pp. 221–246.

Galles and Pearl 1998, "An Axiomatic Characterization of Causal Counterfactuals," *Foundations of Science*, 3: pp. 151–182.

Gibbard, A., 1976, "Contingent Identity," *Journal of Philosophical Logic*, 4(2): pp. 187–221.

Goodman, N., 1955, *Fact, Fiction and Forecast*, Cambridge, MA: Harvard University Press.（＝雨宮民雄訳『事実・虚構・予言（双書プロブレーマタ 7)』勁草書房, 1987）

Hall, N., 2004, "Two Concepts of Causation," in Collins, Hall, and Paul 2004, pp. 225–76.

———, 2015, 'Humean Reductionism about Laws of Nature', in *Loewer and Schaffer* 2015.

Harman, G., 1965, "The Inference to the Best Explanation," *Philosophical Review*, 74(1): pp. 88–95.

Hawthorne, J., 2002, "Lewis, the Lottery and the Preface," *Analysis* 62(3): pp. 242–251.

———, 2004, *Knowledge and Lotteries*, New York and Oxford: Oxford University Press.

———, 2005, "Chance and Counterfactuals", *Philosophy and Phenomenological Research*, 70(2): pp. 396–405.

———, 2014, "The Case for Closure", in Steup, Turri, and Sosa, 2014, pp. 40–56.

Horwich, P., 1987, *Asymmetries in Time*, Cambridge, Mass: MIT Press.（＝丹治信春訳『時間に向きはあるか』丸善, 1992）

Hume, D., 1748, *An Enquiry concerning Human Understanding*.（＝斎藤繁雄、一ノ瀬正樹訳『人間知性研究　付・人間本性論摘要』法政大学出版局；新装版, 2011 または、神野慧一郎、中才敏郎訳『人間知性研究（近代社会思想コレクション)』京都大学学術出版会, 2018）

Jackson, F., 1977, "A causal theory of counterfactuals," *Australasian Journal of Philosophy*, 55(1): pp. 3–21.

Jackson, F. and Priest, G. (eds.), 2004, *Lewisian Themes: The Philosophy of David K. Lewis*, Clarendon Press.

Joyce, R., 2001, *The Myth of Morality*, Cambridge: Cambridge University Press.

———, 2016, *Essays in Moral Skepticism*, Oxford: Oxford University Press.

Kaplan, David, 1989. "Demonstratives," in J. Almog, J. Perry, and H. Wettstein (eds.) *Themes From Kaplan*, Oxford University Press, pp. 481–563.

Kripke, Saul, 1971, "Identity and Necessity," in M. K. Munitz (ed.), *Identity and Individuation*, New York: New York University Press, pp. 135–64.

———, 1980, *Naming and Necessity*, Cambridge, MA: Harvard University Press.（＝八木沢敬、野家啓一訳『名指しと必然性――様相の形而上学と心身問題』産業図書, 1985）

———, 2011, "Nozick on Knowledge", in his *Philosophical Troubles*, Oxford:

Oxford University Press, pp. 162-224.
Langton, R. and Lewis, D.K., 1998. "Defining 'Intrinsic'," *Philosophy and Phenomenological Research*, 58(2): pp. 333–45.
Leonard, H. S. and Goodman, N., 1940, "The Calculus of Individuals and Its Uses," *Journal of Symbolic Logic*, 5(2): pp. 45–55.
Lipton, P., 1991. *Inference to the Best Explanation*, London: Routledge.
Locke, J., 1689, *An Essay Concerning Human Understanding*.（＝大槻春彦訳『人間知性論』岩波文庫, 1972）
Loewer, B., and Schaffer, J., 2015, *A Companion to David Lewis*, Wiley-Blackwell.
Mackie, J. L., 1977, *Ethics: Inventing Right and Wrong*, New York: Penguin.
Mackie, P., 2006, *How Things Might Have Been: Individuals, Kinds, and Essential Properties*, Oxford: Oxford University Press.
Manley, D., and Wasserman, R., 2008, 'On Linking Dispositions and Conditionals', *Mind*, 117(465): pp. 59–84.
Marshall and Wheatherson 2018, "Intrinsic vs. Extrinsic Properties", *in Stanford Encyclopedia of Philosophy*, E. N. Zalta (ed.),（URL=https://plato.stanford.edu/entries/intrinsic-extrinsic/2019 年 12 月 27 日閲覧）
Maudlin, T., 2007, *The Metaphysics Within Physics*, Oxford: Oxford University Press.
Melville, M., 1851, *Moby-Dick; or, The Whale*.（＝八木敏雄訳『白鯨（上・中・下）』岩波文庫, 2004）
Menzies, P., and Beebee, H., 2019, "Counterfactual Theories of Causation", in *Stanford Encyclopedia of Philosophy*, E. N. Zalta (ed.)（URL=https://plato.stanford.edu/entries/causation-counterfactual, 2019 年 12 月 27 日閲覧）
Menzies, P., and Price, H., 1993, "Causation as a Secondary Quality," *British Journal for the Philosophy of Science*, 44(2): pp. 187–203.
Moore, G. E., 1939, "Proof of an External World," *Proceedings of the British Academy*, 25: 273-300. Reprinted in Moore 2004, pp. 127-150.（＝国嶋一則訳『観念論の論駁』勁草書房, 1960）
———, 2004, *Philosophical Papers*, London: Routeledge.
Mill, J. S., 1843, *A System of Logic*.
Mulgan, T., 2001, The Demands of Consequentialism, Oxford University Press.
Mulligan, K., Simons, P., & Smith, B., 1984, "Truth-Makers", *Philosophy and Phenomenological Research*, 44: pp. 287–321.
Neta, R., 2007, "Fixing the Transmission: The New Mooreans," in S. Nuccetelli and G. Seay (eds.), *Themes from: G.E. Moore: New Essays in Epistemology and Ethic*s, Oxford: Oxford University Press, pp. 62–83.
Nolan, D., 2005, *David Lewis*, Chesham: Acumen Publishing.
Noonan, H., 2003, *Personal Identity*, London: Routledge.
———, 2013, *Routledge Philosophy GuideBook to Kripke and Naming and Necessity*, London: Routledge.

Nozick, R., 1981, *Philosophical Explanations*, Harvard, MA: Harvard University Press.（＝『考えることを考える（上・下)』青土社, 1997）
Parfit, D., 1971, "Personal Identity," *The Philosophical Review* 80: pp. 3–27.
————, 1984, *Reasons and Persons*, Oxford: Clarendon Press.（森村進訳『理由と人格——非人格性の倫理へ』勁草書房, 1998）
Paul, L. A., 2004. "Aspect Causation," in Collins, Hall, and Paul 2004, pp. 205–24.
Paul, L. A., and Hall, N., 2013, *Causation: A User's Guide*, Oxford: Oxford University Press.
Plantinga, A., 1974, *The Nature of Necessity*, Oxford: Oxford University Press.
Priest, G., 2005, *Towards Non-Being: the Logic and Metaphysics of Intentionality*, Oxford: Oxford University Press.（＝久木田水生、藤川直也訳『存在しないものに向かって——志向性の論理と形而上学』勁草書房, 2011）
Pritchard, D., 2005, *Epistemic Luck*. Oxford: Oxford University Press.
————, 2007, "How to be a Neo-Moorean," in S. C. Goldberg (ed.), *Internalism and Externalism in Semantics and Epistemology*, Oxford University Press, pp. 68–99.
————, 2014, " The Modal Account of Luck." *Metaphilosophy* 45(4–5): pp. 594–619.
————, 2016, *Epistemic Angst: Radical Skepticism and the Groundlessness of Our Believing*, Princeton: Princeton University Press.
————, 2016, *Epistemology*, 2nd ed., Palgrave Macmillan.
Prior, A. 1959, "Thank Goodness That's over", *Philosophy*, 34(128): pp. 12–17.
Pryor, J., 2001, "The Skeptic and the Dogmatist", *Noûs*, 34(4): pp. 517–549.
————, 2004, "What's Wrong with Moore's Argument?", *Philosophical Issues*, 14(1): pp. 349–378.
Psillos, S. 2009, "Regularity Theories", in H. Beebee, C. Hitchcock, and P. Menzies (eds.), *The Oxford Handbook of Causation*, Oxford University Press, pp. 131-157.
Putnam, H., 1981, *Reason, Truth and History*, Cambridge: Cambridge University Press.（＝野本和幸、中川大、三上勝生、金子洋之訳『理性・真理・歴史——内在的実在論の展開』法政大学出版局, 1994）
Quine, W. W. O., 1950, *Methods of Logic*, Harvard University Press.（＝中村秀吉、大森荘蔵訳『論理学の方法』岩波書店, 1961）
————, 1953, *From a Logical Point of View*, Cambridge, Mass.: Harvard University Press, revised edition 1980.（＝飯田隆訳『論理的観点から——論理と哲学をめぐる九章（双書プロブレーマタ)』勁草書房, 1992）
————, 1960, *Word and Object*, Cambridge, MA: MIT Press.（＝大出晁、宮館恵訳『ことばと対象（双書プロブレーマタ 3)』勁草書房, 1984）
Ramsey, F. 1928b, "Universals of Law and of Fact" reprintedin F.P. Ramsey: Philosophical Papers, D. H. Mellor (ed.), Cambridge: Cambridge University Press, 1990. pp. 140–144.

Rodriguez-Pereyra, G., 2002, *Resemblance Nominalism: A solution to the problem of universals*, Oxford: Clarendon Press.

Russell, B., 1912, *The Problems of Philosophy*, London: Oxford University Press.（＝高村夏輝訳『現代哲学』ちくま学芸文庫, 2014）

———, 1921, *The Analysis of Mind*, London: George Allen and Unwin; New York: The Macmillan Company.（＝竹尾治一郎訳『心の分析（双書プロブレーマタ）』勁草書房, 1993）

Schaffer, J., 2000. "Trumping Preemption," *Journal of Philosophy*, 97(4): 165–81.

———, 2004, "From Contextualism to Contrastivism," *Philosophical Studies*, 119(1–2): pp. 73–103.

Schilpp, P. A. (ed.), 1942. *The Philosophy of G. E. Moore*, Chicago and Evanston, Illinois.

Shalkowski, S., 1994. "The Ontological Ground of the Alethic Modality," *The Philosophical Review*, 103(4): pp. 669–688.

Sider, T., 2001, *Four-Dimensionalism*, Oxford: Oxford University Press.（中山康雄、小山虎、齋藤暢人、鈴木生郎訳『四次元主義の哲学——持続と時間の存在論』春秋社, 2007）

———, 2011, *Writing the Book of the World*, Oxford: Oxford University Press.

Silins, N., 2005, "Deception and Evidence", *Philosophical Perspectives* 19 (1): pp. 375–404.

Simons, P., 1987, *Parts: A Study in Ontology*, Oxford: Clarendon Press.

Sosa, E., 1999, "How to Defeat Opposition to Moore," *Philosophical Perspectives*, 13: pp. 141–153.

Sober, E., 1984, "Two Concepts of Cause," *PSA: Proceedings of the Biennial Meeting of the Philosophy of Science Association* 1984: pp. 405-424.

Sober, E., 2015. *Ockham's Razor: A User's Manual*, Cambridge: Cambridge University Press.

Stalnaker, R., 1968, "A Theory of Conditionals," in N. Rescher (ed.),*Studies in Logical Theory* (American Philosophical Quarterly Monograph Series: Volume 2), Oxford: Blackwell, pp. 98–112.

———, 1976, "Possible Worlds" *Noûs*, 10(1): pp. 65–75.

———, 1981, "A Defense of Conditional Excluded Middle", In W. Harper, R. C. Stalnaker, and G. Pearce (eds.), *Ifs*. Reidel, pp. 87-104.

———, 1984, *Inquiry*, Cambridge, MA: Bradford Books.

Stanley, J., 2005, *Knowledge and Practical Interests*, New York and Oxford: Oxford University Press.

Steup, M., and E. Sosa, (eds.), 2005, *Contemporary Debates in Epistemology*, Malden MA: Blackwell.

Stroud, B., 1984. *The Significance of Skepticism*, Oxford: Clarendon Press.（＝永井均、岩沢宏和、壁谷彰慶、清水将吾、土屋陽介訳『君はいま夢を見ていない

とどうして言えるのか——哲学的懐疑論の意義』春秋社, 2006）
Tooley, M. 1977, "The Nature of Laws", *Canadian Journal of Philosophy*, 7: pp.667-698.
Thomasson, A. L., 1999, *Fiction and Metaphysics*, Cambridge: Cambridge University Press.
————, 2014, *Ontology Made Easy*, Oxford: Oxford University Press.
Unger, P., 1975, *Ignorance: A Case for Skepticism*, New York: Oxford University Press.
Vetter, B., 2015, *Potentiality: From Dispositions to Modality*, Oxford: Oxford University Press.
Vogel, J., 1990, "Cartesian Skepticism and Inference to the Best Explanation," *Journal of Philosophy*, 87(11): 658–666
von Wright, G. H., 1971, *Explanation and Understanding*, Ithaca, NY: Cornell University Press.
Walton, K. L., 1990, *Mimesis as Make-Believe: On the Foundations of the Representational Arts*, Cambridge, MA: Harvard University Press.（＝田村均訳『フィクションとは何か——ごっこ遊びと芸術』名古屋大学出版会, 2016）
Williams, D. C., 1953, "On the Elements of Being: I", *Review of Metaphysics*, 7: pp.3–18.
Williams, M., 1977, *Groundless Belief*, Pinceton: Princeton University Press.
Williamson, T., 2000, *Knowledge and its Limits*, Oxford: Oxford University Press.
Woodward, J., 2003. *Making Things Happen: A Theory of Causal Explanation*, Oxford: Oxford University Press.
————, 2006, "Sensitive and Insensitive Causation", *Philosophical Review*, 115(1): pp.1-50
Woolf, V., 1925, *Mrs Dalloway*.（丹治愛訳『ダロウェイ夫人』集英社文庫, 2007）
Whetherson, B. 2015, "Humean Supervenience" in Loewer and Schaffer 2015, pp. 99-115.
————, 2014, "David Lewis", in *Stanford Encyclopedia of Philosophy* (Spring 2018 Edition), E. N. Zalta (ed.)（URL=https://plato.stanford.edu/entries/david-lewis, 2019 年 12 月 27 日閲覧）
Wright, C., 2002. "(Anti-)Sceptics Simple and Subtle: G. E. Moore and John McDowell," *Philosophy and Phenomenological Research*, 65(2): pp.330–348.
————, 2004, "Warrant for Nothing (and Foundations for Free)?", *Aristotelian Society Supplementary Volume*, 78: pp.167–212.
————, 2009, "The Perils of Dogmatism," in S. Nuccetelli & G. Seay (eds.), *Themes from: G.E. Moore: New Essays in Epistemology and Ethics*. Oxford: Oxford University Press, pp. 25–49.
Yagisawa, T., 1988, "Beyond Possible Worlds", *Philosophical Studies*, 53(2):

pp.175–204.
———, 2009, *Worlds and Individuals, Possible and Otherwise*, Oxford: Oxford University Press.

邦語文献

秋葉剛史『真理から存在へ――〈真にするもの〉の形而上学』春秋社, 2014.
J・アナス、J・バーンズ、金山弥平訳『古代懐疑主義入門――判断保留の十の方式』岩波書店, 2015.
安藤宏『「私」をつくる――近代小説の試み』岩波新書, 2015.
飯田隆『言語哲学大全3　意味と様相（下）』勁草書房, 1995.
石黒ひで『ライプニッツの哲学――論理と言語を中心に；増補改訂版』岩波書店, 2003.
一ノ瀬正樹『英米哲学入門――「である」と「べき」の交差する世界』ちくま新書, 2018.
工藤重矩『源氏物語の結婚――平安朝の婚姻制度と恋愛譚』中央新書, 2012.
ダグラス・クタッチ、相松慎也訳『現代哲学のキーコンセプト　因果性』岩波書店, 2019.
倉田剛『現代存在論講義 I ――ファンダメンタルズ』新曜社, 2017a.
———『現代存在論講義 II ――物質的対象・種・虚構』新曜社, 2017b.
松田毅「現代形而上学とライプニッツ――存在論的観点から見た類似と対立」酒井潔、佐々木能章、長綱啓典編『ライプニッツ読本』法政大学出版局, 2017 所収.
杉山博昭『ルネサンスの聖史劇』中央公論新社, 2013.
ロバート・ステッカー、森功次訳『分析美学入門』勁草書房, 2013.
鈴木生郎「四次元主義と三次元主義は何についての対立なのか」『科学基礎論研究』44(1&2): pp. 15-33, 2017.
鈴木生郎、秋葉剛史、谷川卓、倉田剛『ワードマップ現代形而上学――分析哲学が問う、人・因果・存在の謎』新曜社, 2014.
戸田山和久『知識の哲学』産業図書, 2002.
野上志学「ルイス的実在論による様相の還元的説明の問題について」『哲学の探求』44, pp. 121-137, 2017.
藤川直也『名前に何の意味があるのか――固有名の哲学』勁草書房, 2014.
古田徹也『不道徳的倫理学講義――人生にとって運とは何か』ちくま新書, 2019.
スティーヴン・マンフォード、ラニ・リル・アンユム, 塩野直之、谷川卓訳『哲学がわかる　因果性』岩波書店, 2017.
八木沢敬『分析哲学入門』講談社選書メチエ, 2011.
———『意味・真理・存在　分析哲学入門・中級編』講談社選書メチエ, 2013.

――――『神から可能世界へ　分析哲学入門・上級編』講談社選書メチエ, 2014.
萬屋博喜『ヒューム 因果と自然』勁草書房, 2018.

［著者］野上志学（のがみ・しがく）
1990 年岡山生まれ。日本学術振興会特別研究員（DC2）。東京大学大学院人文社会系研究科博士課程。専門は分析哲学。研究関心は特に認識論とメタ倫理学。主な論文に「認識論と論理の規範性」（『哲学雑誌』）、「道徳についての選択的虚構主義」（『哲学』近刊）など、訳書にチェイス・レン『真理』（岩波書店）がある。

デイヴィッド・ルイスの哲学

なぜ世界は複数存在するのか

2020 年 2 月 4 日　第 1 刷発行
2023 年 2 月 10 日　第 2 刷発行

著者——野上志学

発行者——清水一人
発行所——青土社

〒 101-0051　東京都千代田区神田神保町 1-29　市瀬ビル
［電話］03-3291-9831（編集）　03-3294-7829（営業）
［振替］00190-7-192955

組版——フレックスアート
印刷・製本——シナノ印刷

装幀——水戸部 功

ISBN978-4-7917-7242-1　C0010